中公新書 2534

落合淳思著

漢字の字形

甲骨文字から篆書、楷書へ

中央公論新社刊

はじめに

漢字の歴史はきわめて長く、約四千年にわたって使われ続けてきた。殷《いん》王朝の甲骨文字《こうこつもじ》や西周《せいしゅう》王朝の金文《きんぶん》、秦《しん》王朝の篆書《てんしょ》などを経て、現在の漢字（楷書《かいしょ》）が作られたが、その長い歴史の中で、漢字の字形は大きく変化してきた。

そうした字形の歴史に興味を持つ人は多いだろう。しかし、個々の文字の歴史について、その全体像を提示した書籍は日本では出版されていない。主な理由としては、各時代に膨大な量の資料があり、しかも同じ時代でも多数の字形が併用されていることが挙げられる。要するに、たった一つの文字でも字形の歴史をまとめることが難しかったというわけである。

ただ、近年には便利な字典や資料集が多く出版されるようになり、字形の歴史を把握しやすくなった。さらに本書は、できるだけ単純な表によって古代の字形を整理するという方法を使うことで、漢字の字形の歴史を一覧にして解説する。

ところで、漢字には、「なぜその形なのか」が分かりやすい文字と、そうではない文字がある。例えば、「一」「二」「三」は、横線の本数で数字を表していることが分かりやすい。

一方、例えば「犬」は、なぜこれが動物の犬を表すのかは、楷書の形から理解することが難しいだろう。

そこで、ここに挙げた表を見てほしい。これは漢字の「犬」がどのように変化してきたのかをまとめたものである。表の見方については本文で述べるが、右上にある最も古い「[illegible]」の形を見ると、これだけで「犬」は元は動物の犬の形であったことが分かる。「[illegible]」は、上部に耳のある頭、下部に尻尾があり、左側に爪のある足が表現されている。この本の左を下にして見れば、巻いた尾のある犬の姿が分かるだろう。

その後、長い時代を経て、楷書の「犬」の形になった。「犬」の字形について、詳しくは第一章で取り上げるが、このように一覧表にすることで、字形が継承され、しかも連続的に変化したことが読み取れるのである。

本書は、個々の漢字について、字形の歴史を一覧表にまとめ、それぞれの漢字がどのように作られたのか、あるいは現在の形がなぜそうなっているのかを説明する。また、取り上げる漢字は小学校で習う教育漢字から選んでいるので、親しみやすいのではないかと思う。

本書の構成は、以下の通りである。まず序章では、漢字の歴史を簡単に紹介する。そして、前半は文字の意味から分類し、第一章では動物やそれに関係する文字を取り上げ、同様に、第二章では植物や自然に関係する文字、第三章では人体に関係する文字、第四章では建築や人工の道具などに関係する文字を解説する。後半の第五章から第七章では、まるで迷路のように複雑な変化をした文字を取り上げ、現在の漢字の形との関連を解説する。

漢字は、現在でも使われている文字としては世界最古の歴史を持っており、また、我々の生活とも深くかかわっている。本書を通して、漢字の歴史の面白さを伝えることができれば幸いである。

目　次

漢字の字形

序章　漢字の歴史

漢字の字形変化

近年、小中学校における漢字の教育方針が変わってきており、漢字の「とめ」「はね」「はらい」などの基準が緩やかになっている。昔であれば、漢字のテストで「木」を「朩」と書いたら、×か△がつけられたことだろう。しかし、そうした細部の違いは減点の対象ではなくなっているという。

賛否両論はあると思うが、漢字は情報伝達のツールであって、歴史上でも時代によって使い方は柔軟に変化してきたのである。現代で言えば、コンピュータや携帯電話の発達によって漢字を書く機会が減ったこと、また画面上で表示される書体も様々であって、特定の書体だけを覚えることが有意義ではなくなったことなどが理由として挙げられる。

さらに言えば、漢字の歴史では、「木」と「朩」の違いのような小さな変化だけではなく、もっと大胆な変化も起こっていた。実のところ、漢字を歴史的に見れば、「正しい字形」という概念すら存在しない時代が長く続いていた。

具体的な字形の変化については第一章以降で解説していくが、現在使われている字形が誤解による俗字が由来であったり、あるいは「旧字体」よりも「新字体」の方が古くから存在している場合があったりするなど、現代の常識が通用しないことも少なくないのである。その前に、まず序章では、漢字が古代文明でどのように使われてきたのかを解説したい。

初期の王朝——文字の萌芽

古代中国では、今から四千年ほど前、紀元前二千年ごろに最初の王朝が出現した。世襲の王が広大な地域を支配し、また多くの人々を動員して都市や宮殿を造営していた。この時代には、青銅器の大量生産も開始されており、武器だけではなく神を祭る礼器も作られた。

この王朝の遺跡からは、まとまった文字資料が発見されていないため、漢字が最初に作られた年代は、今のところ正確には分かっていない。しかし、こうした巨大な政治組織の出現とその運営には、文字が活用されたと考えるのが自然であり、紀元前二千年ごろに漢字の原型ができたのではないかと推定されている。

一つの都市やその周辺の支配だけであれば、支配者が直接的に見て回ることができるが、王朝規模の支配範囲になると、すべてを視察することは不可能である。おそらく、そうした広域支配を構築する過程で、情報伝達の手段として文字が発達したのであろう。また、王朝を運営するための知識や技術を残していくためにも文字が活用されたと考えられている。

なお、最初の王朝が出現したのは黄河《こうが》の中流域であるが、そこから少し離れた下流域では、同時期に文字が出現していたことが判明している。ここに挙げた図は、下流域の遺跡から発見された陶片であり、おそらく縦書きで一行につき二文字ずつの文章が刻まれている。残念ながら漢字とは別系統の文字体系であり、また出土数もごく僅かなので解読はできないが、同じような時代に下流域に文字が存在していたのであれば、中流域にも文字が出現していたとしても不思議はない。

黄河下流域の陶片文字

殷王朝の甲骨文字――統治手段としての文字

現在までに発見されている最古の漢字資料は「甲骨文字《こうこつもじ》」であり、特に殷《いん》王朝の後期（紀元前十三～前十一世紀）に大量に作られた。当時は亀の甲羅や家畜の骨を使った占い（甲骨占卜《こうこつせんぼく》）が盛んにおこなわれており、使った甲羅や骨に占いの内容を刻んでいた。これが近代に発見され、解読が進められた結果、漢字の古い形であることが判明したのである。

甲骨文字は、硬い甲羅や骨に青銅製の彫刻刀で刻まれた。そのため直線的な字形になっており、また彫刻しやすいように画数が少ないものが多い。章扉の画像のうち、上が甲骨文字の例である。

甲骨文字の記述によれば、殷代には、王が祭祀や軍事などの王朝の重要事項について甲骨占卜をおこない、その結果に従って政策を実行していた。そのため、殷王朝の政治は「神権《しんけん》政治《せいじ》」とも呼ばれる。

しかし、甲骨占卜は純粋な占いではなかった。甲骨占卜の方法は、甲骨に熱を加え、発生したひび割れの形で将来を占うというものであったが、「吉兆」が出やすいように事前に加工がされていたのである。

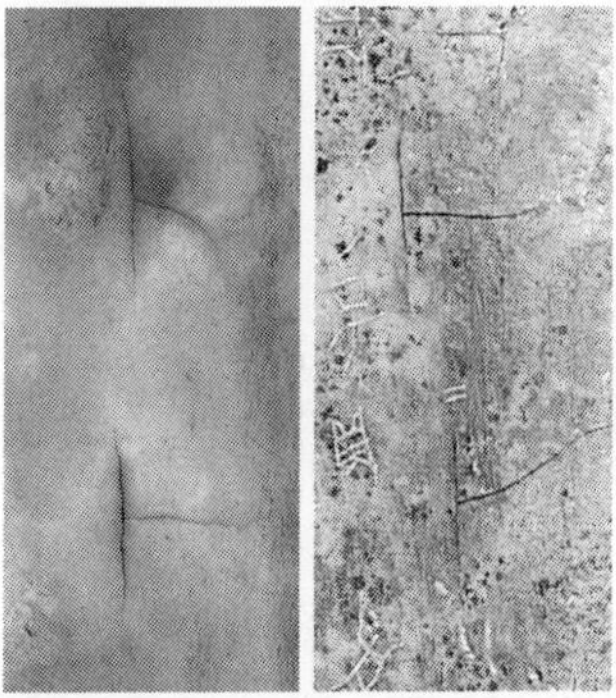

甲骨占卜の「吉兆」

これは筆者が実験をして明らかにしたことであるが、殷代の甲骨は裏側に窪《くぼ》みが彫られており、それによって表側に出現するひび割れの形をコントロールできたのである。上の図は、出土した殷代の甲骨（右）と筆者が実験したもの（左）であるが、同じような加工をすることで、同じようなひび割れを発生させることができた。「卜《ぼく》」の形が「吉兆」である。

つまり、見かけ上では、甲骨占卜によってあらわれた神の意志によって政治をするという形なのだが、実際には王が実行したい政策を甲骨占卜を通して正当化していたのである。

殷王朝は、最初の王朝よりもさらに広い範囲を支配したが、統治技術は未発達であり、後の時代のような封建制《ほうけんせい》や官僚制は存在しなかった。そこで、王は占いと文字を利用して自らの権威を高め、王朝の統治に利用していたのである。

西周王朝の金文——儀礼記録としての文字

殷王朝の次に建国されたのが西周《せいしゅう》王朝（紀元前十一〜前八世紀）であり、漢字資料としては、青銅器の銘文である「金文《きんぶん》」が中心である。金文がはじめて出現したのは殷代であるが、当初は文章になった銘文は少なく、それが大量に作られるようになったのは西周代になってからである。次頁の図は西周代の青銅器であり、表面には呪術的な紋様が鋳込まれ、金文は器の内部に記されている。

金文の例は章扉の画像のうち下に挙げたが、青銅器に鋳込まれるため、甲骨文字よりも曲線的な形になっている。また、青銅は当時としては最高級の媒体だったため、文字も画数が多く、また美しい形になっていることが多い。

金文には、主に儀礼の内容が残されている。西周代初期の王畿内（都の周辺）の金文には、王や有力者が臣下への報償として宝貝《ほうばい》や銅の地金などを与えた「賜与儀礼《しょぎれい》」が多く見られる。奉仕と恩賞の関係によって君臣関係が構築されていたのであり、原始的な支配体制と言えるだろう。

一方、その外部では、王が子弟や功臣を地方領主として派遣する「封建制」が実施された。殷代の甲骨文字には、しばしば土着の領主が王に対して反乱を起こしたことが記されているが、西周代の金文にはその記述が少なくなっており、封建制によって安定した地方支配が可能になったことを示している。西周金文には、少数であるが領主の封建を記したものがあり、土地のほか人民が分与され、また支配の正統性を示す物品が賜与された。

西周代の青銅器

西周代の中期以降になると、王畿内の金文には「冊命儀礼《さくめいぎれい》」が見られるようになる。これは、王が臣下を官職に任命する儀礼であり、意外かもしれないが、「官職」という概念はそれ以前には見られなかったものである。賜与は一時的なものであるが、官職は終身で有効であり、さらには子孫に継承される例も少なくない。

こうして西周王朝では、官職に任命するという形で臣下への権益分与をおこない、さらにそれが世襲されたため、貴族制が出現した。

このように、西周代の金文は上下関係を確認する儀礼の記録として作られたのであるが、下位の側が製作したことが特徴である。西周王朝は、宮廷儀礼を介した統治機構だったため、金文はそれを記録し、作器者の権益を維持するという目的があった。そのため、最高級品である青銅器に鋳込まれており、また文字の形も甲骨文字より複雑な字形が選択される傾向にあった。

東周代の簡牘文字——行政や思想の記述

西周王朝は内乱によって本家が滅亡し、分家が東方に遷都して建国したのが東周《とうしゅう》王朝(紀元前八~前三世紀)であり、春秋戦国《しゅんじゅうせんごく》時代とも呼ばれる。東周代の前半にあたる春秋時代(紀元前八~前五世紀)には、周王朝の権力が低下し、地方領主である諸侯《しょこう》が半ば独立した状態になった。

さらに後半の戦国時代(紀元前五~前三世紀)になると、各諸侯の内部で君主権が増強され、その手足となる官僚制が発達し、逆に貴族層は衰退していった。それ以外にも戦国時代は、鉄製の農具が普及し、また青銅貨幣を用いた大規模な交易がおこなわれるなど、大きな社会変革が起こった時代であった。そして諸侯が完全に独立し、しかも徴兵制によって大軍が動員されたため、文字通り激しい戦争がおこなわれた時代でもあった。

戦国時代には漢字資料についても変化があり、近年になって「簡牘文字《かんとくもじ》」が多く発見されている。これは安価な媒体である竹簡《ちっかん》や木牘《もくとく》（木簡《もっかん》の一種）に細い筆で書かれたものであり、主に官僚層によって作られた。金文は高価な媒体であるため、文字の繁雑さは問題にならなかったが、官僚が行政文書として、あるいは思想書として竹簡や木牘に文字を書くようになると、比較的簡素な字形が選択されるようになった。

ここに挙げた図は、戦国時代の竹簡であり、思想書の一種であるが、これまで知られていなかった内容が記されている。戦国時代の簡牘文字の研究により、従来は想定されていなかったほど多様な思想が混在していたことが明らかにされた。それだけ大きな社会の変化があり、新しい思想が求められたのである。

戦国時代の簡牘文字

なお、東周代については王や諸侯が製作した金文も残っており、文字資料として見た場合、繁雑な字形と簡素な字形が併用される状態にあった。また、諸侯の独立によって、各国で少しずつ字形が変化したため、媒体だけではなく地域でも文字の形が変わるという、最も多様性が見られる時代でもある。そのほか、東周代には金属貨幣・絹布・石・陶器などに文字が鋳込まれ（あるいは書かれ・刻まれ）ることもあった。

秦代の篆書

秦《しん》の始皇帝《しこうてい》（皇帝在位紀元前二二一～前二一〇年）によって、そのほかの有力諸侯がすべて滅ぼされ、中国が統一されることで戦国時代は終結した。さらに始皇帝は、官僚制の統治である郡県制《ぐんけんせい》を全国に敷いたり、度量衡《どりょうこう》（単位）を統一したりするなど、制度的な統一も進めた。

その一環として、戦国時代に各地で変化していた字形も統一され、正式な書体として「篆書《てんしょ》（小篆《しょうてん》）」が定められた。ただし、官僚の間では戦国時代以来の簡牘文字も使われており、繁雑な字形と簡素な字形の併用という状態は続いていた。秦代の簡素な字形は、「古隷《これい》」や「秦隷《しんれい》」などと称され、後述する隷書《れいしょ》の一部と見なされることもある。

秦王朝は始皇帝の死後まもなく滅亡したが、その制度は後に成立した前漢《ぜんかん》王朝（紀元前二〇二～後八年）に継承され、文字についても受け継がれた。

以上に述べた古代の漢字の歴史をまとめると、次表のようになる。

王朝	時代	主な資料
殷（殷王朝後期）	前十三〜前十一世紀	甲骨文字・金文
西周（西周王朝）	前十一〜前八世紀	金文
東周（東周王朝）	前八〜前三世紀	金文・簡牘など
秦（秦王朝）	前三世紀	金文・簡牘など

また、文字資料の種類別に見た場合には次表のようになる。

漢字資料	媒体	時代
甲骨文字	甲羅や骨	主に殷
金文	青銅器	殷〜秦
簡牘文字	竹簡・木牘	東周以降

漢代の隷書

前漢王朝の成立後も、しばらくは篆書が正式な字形として使われたが、簡素な字形である「隷書《れいしょ》」も併用されていた。その後、徐々に篆書は使われなくなっていき、隷書が正式な書体とされた。そのため、後漢《ごかん》王朝（二五〜二二〇年）の時代には、字形の美しさが重視され、

八分隷書の碑文

古隷から発展した「八分隷書《はっぷんれいしょ》」が生まれた。

上の図は後漢代の石碑のひとつであるが、長い横画の末端に払いがあることが八分隷書の特徴であり、これは波磔《はたく》と呼ばれる。この時代には媒体として製紙技術の改良もあり、後の楷書《かいしょ》に近い筆法が見られる部分もある。また字形も楷書にかなり近づいている。

文字の形という点から言えば、隷書には、戦国時代の簡素な字形を継承したものもあり、元々の成り立ちを崩した文字も少なくない。漢字は、成り立ちと意味が密接にかかわっていることが多いので、成り立ちを崩した字形は、見た目では意味が分かりにくくなったのである。また、古い時代に作られた典籍を読むことが難しくなるという状況も発生した。

そこで、後漢代には、許慎《きょしん》という人物によって現存最古の漢字字典である『説文解字《せつもんかいじ》』が編纂され、漢字の成り立ちが分析された。この文献は、隷書ではなく、篆書あるいは残っていた戦国時代の文字を元に漢字の成り立ちを考察したものであり、また豊富な古典の知識に基づいていたため、その後の中国で長く文字学の権威となった。

ただし、後漢代には甲骨文字や金文の知識がほとんど残っていなかったため、より古くに作られた文字については、『説文解字』の記述には今から見れば誤りも少なくない。

楷書の成立と正字の概念

後漢代以降になると紙がより広く普及し、また柔らかい筆が使用されるようになったため、八分隷書からさらに発展した「楷書《かいしょ》」が出現した。楷書の原型を作ったと言われるのは東晋《とうしん》王朝（三一七～四二〇年）の王羲之《おうぎし》という人物であるが、彼は行書《ぎょうしょ》も使用しており、楷書についても画数の多い字形と行書のような簡素な字形を併用していた。

その後、唐《とう》王朝（六一八～九〇七年）の時代には、儒教《じゅきょう》の経典とその注釈が『五経正義《ごきょうせいぎ》』としてまとめられ、また官僚採用のペーパーテストとして「科挙《かきょ》」が実施された。当時は、ひとくちに楷書といっても様々な字形が併用されていたため、経典の文字選択において、あるいは科挙の採点において、どの文字が最も正式かを決める必要性が生じた。こうして「正字《せいじ》」という概念が出現したのである。

『干禄字書』の一部

前頁の図は、唐代に正字を定義した『干禄字書《かんろくじしょ》』という文献資料であり、各々の字形について、「正（正字）」か「俗（俗字）」または「通（通用可能字）」かを定めている。ちなみに、日本でも正字に対する関心は高く、この図も日本で江戸時代に版木に彫られたものである。

こうした「正字」を定める際には、本来の成り立ちに近いものが重視された。そのため、唐代には使われなくなっていた字形構造を、『説文解字』を元にして復活させた文字も一部に見られる。また、『説文解字』に誤解がある場合、その誤解によって正字が定められることもあった。本書では、それらの例も取り上げている。

唐代以後も、明《みん》王朝（一三六八～一六四四年）の『正字通《せいじつう》』や清《しん》王朝（一六一六～一九一二年）の『康熙字典《こうきじてん》』など、各王朝で正字が定義された。現在の漢和辞典でも、『康熙字典』の分類が重視されている。一方で、画数が多い字形は書いたり版木を彫ったりする際に面倒であるため、やはり民間では俗字や略体も存在し続けており、秦漢代の篆書と隷書のような対立が長く続いた。また近世には木版印刷が普及しており、印刷した際に見やすい「宋朝《そうちょう》体《たい》」や「明朝体《みんちょうたい》」も作られた。

ふたたび、現代日本の漢字

戦後、日本では「当用漢字《とうようかんじ》（のちに常用漢字《じょうようかんじ》）」として新字体が採用され、一部の文字について、画数が少ない俗字や略体が選ばれた。ただし、一旦採用されると唐代の科挙と同様に試験の採点などの必要性が生じたため、それが正字化し、「はね」や「はらい」まで含めて「正しい字形」が決められたのである。

しかし、二十一世紀になり、コンピュータなどの発達・普及によって、冒頭で取り上げたような緩和につながった。ここまでに述べたように、漢字の歴史では、社会の状況や書記の媒体に合わせて字形も変化してきたのであり、いつの時代でもそれは同じなのである。

甲骨文字や金文は王や貴族が製作したものであり、複雑な形が多かったが、官僚が簡牘に文字を書くようになると、筆記の速度が重視されて簡素な字形が出現した。さらに、紙が普及すると筆勢の美しさが重視され、楷書が生まれた。いわゆるＩＴ技術の発達は、おそらく紙の普及以来の媒体の変化であるから、漢字のあり方が変化するのも当然と言えるだろう。

しかし、細かな部分が重視されなくなった現在でも、「読み書き」の能力は必要とされる。そして、漢字の形にはある程度の体系があり、その体系を理解することが、より深く漢字を理解することにつながるのである。第一章以降では、古代から現代に至るまでの字形の変化を解説していくが、それは古代への知的好奇心だけではなく、現在の漢字の形にも強く関係していることも理解していただけるように努めたい。

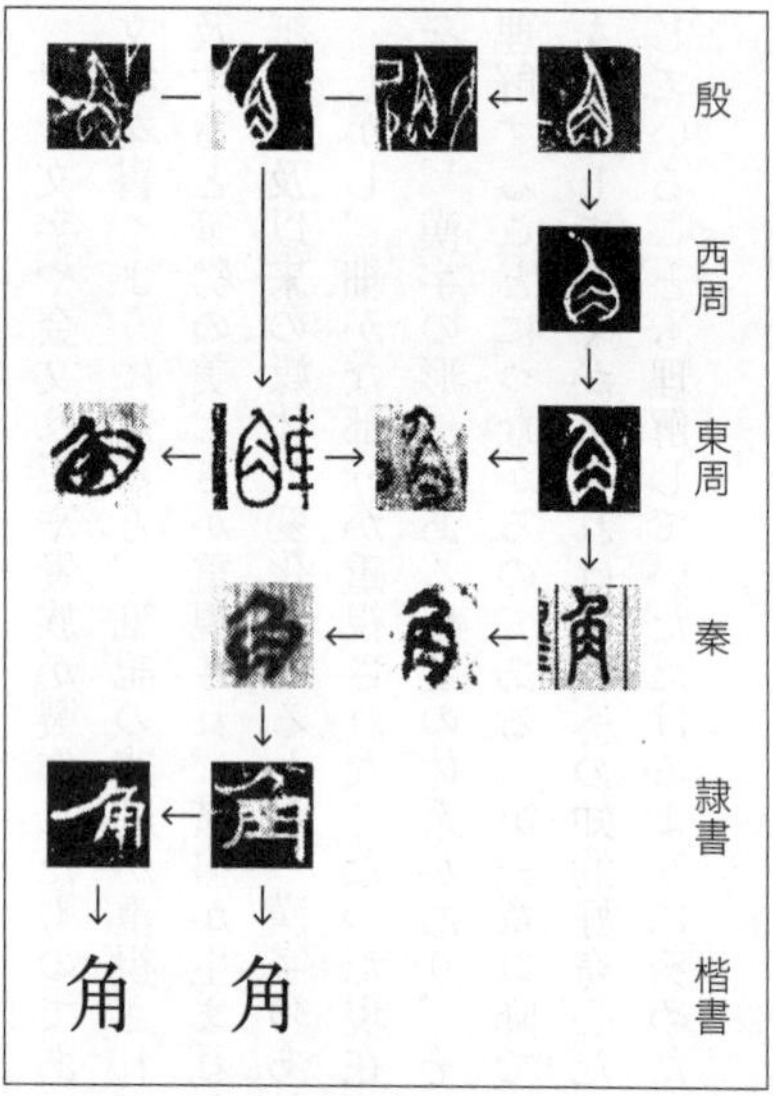

字形表の作成にあたって

本書は各時代の字形を一覧表にすることで、それぞれの漢字がどのように作られ、またどのように受け継がれて楷書の形になったのかを分かりやすく提示する。ただし、字形表の作成にあたっては、原典の資料をそのまま使うことが難しい。

ここに挙げた表は、第一章で解説する「角」の字形について、原典を使用した場合の一覧表である。黒地に白い文字は「拓本《たくほん》」といって魚拓のようにして文字を写し取ったものである（ただし魚拓とは逆に紙の上から墨を塗る）。

これはこれで味があって面白いのだが、漢字の字形変化を解説する際には、①判別が難しい、②継承関係が分かりにくい、という二つの問題が起こってしまう。

まず判別の難しさであるが、甲骨文字や金文は三千年前後という長い間、地下に埋められていたので、甲骨文字の場合には破損や腐食が起こり、金文の場合には青銅の錆が浮くことが多く、読み慣れた研究者でなければ文字かどうかも判別できないことがある。東周代や秦代の簡牘文字については、最近では発色の復元技術が進んだため、判別しやすくなったが、二十世紀に発見されたものは黒ずんでおり読みにくい。

なお、画像はソフトウエアで明るくしたりコントラストを強めたりしているが、それでも字形が分かりにくいものがいくつか見られる。また、原典を使うと左右の行の文字が映り込んでしまうという問題も発生する。

継承関係については、文字は媒体によって書記の方法が変わるので、その間のつながりが分かりにくいことが問題になる。表では殷代が甲骨文字、西周代が金文、東周代と秦代は金文や簡牘文字などが原典であるが、甲骨文字は甲骨に刃物で彫刻されるので直線的であり、金文は青銅器に鋳込まれるため美しさを優先して曲線が多く、簡牘文字は竹簡などに細い筆で書かれるので手の動きが字形に反映される。そのため、原典を提示すると媒体ごとの違いが目立ってしまい、継承関係が読み取りにくくなるのである。

一方、次頁に挙げた表は、各時代の字形を筆者がコンピュータ用のフォントとして作ったものであり、殷代〜秦代までは今で言う「丸ゴシック体」（線の幅が一定で端が丸くなっている書体）に統一し、また字形もできるだけ標準化（平均化）している。この方法であれば、

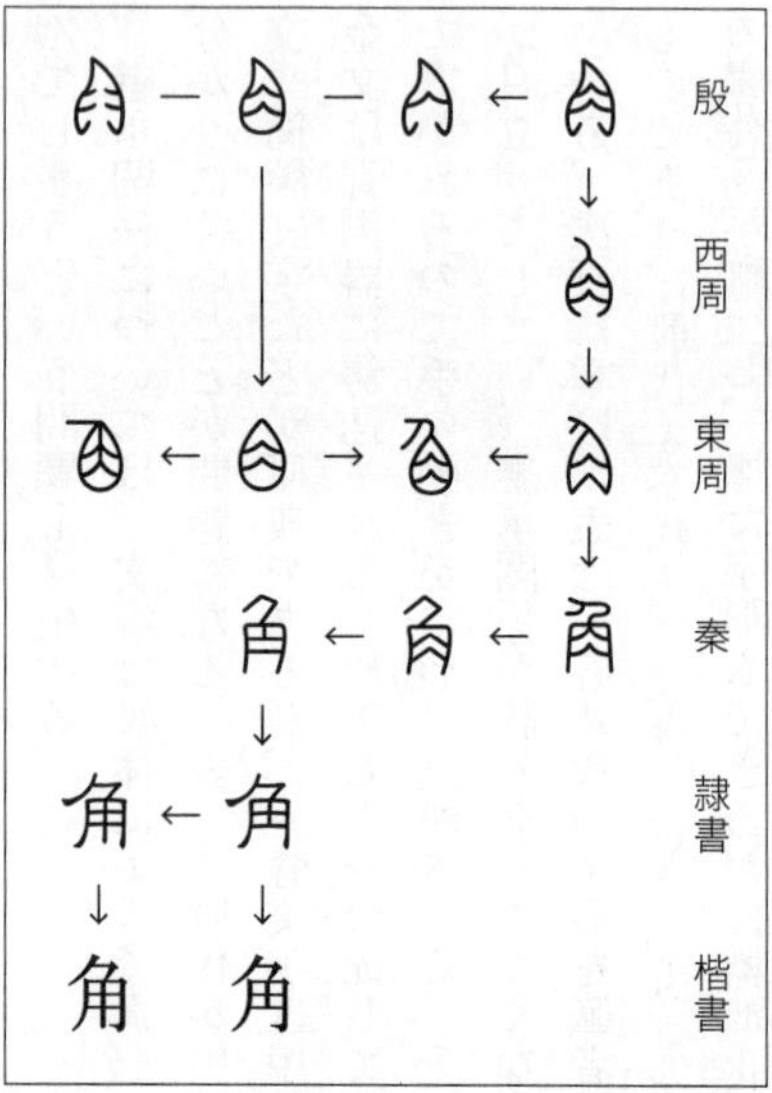

原典の書法や書風は失われてしまうが、読みやすくなり、また時代間の継承関係も分かりやすくなる。

なお、字形表に関しては、本書の冒頭でも述べたように、近年に字典や資料集が多く出版されており、それらを利用している。逆に言えば、今後の発掘や研究により、現在の情報がさらに変化する可能性があることも否定できない。

字形表の注意点

以下は、字形表を見る際の注意点である。

漢字は、同じ時代でも複数の異なる形が併用されることが多く、それを「異体字《いたいじ》」あるいは「異体《いたい》」と呼ぶ。異体字は時に十種以上になることもあるが、本書ではスペースの都合もあり、最大六つまでとしている。

表の右端には時代を表示しており、「殷」は殷代後期（紀元前十三～前十一世紀）、「西周」は西周代（紀元前十一～前八世紀）、「東周」は東周代（紀元前八～前三世紀）の出土資料に基づいている。

異体字について、東周代までは字形の左右が逆になっても意味が変わらないことが一般的であり、標準化に際しては向きを統一した（前掲表の殷代三列目参照）。また、東周代には、南方地域で非常に装飾性が強い字形（「鳥文《ちょうぶん》」と呼ばれる）が作られたが、ほかの時代・地域の字形と関連が薄いので掲載していない。一部の文字は、時代によっては部首だけに使われ、独立して出土資料に見られないものもあるが、表にはその部首の形を掲載した。

「秦」は統一帝国期（紀元前二二一～前二〇六年）だけではなく、戦国時代末期の諸侯時代も含んでおり、おおよそ紀元前三世紀全般の約百年間の出土資料である。また『説文解字』に記載された篆書（小篆）も対象とした。

「隷書」は後漢代に作られた碑文の八分隷書を挙げ、資料が不足する場合には三国《さんごく》時代～西《せい》晋《しん》代（二二〇～三一六年）を含めた。前漢代の古隷や西晋代より後は挙げていない。

「楷書」は明朝体で表示し、基本的には『康熙字典』が定義する正字、および現代日本の一般的な漢和辞典に記載されている字形のうち近世以前に出現していたものを挙げた。ただし、解説のうえで必要がある場合には、そのほかの異体を挙げることもある。

隷書や楷書については、並行して行書や草書《そうしょ》もあるが、本書の目的は、漢字がどのように成り立ち、またどのように継承されたのかを示すことであるから、秦代までの字形を重視し、隷書と楷書はできるだけ簡略化した。

字形表の作成で頭を悩ませたのが継承関係を示す矢印である。前述のように、漢字は同時代に複数の異体字が並行して使われていたので、どの文字が関連が深いのかは証明できない場合が少なくない。また並行して存在していたのであるから、作られた資料の年代によって単純に並べるわけにもいかない（そもそも作られた年代が正確に分からない資料も多い）。

こうしたわけで、字形表では時代間だけではなく同時代の異体字についても継承関係を「→」や「←」で表示しているが、それは筆者の推定にすぎないものであり、今後の研究によって変化する可能性もある。

そのほか、同時代に多数の異体字が出現し、しかも矢印が複雑になりすぎる場合、および出現順が推定できない場合には、それらの異体字を「―」でつないで並列させている。また異なる時代で同様の字形が使われている場合には、「＝」でつないで同じ字形を表示した。

本書は、感覚的に理解できるように表を作成したので、あまり厳密に考える必要はないが、記号などの意味が知りたければ、この項に戻って確認していただきたい。

第一章　「馬」のたてがみ、「象」の鼻

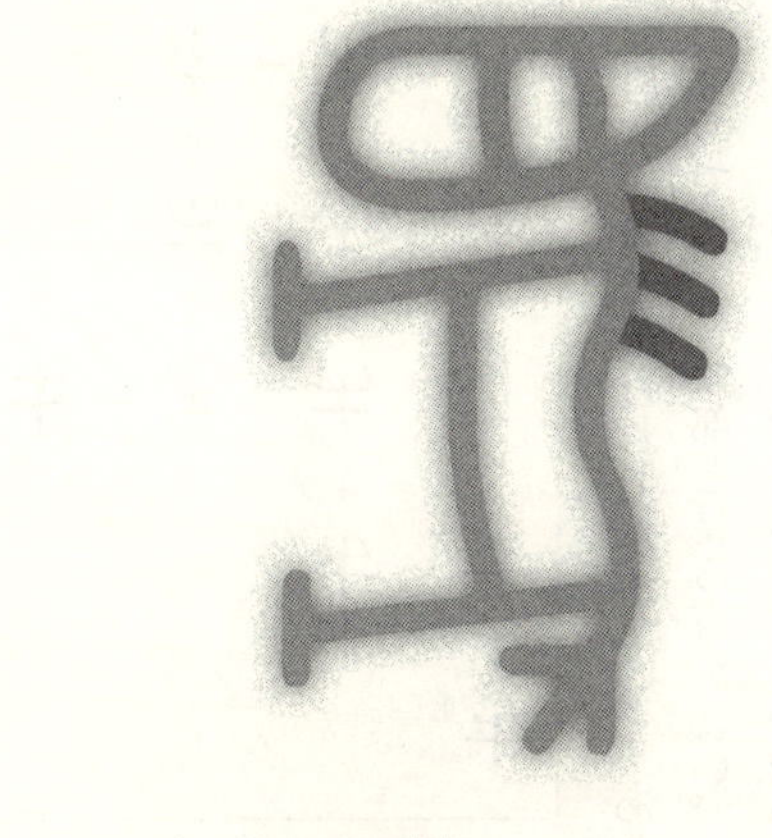

牛

牛の角は片方だけに

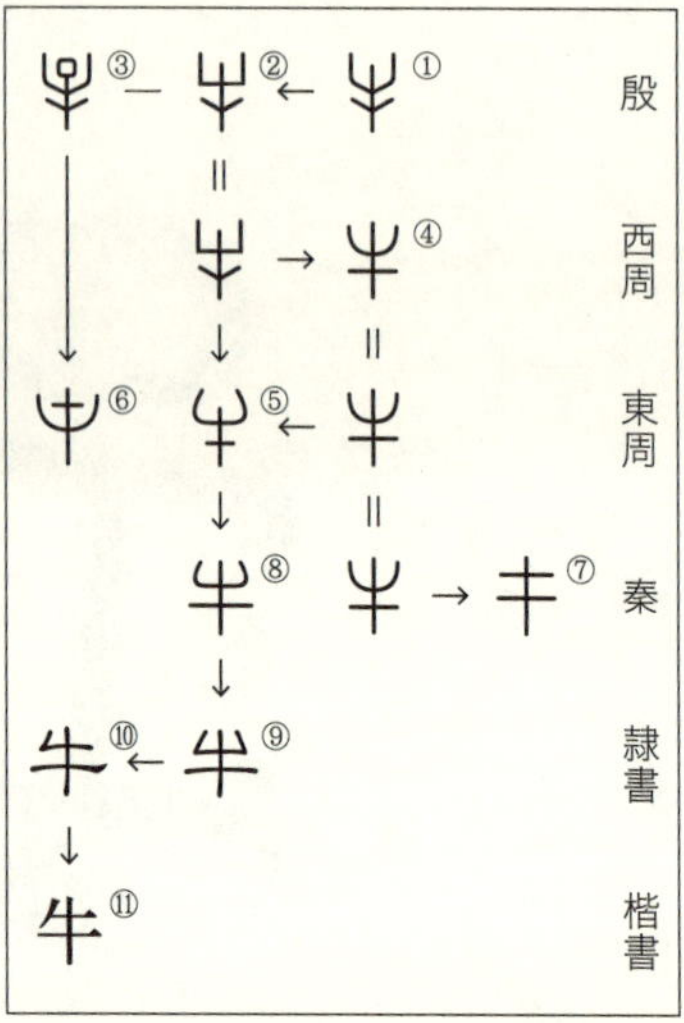

ここからは、具体的に漢字の字形とその移り変わりを見ていく。第一章では、動物に関係する文字を取り上げたい。

字形表は上が古い時代、下が新しい時代であり、古い時代から順に解説する。字形表の矢印は継承関係を表示し、丸数字は本文の解説に対応している。

まず取り上げるのは、比較的簡単な字形である「牛」であるが、表を一見して分かるように、これだけ簡単な形でも、長い歴史の中で徐々に変化を重ねており、そして楷書《かいしょ》の「牛」へと至っている。

最も古い殷《いん》代に多く見られる形が①であり、牛の全体像とする説もあるが、足にあたる部分がないので、牛の頭部と見る方がよい。曲がった牛の角が上部に表現され、下部にある斜めの短線は牛の目か耳であろう。そのほかの部分は縦線に簡略化されている。

殷代の異体字《いたいじ》として、角の形を少し変えた②のほか、頭頂を強調した③も見られる。

これらの字形のうち、次の西周《せいしゅう》代には②が継承された。

西周代には、②から派生して、下部を一本の横線に変えた④の形が併用された。そして東周《とうしゅう》代になると、④のほかに⑤が作られたが、これは上部は②に近く、下部は④に近いので、両者を折衷した字形と考えられる。漢字の歴史では、このように複数の異体を組み合わせて新しい字形が作られることも珍しくない。

東周代には他にも異体があり、下部の線を省略して頭頂部を強調した⑥は、おそらく殷代の③の描写法を継承している。

秦《しん》代には、始皇帝《しこうてい》が定めた篆書《てんしょ》として④が採用された。またその略体として、角の部分についても横線に変えた⑦があり、これは簡牘文字《かんとくもじ》で主に使われた。そのほか、東周代の⑤を継承した字形として⑧があり、これが隷書《れいしょ》の⑨に受け継がれた。

ここまでは、元が牛の頭部の形であるため、すべて左右対称であったが、隷書では牛の角を片方だけ残した⑩牛が作られ、最終的に楷書の⑪牛となった。楷書の「牛」のうち一画目と二画目が牛の角にあたるが、これは「角が折れた様子」を表したわけではなく、単に書きやすい形に簡略化されただけである。最後に元の成り立ちが失われたのは残念な気もするが、漢字はそれぞれの時代の人々が使いやすいようにアレンジしており、隷書の段階では字形の抽象化が進んでいたため、「二つの角の表現」は不要であると見なされたのだろう。

羊

羊の角はどうか

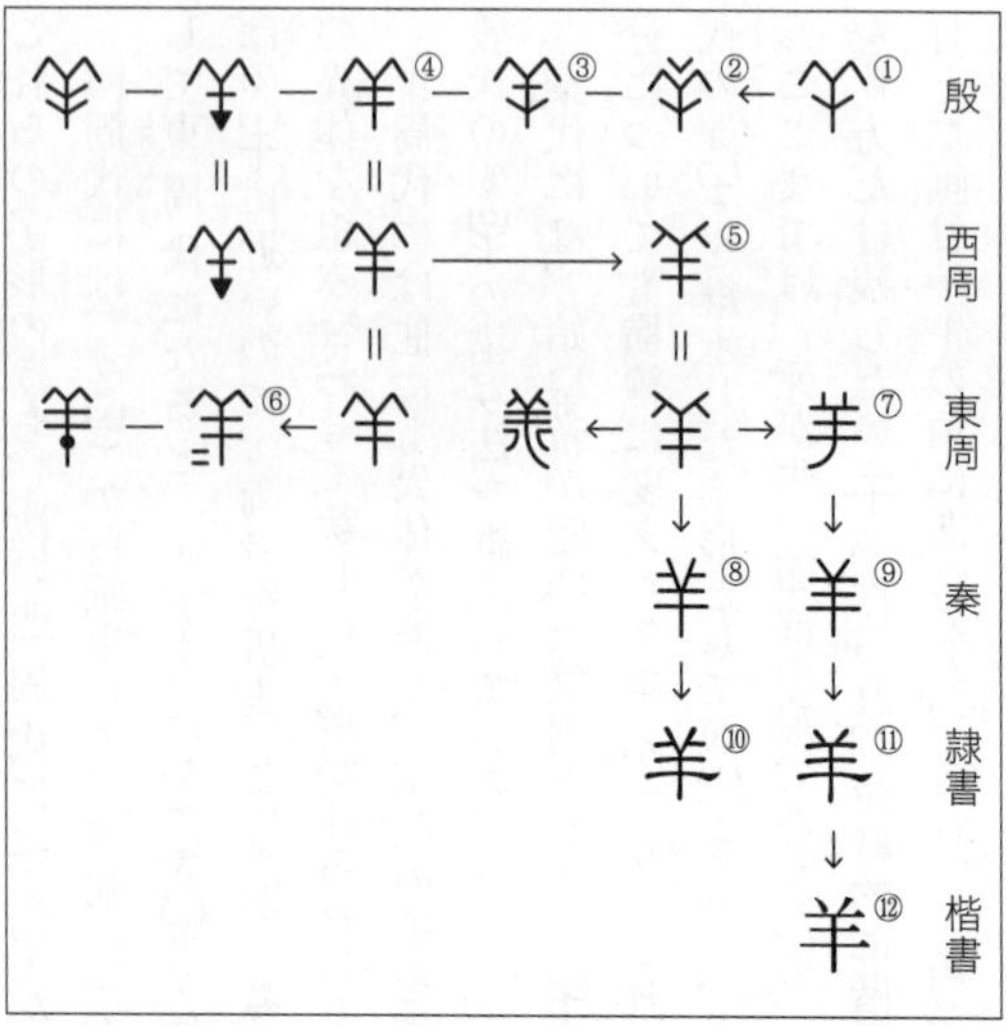

「羊」も、前項の「牛」と同じように羊の頭部を表したものである。殷代の基本形である①は、上部に羊の曲がった角が表現され、そのほかの部分は牛（）と同様に簡略化が進んでいる。

殷代には多くの異体があり、角を強調する記号をつけた②のほか、角の部分を区分する線を加えた③がある。さらに後者を簡略化したのが④であり、これが西周代以降に継承された。

西周代には、殷代から継承した④のほか、そこから派生した⑤が見られる。これは角の部分の表現方法を変えており、左右の曲がった線をそれぞれ二画で書いたものである。

この両系統は、ともに東周代に継承され

た。④羊の系統の異体字には、下部に強調符号を加えた⑥羊などがあるが、いずれも後の時代には残っていない。一方、⑤羊の系統については、角の表現方法をさらに変えた⑦羊などが作られており、⑤羊は秦代に⑧羊として、⑦羊は⑨羊として継承された。⑧羊は篆書に採用された形であり、隷書にも⑩羊として残ったが、現在では使われていない。一方、⑨羊は隷書の⑪羊として継承され、楷書の⑫羊になった。「羊」については、「牛」とは違って両方の角が省略されずに残っており、左右対称の形が楷書まで維持された。楷書のうち一〜三画目が角の部分にあたり、四画目の横画は角を区分する線に由来する。

ちなみに古代中国では家畜にランク付けがされており、高い方から牛・羊・豚の順であった。現代でも牛肉は高価であるが、これは味覚や需要だけが理由ではない。牛は繁殖力が弱く、また飼料が限定されるため、飼育費が高くなるからであり、要するに「原価が高いものは価格が高い」ということなのである。

古代中国でも同様に、羊毛がとれる羊や雑食で繁殖力が高い豚に比べて、牛は高価な家畜とされていた。そのため、重要な儀式では牛が犠牲《ぎせい》（いけにえ）として選択されており、「牛耳《ぎゅうじ》を執《と》る」などの慣用句が作られた。また、儀式に牛を用いた理由は、単に儀式を成功させるためだけではなく、高価な牛を用いることで、主宰者である王や貴族の経済力を誇示する目的もあったと考えられている。

馬

馬の特徴はたてがみ

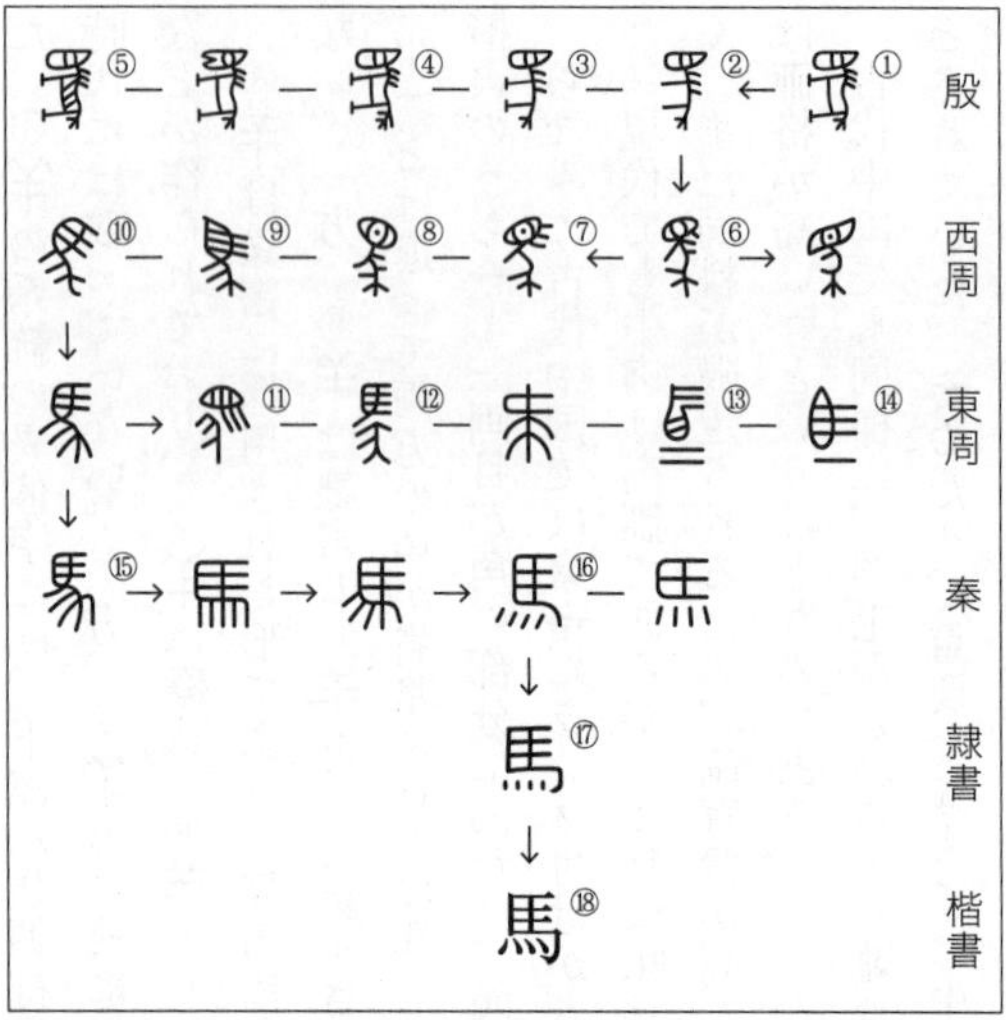

「馬」は、動物の馬の姿を表した文字である。殷代には①などの形であり、上部には馬の頭部とたてがみが描かれ、左側に前足と後足、下部に毛の生えた尾が表現されている。

殷代の異体字については、胴部を簡略化した②や③、尾を強調した④、馬の毛並みを表現した⑤などがある。

このうち、②が西周代に継承されたようであり、⑥も胴部が簡略化されている。異体字の⑦や⑧などは頭部のうち目が強調されており、瞳を表現した点が加えられている。また、⑨や⑩は目を表す線とたてがみをつなげており、この系統が東周代に継承された。

東周代には馬の姿を崩したものが多く、

頭部と胴体を離した⑪や⑫があり、さらに⑬や⑭は胴体などを横線だけで表示した極端な略体である。しかし、⑬や⑭でも頭部とたてがみだけは省略されていない。おそらく、当時の人々はたてがみを馬の特徴ととらえていたのであり、どれだけ略体にしたとしても、たてがみだけは残したのである。

考えてみれば、足や尾がある動物は多いが、たてがみのある動物は少ない。文字は対象を特定できた方が使いやすいのであるから、足や尾ではなく、たてがみを残したのは、当時の人々が工夫した結果なのであろう。

ただし、秦代に継承されたのは古い形を残した⑩の系統であり、始皇帝が定めた篆書では⑮の形になっている。これがさらに変化して、下部にある四本の線が独立したのが⑯馬であり、隷書の⑰馬、そして楷書の⑱馬に受け継がれた。楷書の「馬」のうち、右上に突き出た三本の線は馬のたてがみが残ったものである。

また、「馬」の下部にある四つの点については、字形表の矢印を逆にたどっていくと分かるのだが、左の二つが前足と後足であり、ほかは尾の一部が独立したものである。もっとも秦代の段階で、尾の部分を強調するなど元の形がかなり崩れていたので、⑯馬や⑰馬の形を書いていた人々は、「馬の四足のつもり」で四つの点を書いていたかもしれない。

象

象は鼻から書く

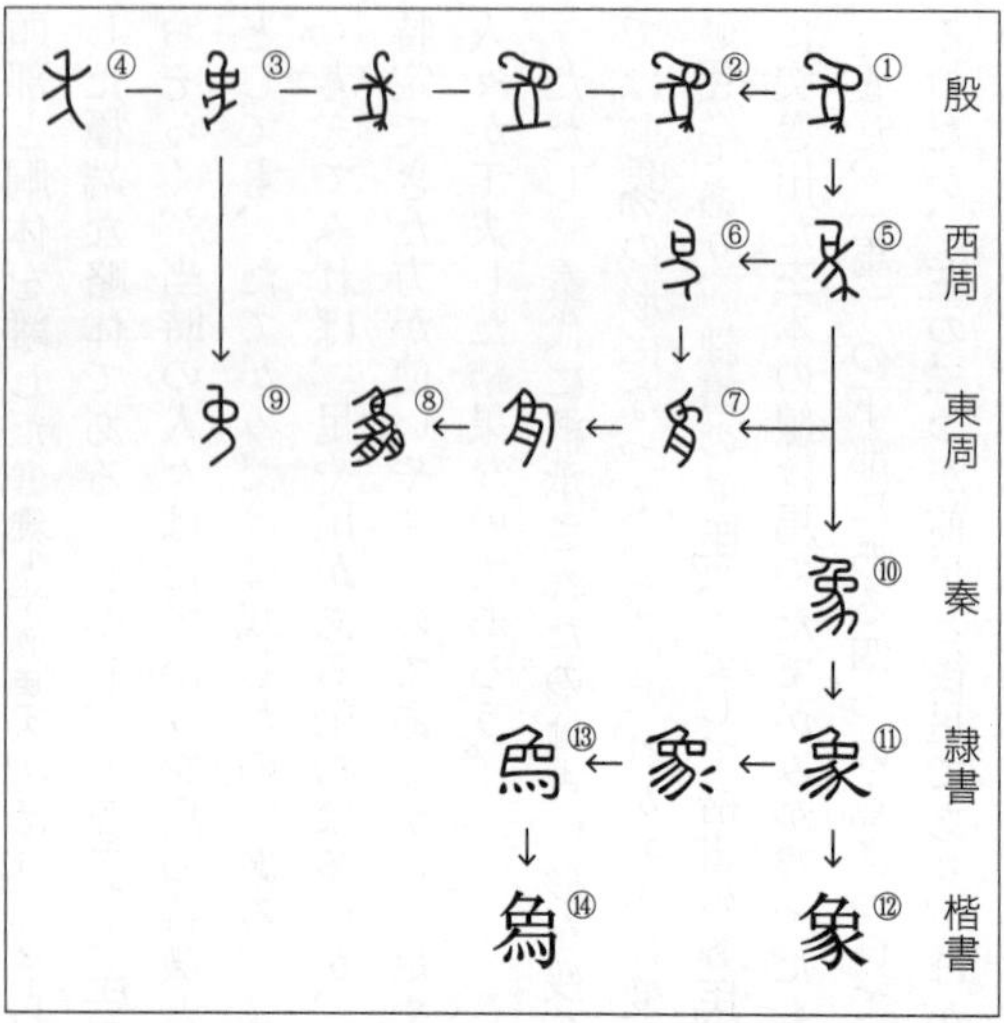

「象」も動物の象の姿を表した文字である。殷代の基本形である①は、上部に長い鼻がある頭部が表現されている。また左側に足があり、下部に毛の生えた尾がある。この本の左側を下にして見ると、象の姿が分かりやすいだろう。

殷代には気候が温暖であり、中国にも象が広く生息していた。左の図は殷代に作られた青銅器であり、表面には呪術的な装飾がほどこされているが、全体の形としては象を模している。長い鼻や太い足などが忠実に表現されており、当時の人々が生きた象を見てこれを作ったことは明らかである。

殷代には異体字が多く、頭部の目を表現した②や、全体的に略体化した③や④などがある。

西周代には基本形が継承されたようだが、胴体の部分が線になった⑤の形になっている。そのほか、尾の部分までも簡略化した⑥も見られる。

東周代には、胴体の部分を肉（　）に変えた⑦などの異体が使われており、⑧では象の巨体を表現するためか、肉が三つ使われている。そのほか、殷代の③を継承したと思われる⑨もあるが、いずれも後代には残っていない。

秦代に篆書とされたのは、西周代の⑤に近い⑩である。特に尾の部分が強調されており、そのほか頭部の表現も変わっている。これが隷書の⑪象に継承され、さらに楷書の⑫象になった。

楷書の「象」の一・二画目は片仮名の「ク」のような形であるが、これが象の鼻にあたる。また左下の三本の線のうち、上の二本が象の足である。

隷書の異体には、「馬」と同様に下部を四つの点にした⑬があり、楷書にも⑭として残っている。この場合には四つの点のうち左の二つが象の足である。

犬

犬の耳はどこに？

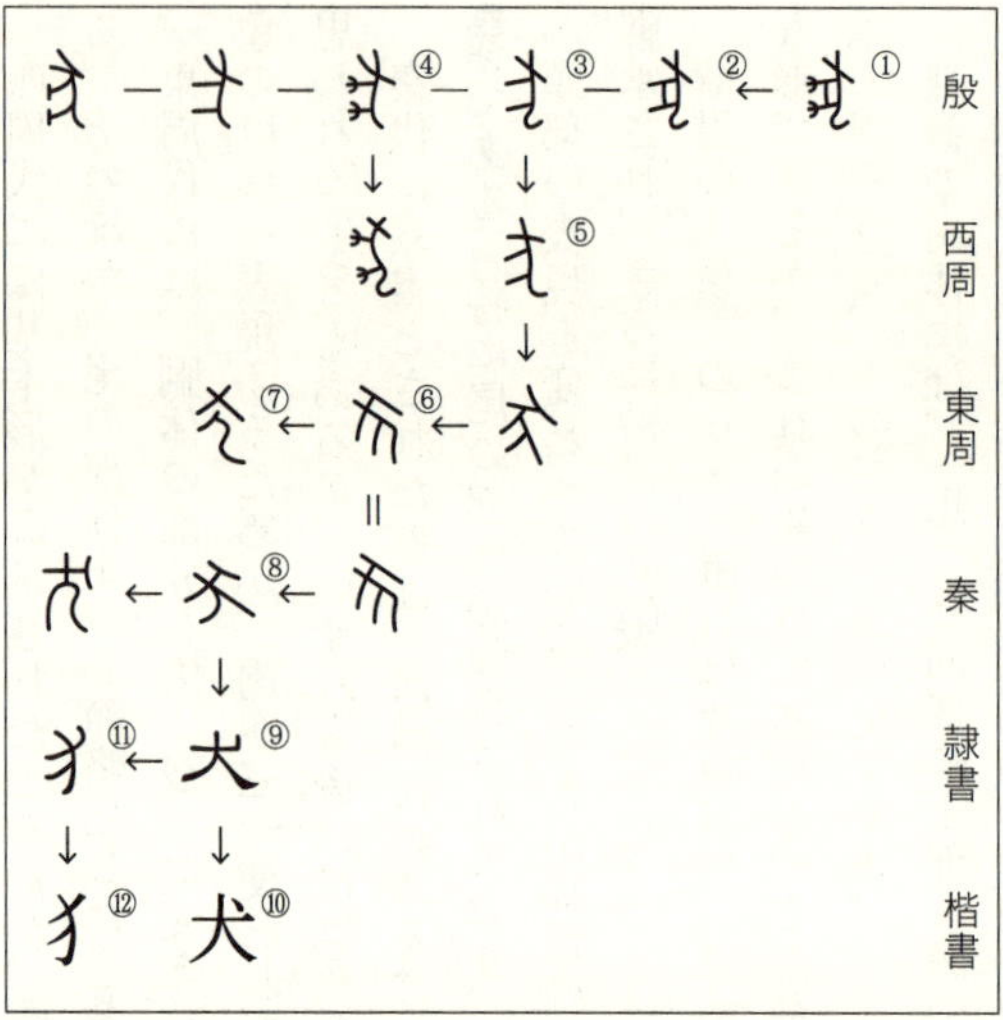

「犬」は、動物の犬の姿を文字にしたものである。殷代の基本形である①は、上部に頭があり、左側には爪のついた前足と後足がある。また下部には犬の特徴である巻いた尾が表現されている。

殷代には多くの異体があり、②は爪を省略し、③はさらに胴体も簡略化している。そのほか頭部の表現方法を変えた④などもある。

このうち後代に継承されたのは③であり、西周代までは⑤のように形状が維持されたが、東周代に大きく変わり、⑥や⑦の形が作られた。この段階までくると、元々は動物の犬の形であったことが分かりにくくなっている。

さらに、秦代に⑧になり、これが隷

書の⑨犬を経て、楷書の⑩犬になった。

楷書の「犬」については、ほとんど原型を留めていないように思われるが、筆画ごとに順を追って見ていくと、意外に残っていることに気づく。一画目の前半が前足、二画目の前半が頭部のうち下あご、後半が後足であり、三画目が胴体と尾にあたる。四画目の点については、「犬の耳」とする説もあるが、実は楷書ではじめて出現したものであり、一画目の後半とともに犬の上あごを形成していたものが分離した部分である（左図を参照）。

逆に、耳はどうなったのかというと、秦代までは上あごに続く形で残っていたが、隷書で失われてしまった（これも左図を参照）。

ところで、「犭（けものへん）」が「犬」と同一の部首であることは知られているが、なぜ形だけではなく画数も異なるのかは、あまり知られていないのではないだろうか。「犭」がはじめて「犬」から分かれたのは隷書の時代の⑪犭であり、その形が楷書の⑫犭に継承された。つまり、上あごの一部が分離する前の状態が残ったため、「犬」よりも一画少なくなったのである。楷書の「犭」は、一画目の前半が上あご、後半が前足であり、二画目の前半が下あご、後半が胴体と尾にあたり、そして三画目が後足である。

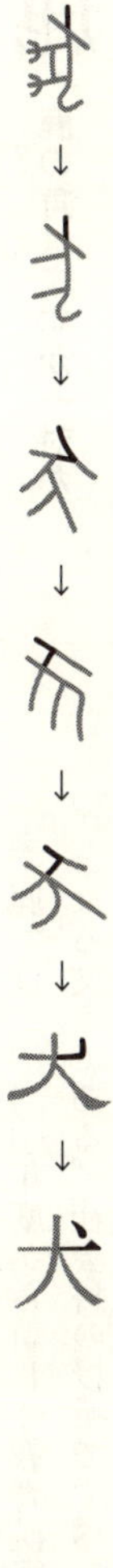

鹿

鹿の角は二本か一対か

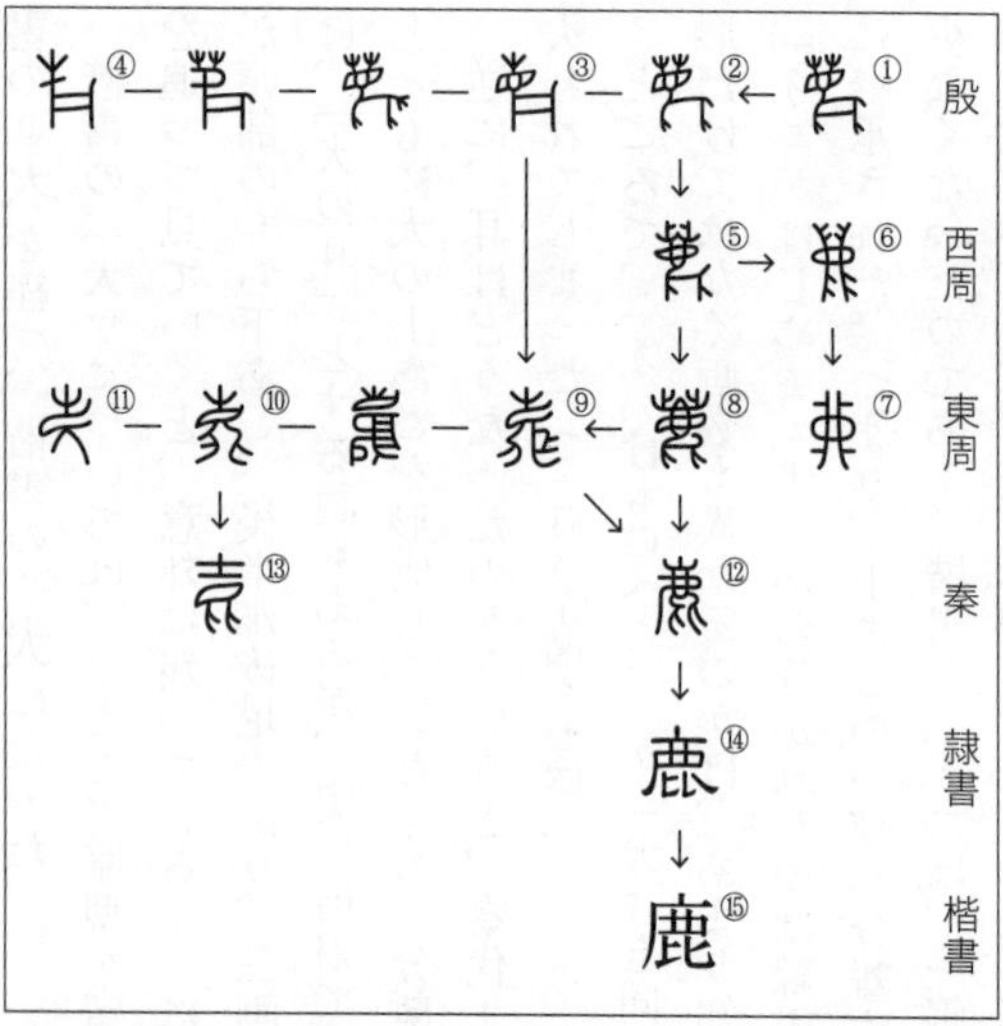

「鹿」は二〇二〇年度から新しく教育漢字となる文字である。社会科の授業ですべての都道府県を漢字で書けるようにするため、鹿児島県の「鹿」も小学校（四年生）での学習対象になる。

殷代の基本形である①は、動物の鹿の姿を表している。上部には枝分かれした二本の角や大きな目（「」の部分）が表現されており、下部には蹄《ひづめ》のある足がある。いずれも鹿の特徴をよく表した描写方法である。

殷代の異体には、胴体を線にした②や角を一つにした③などがあり、どの部分を簡略化するかには様々な方法があった。そのほか頭部も簡略化した④などもある。なお、③や④などについては、一角獣の表現ではなく、鹿の角を「一対《いっつい》」としたものであり、鹿の足を「二対」として二本で表現しているのと同じである。

このうち後代に継承されたのは②であり、西周代の⑤も同じような形になっている。そのほか、西周代には胴部を完全に取り去った⑥があり、この系統は東周代にも⑦として見られる。

東周代には、西周代の⑤を継承した⑧のほかに、角を一つに簡略化した⑨などもあり、これは殷代の③などと同様の描写方法である。そのほか、胴体や足を簡略化した⑩や⑪もある。

秦代については、篆書とされたのは⑫であり、これが後代にも残った。⑫は、⑧を継承しつつ、⑨などのように、角を一つにしたものであり、殷代以来つづいていた「鹿の角は二本か一対か」という描写方法の対立は、後者に統一されて終結したのである。なお、秦代には異体字に⑬があり、こちらも角を一つにした形を継承したものである。

その後、篆書の形から隷書の⑭、そして楷書の⑮鹿になった。楷書は「广（まだれ）」のような形を含んでいるが、家屋の形である广とは成り立ちが全く異なる。楷書の「鹿」の一画目と二画目が鹿の角であり、三画目は目の一部が延長されたものである。そして下部の「比」のような形は、蹄のある鹿の足を表現した部分である。

鳥

鳥にも四点があるが……

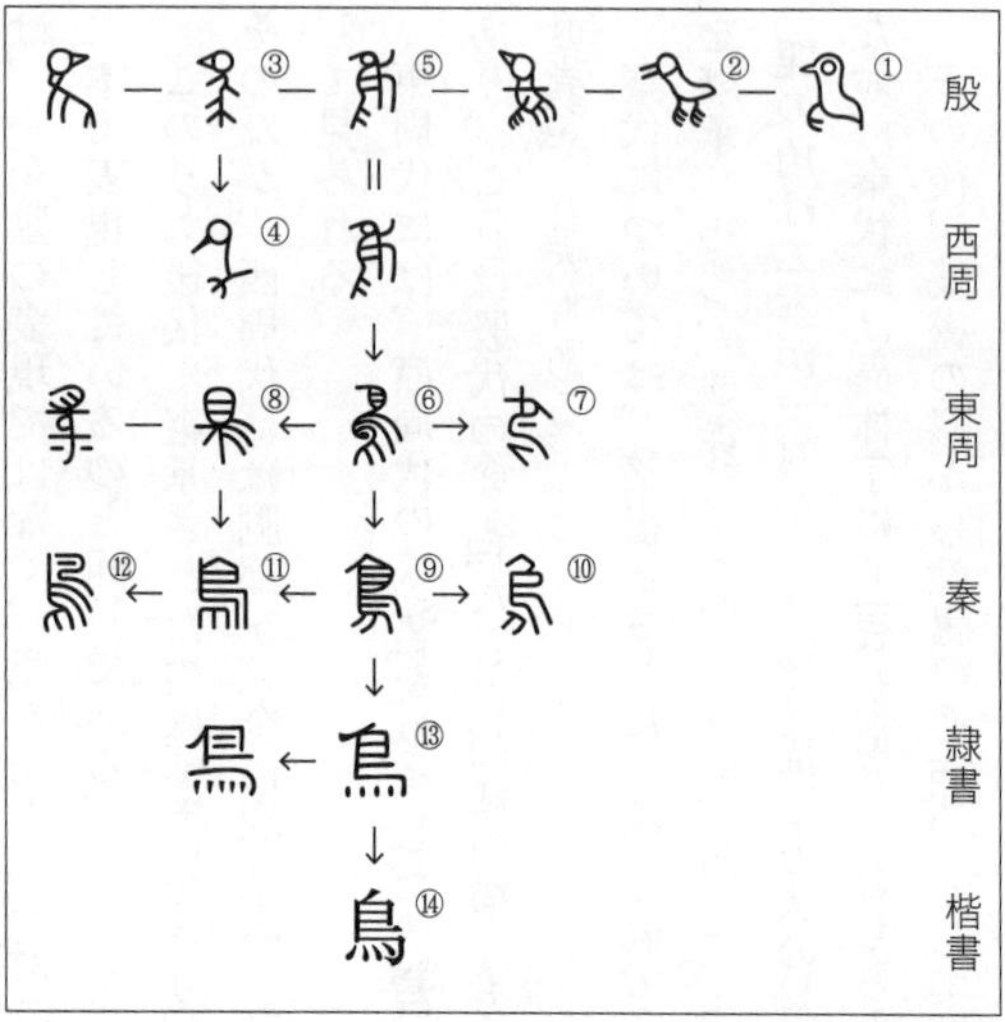

「鳥」は、鳥の姿を文字にしたものである。飛んでいる状態ではなく、翼をたたんで休んでいる様子を表現している。

殷代の①は、上部にくちばしのある鳥の頭があり、左下に足、右下にたたんだ翼がある。特定の鳥種ではなく、鳥類の一般形である。

殷代の異体には、両足を表現した②や頭部以外を簡略化した③などがある。後者は西周代まで継承され、④になったが、それ以後には見られない。⑤は、くちばしを一本の線で表現したり、翼を線で表したりするなど、やや特殊な異体であるが、これが後代に残った。

東周代になると、くちばしや翼を線で表現した⑥のほか、翼を簡略化した⑦

や、くちばしを省いた⑧などが作られた。

　秦代の字形については、おそらく⑨が⑥を継承した形であり、またこれが隷書に残った。異体のうち、⑩は略体であり、線の本数を減らしている。また⑪については、全体の形としては⑨に近いが、くちばしを省いた点では⑧に近い。そして、始皇帝が定めた篆書は⑫であるが、⑪をさらに意匠化しており、おそらくその複雑さのために後代には残らなかった。

　隷書の⑬鳥は、下部を四つの点にしており、これが楷書に継承されて⑭鳥となった。楷書のうち、一画目が鳥のくちばしであり、「日」のような形が頭部にあたる。また、下部の四つの点のうち、三つは字形表をたどると鳥の足や指であることが分かるが、残りの一つの由来は不明と言わざるを得ない。

　先に取り上げた「馬」にも下部に四点があり、前述のように「馬の四足のつもり」だった可能性があるが、鳥については四点にする根拠が見あたらない。鳥に対する認識に何らかの変化があったとも考えられるが、「馬」のほか、後で取り上げる「魚」なども四点で表示されているので、あるいは、動物に関係する文字は一律に四点にしてしまった方が覚えやすいという程度のことだったのかもしれない。

魚

魚に角がはえた？

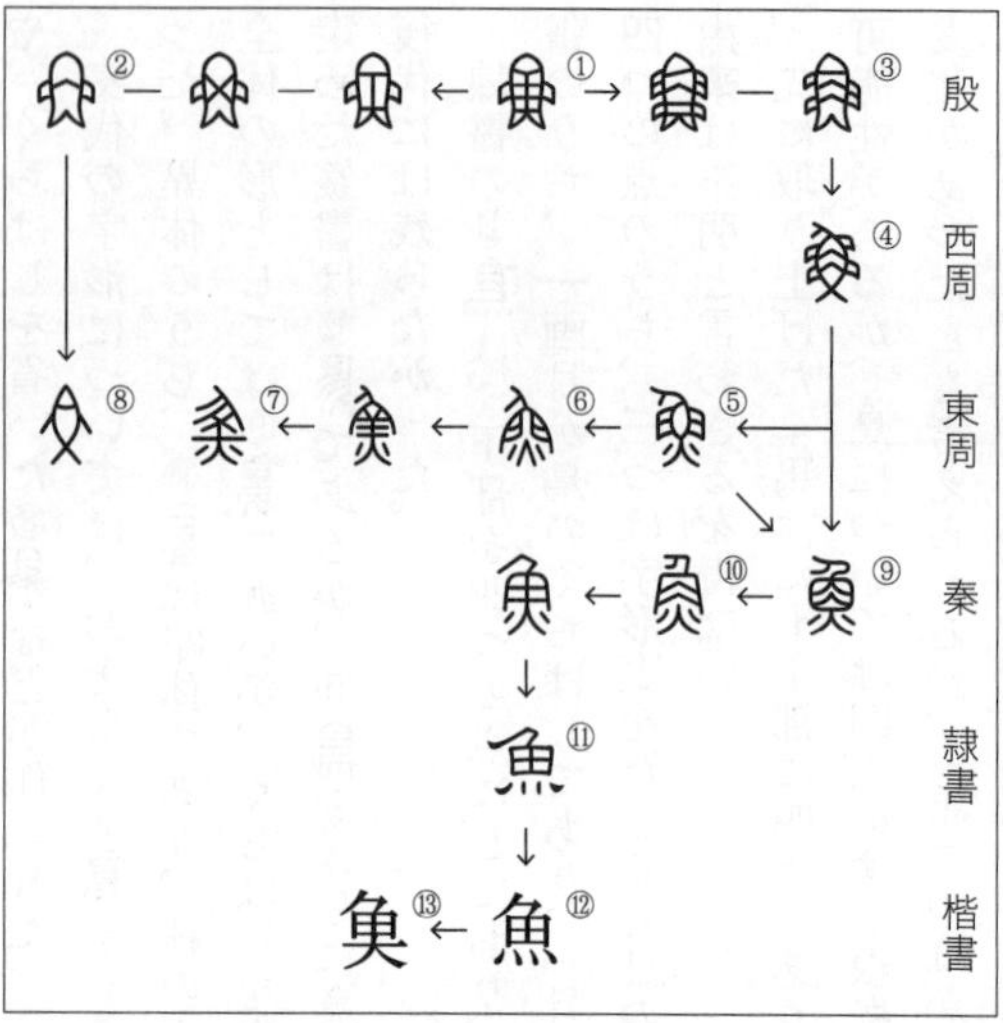

「魚」も、ここまでと同様に、対象の形を文字にしたものである。殷代に最も多く使われた字形は①であり、上に頭、下に尾びれがあり、左右に背びれと腹びれがある。また胴の部分には鱗《うろこ》が表現されている。特定の魚種を表したものではなく、魚類の一般形である。

殷代の異体のうち、簡略化する方向に進んだのが②などであり、鱗を表現する線が減少している。逆に、複雑化したのが③などである。③は、おそらく右が背びれ、左が腹びれと臀《しり》びれであり、上下を意識し、左側が下であることを表示した形である。

このうち、後代に継承されたのは複雑化した異体であり、さらに西周代には、口を強調した④の形になっている。

東周代には、鱗の表現が略され、逆に尾びれには強調記号がつけられた⑤などが使われた。結果として、下部は火（灬）に近い形になっている。また、異体には⑥など変形したものが多く、⑦にいたっては元が魚の形であったことが分からないほどである。そのほか、殷代の②を継承したと思われる⑧もあるが、きわめて単純な形なので、独自に作られたものかもしれない（後代には残っていない）。

秦代に篆書とされた⑨は、背びれや腹びれを省略した形であり、尾びれの表現としては東周代の⑤に近いが、鱗の表現は西周代の④を継承している。さらに、異体の⑩では、上部が「角」（篆書では「」）に近い形になっている。その後、前漢代の古隷まで角と火を組み合わせた形が使われていた。

しかし、さすがに「角」と「魚」は文字の起源が全く異なる（「角」は次項参照）ので、後漢代の八分隷書では差別化がはかられ、「角」の部分を変形した⑪魚が作られた（下部の火については灬として残っている）。これが楷書に継承されて⑫魚になった。

楷書には異体として⑬𩵋があり、これは「灬」を「大」に変えた俗字であるが、中世初期から使われており、俗字とはいえ伝統ある字形である。また、現在の中国で使われている「鱼」という形も、漢代から見られる略体であり、これも歴史のある形である。

角

牛の角を刀で解体

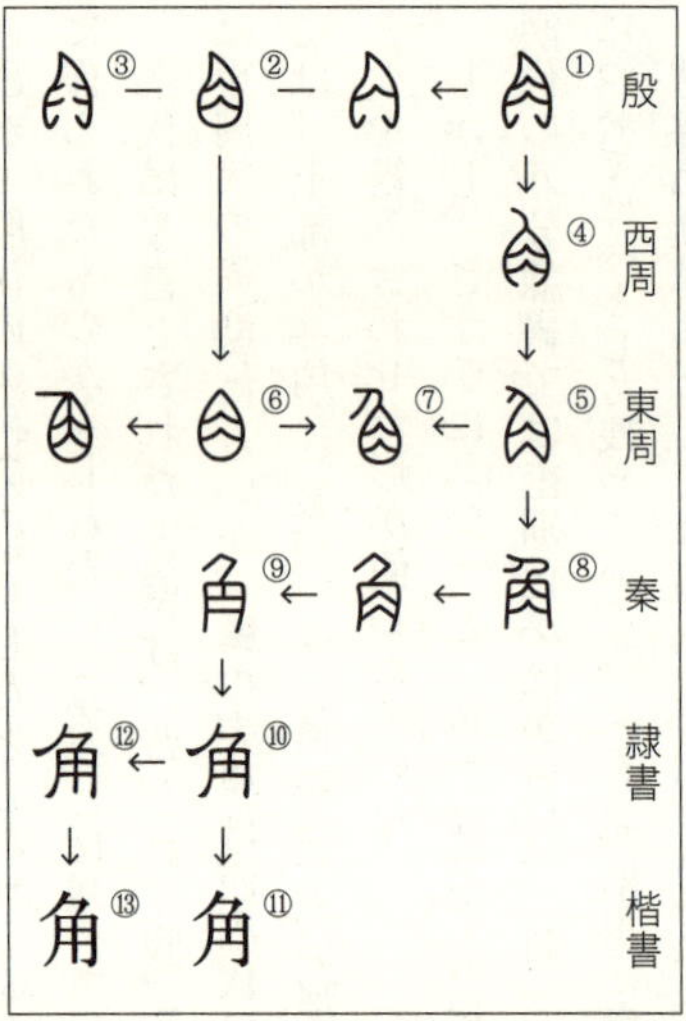

前項と関連して、「角」を取り上げる。殷代の①などは動物の角の形であり、解体して取り外された片方の角を表している。殷代の異体には、下部の線をつないだ②や、角の模様を表す線を切り離した③もある。

西周代には、①について角の先を強調した④の形になっており、さらに東周代には⑤になっている。

一方、東周代には、殷代の②を継承したものであろう⑥も作られている。そして⑦は、おそらく⑤と⑥を折衷した字形である。

秦代には、始皇帝が定めた篆書では⑧の形が採用されたが、曲線が多くて筆記に向いていないため、直線を多用した⑨の形になった。そして隷書の⑩角となり、それを継承したのが楷書の⑪角である。また、隷書では異体として⑫角が作られており、現代中国ではそれを継承した⑬角が主に用いられている。

楷書の「角」の上部は、片仮名の「ク」に近いが、これは角の先を強調した形が残ったものである。角の先を強調していることから、「角」は「かど」の意味にも用いられた。

ところで、「角」がどの動物のものかというと、牛や水牛の角を表していた。左に「解」の字形表を挙げたが、殷代のⒶは、両手（）で牛（）の角（）を取り外して解体する様子を表している。

西周代には、道具を持った手の形の「攵（）」を使ったⒷが作られた。また東周代には、攵を「刀（）」に変えたⒸとなっており、この場合には刀で牛を解体することを表している。東周代には刀をさらに「刃」に変えたⒹなども見られる。

秦代には、「角」の部分を大きく表示したⒺが篆書に採用された。それが楷書に継承され、Ⓕ解となったのである。

なお、角の異体である角を用いたⒼ解もあり、やはり現代中国ではこちらが主に用いられている。

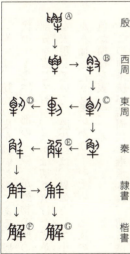

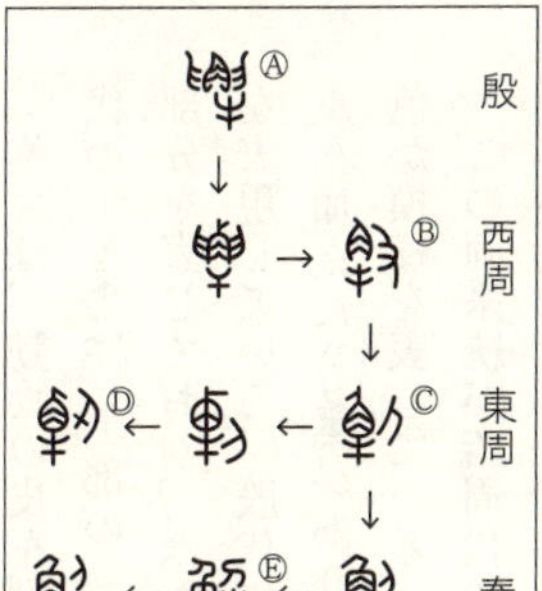

革

革は正面、皮は側面

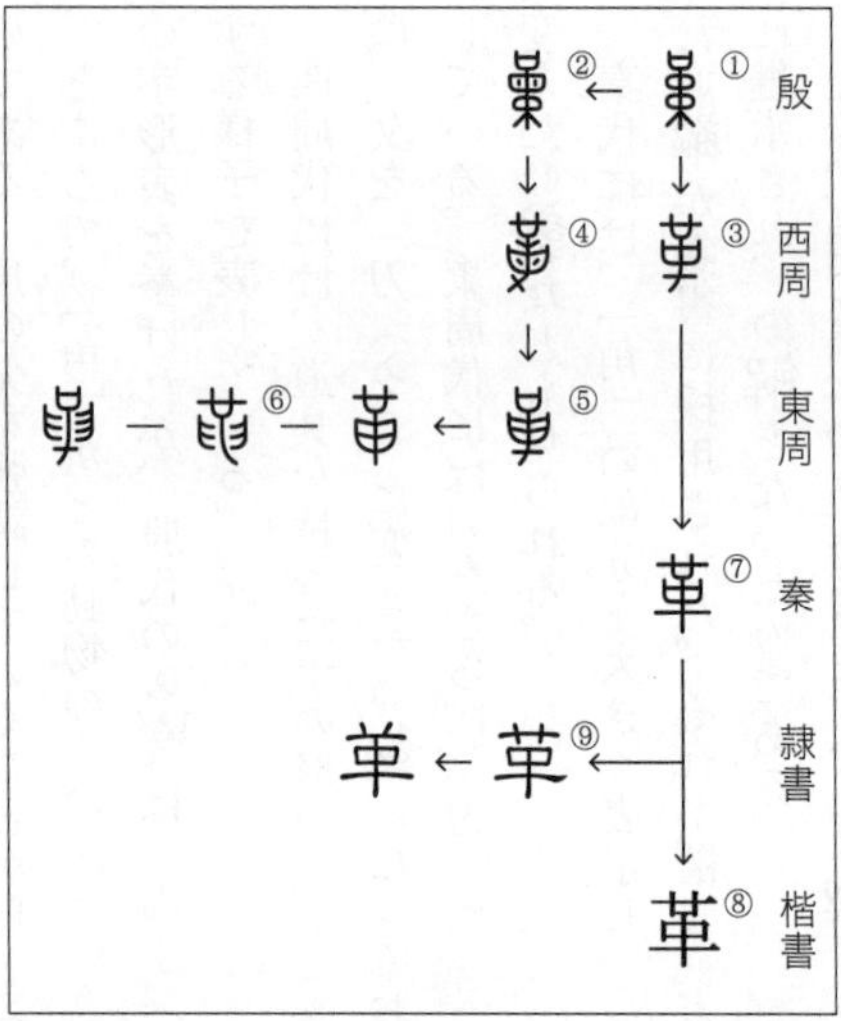

「革」は、動物の皮を剥《は》いだ形である。殷代の①は、上部の「ㅂ」が動物の頭の部分を表しており、ほかは切り広げた皮革を表現している。殷代には、異体として小点を加えた②があり、おそらく毛皮の色か模様を表している。

この両系統が西周代に継承され、前者は③、後者は④の形になっており、頭部の形は「廿」に変わっている。

東周代には、④の系統が用いられており、⑤などのほか、字形の一部を両手の形（臼）に変えた⑥などがある。この場合には「両手で皮を剝ぐ形」という解釈になるが、元々の成り立ちを変えており、俗字にあたる。また頭部の形も「ㅂ」と「廿」が併用されている。

一方、秦代には、西周代の③を継承した⑦革が篆書とされ、これが楷書の⑧革になった。先に見た「象」もそうであるが、篆書は古い字形を意図的に選択することがある。

なお、隷書には上部を「艹」に誤った⑨革などがある。今でも学校のテストで「革」を「革」と書き間違える子供は多いと思うが、「伝統ある誤字」と言ってもよいだろう。

「革」に関連して、「皮」も動物の皮革の形を元にした文字である。革（革）は皮革を正面から見た形であるが、側面から見た形は克《こく》（克）であり、それを手（又）で剝いでいる形が「皮」なのである。

左の表のうち、殷代のⒶなどは克と手の形から成り、Ⓑは道具を持った手の形の攴（攴）を使っている。前者が後代に継承され、西周代にⒸになった。そのほか東周代には、「克」の部分を変形したⒹなどがある。

秦代にも、さらに克の部分が変化しており、Ⓔから、ⒻやⒼの形になった。このうち篆書とされたのはⒼであるが、後代にはⒻが継承され、楷書のⒽ皮になった。楷書の「皮」のうち、手の形の「又」を除いた部分が、「克」が変形したものである。

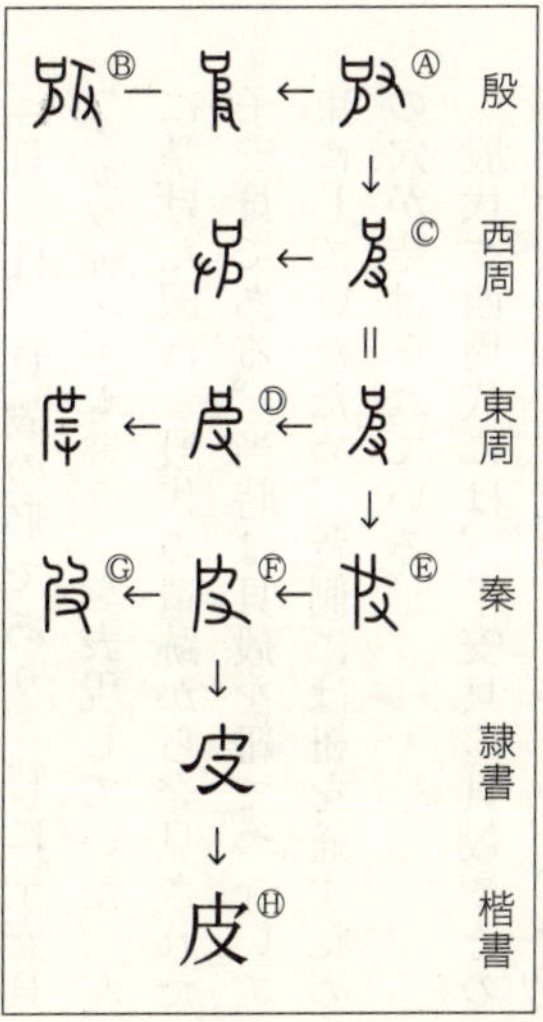

貝

貝は古代に財貨であった

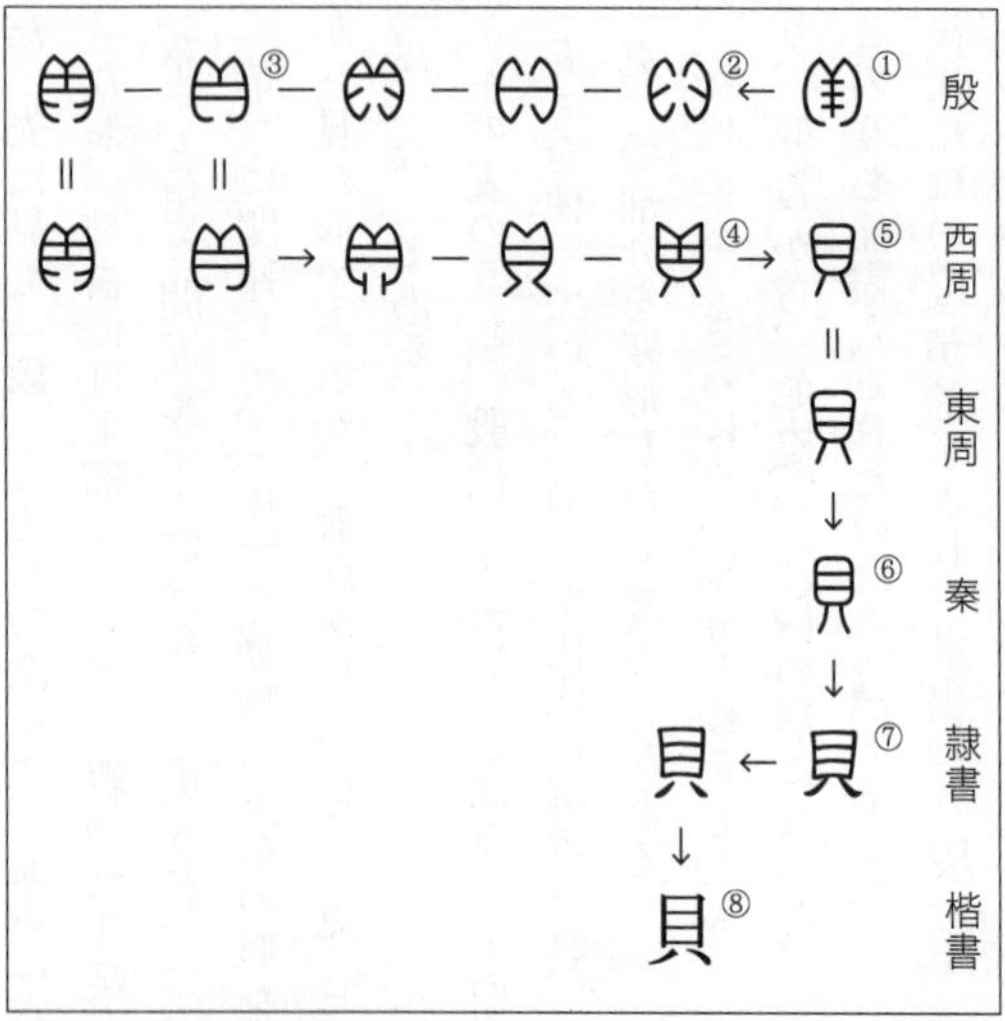

「貝」は、貝殻の形であり、特に子安貝《こやすがい》（タカラガイとも言う）を表現していた。左に挙げた図は、殷代の遺跡から発見された子安貝である。当時は貝殻を紐でつないで束にしていたため、背側には紐を通すための穴が空けられている。

殷代や西周代には、子安貝の貝殻やその束が貴重品として流通していたので、財貨に関係する文字には部首として「貝」が使われ、「財」「貨」のほか、「資」「買」「貯」「貴」など多くの文字に見られる。

殷代の字形のうち、最も子安貝の形に近いものは①であるが、腹側が中央で分かれていることを強調して表した②の使用例が多い。そのほか様々な異体があるが、分割の状態を下部にのみ残した③

が西周代に継承された。

さらに西周代には、子安貝の特徴である分割の状態すら表現していない④貝や⑤貝などの異体が作られ、後者が東周代に残った。東周代になると、青銅製の貨幣が普及し、逆に子安貝は貴重品としての価値が相対的に低下した。そのため、文字の成り立ちが「子安貝の形」であったことが意識されなくなったのかもしれない（単純に書きやすい字形が選択されただけという可能性もあるが）。

⑤貝の形は、それ以降の変化が少なく、同様の形が秦代の⑥貝や、隷書の⑦貝へと受け継がれた。さらに、下部が独立して「八」のような形になり、楷書の⑧貝になった。

ちなみに、部首の「頁」は字形の類似から「おおがい」と呼ばれるが、これは頭部を強調した人の姿が起源であり、成り立ちには貝と関連がない（第三章の「首」で解説する）。また「則」にも「貝」が使われているが、これも起源は別である（第六章の「則」で解説する）。

卵

卵にある点はなにか

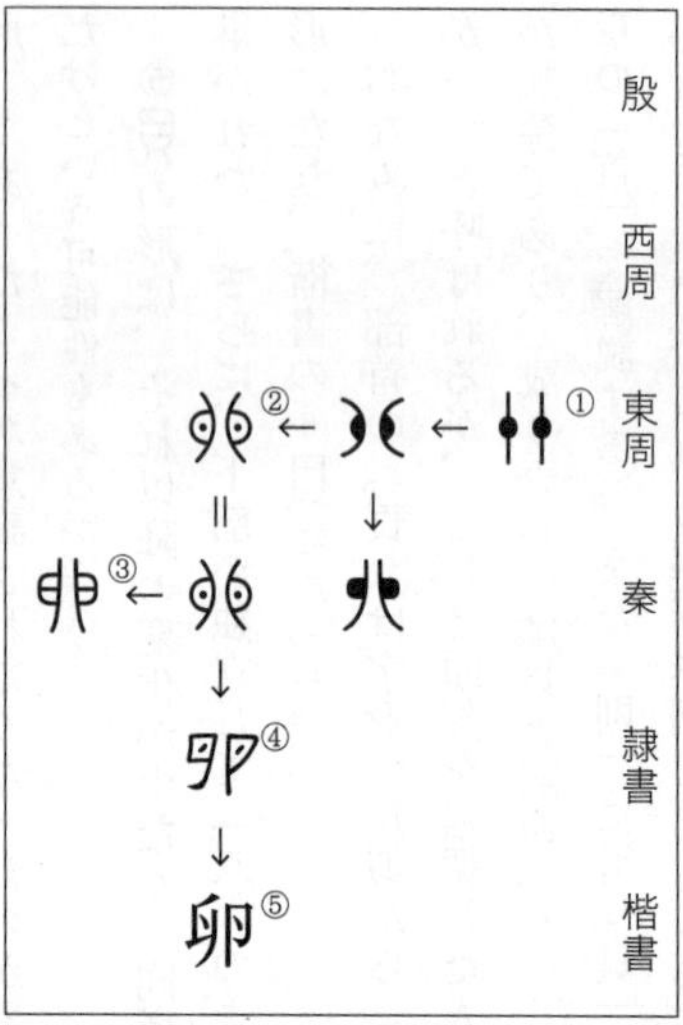

「卵」は、卵の形を表している。最初に出現したのは東周代であり、それ以前の資料には見られないが、今後の発掘や研究で、見解が変わるかもしれない。

現状の出土資料で最も古い形は①であるが、小点を加えた異体の②が分かりやすく、鳥の卵ではなく魚類か両生類の卵の表現である。小点は孵化《ふか》する前の胚《はい》を表している。

秦代には小点を横線にした③が篆書とされたが、後代には②の系統が継承され、隷書の④を経て、楷書の⑤卵になった。楷書にも胚を表す点が残っている。

なお、楷書の「卵」の字形は十二支の「卯」に近いが、「卯」は供物を切り裂いた様子を表した文字であり、卵とは成り立ちに関連がない。

第二章 「本末」は、転倒している

木

果実は木の枝に

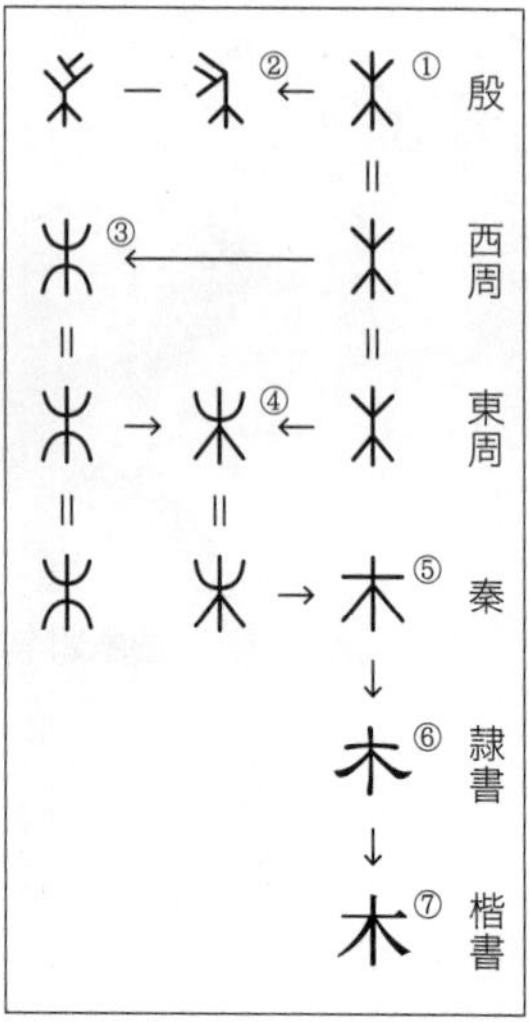

第二章では植物や自然に関係する文字を取り上げる。まずは、字形の変化が比較的少ない「木」であるが、やはり歴史的に見ると何種類もの形が使われていた。

殷代の①は、上部の三本の線が木の枝を表し、下部の三本の線は根である。木には多くの枝や根があるが、いずれも三本に簡略化されている。なお、殷代には枝の表現を変えた②などもあるが、用例は少なく、また後代にも残っていない。

西周代には、①から派生して枝や根を曲線で表示した③が作られた。この両者は、ともに東周代でも使われており、さらに両者を折衷した④も作られている。

秦代に篆書とされたのは③であるが、④からさらに派生した⑤木が出現した。これが隷書の⑥木を経て、楷書の⑦木になった。楷書の「木」は、一画目と二画目の前半が木の枝であり、二画目の後半と三・四画目が木の根にあたる。

なお、「木」は成り立ちとしては木の形であるが、転じて木材の意味でも使われた。木材は建築や工業生産の基礎となるものであり、部首としても「材」のほか「柱」「板」「机」「橋」など非常に多くの文字で使われている。

木に関連して、「果」も早くから見られる文字である。殷代のⒶは、木（）の枝に果実がみのっている様子を表している。そのほか殷代には、果実の数を増やしたⒷや、果実を収穫する人（）を加えたⒸも見られる。

西周代には、果実を一つにして大きく表示したⒹの形になった。さらに東周代には、小点を省いて果実を「田」の形にしたⒺが作られた。「田」は耕作地の形であり、成り立ちは全く異なるが、漢字は略体化によって別の形になることがある。そのほか異体字として、果実の形をさらに簡略化したⒻや木の部分に曲線を用いた形（）にしたⒼも見られる。

そして秦代には、木の場合と同じく、曲線を用いたⒼが篆書とされたが、後代に継承されたのはⒺから派生したⒽであり、これが楷書のⒾ果となった。

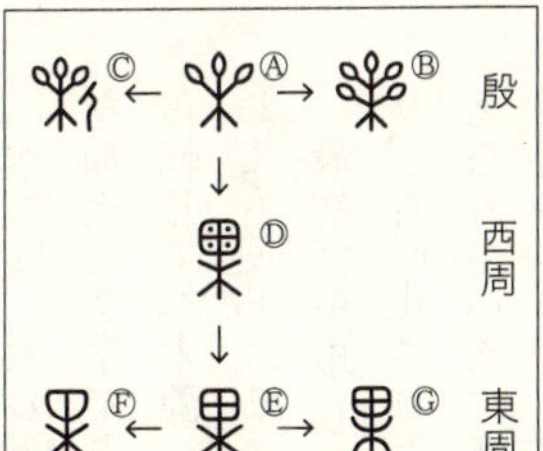

本

まさに「本末転倒」

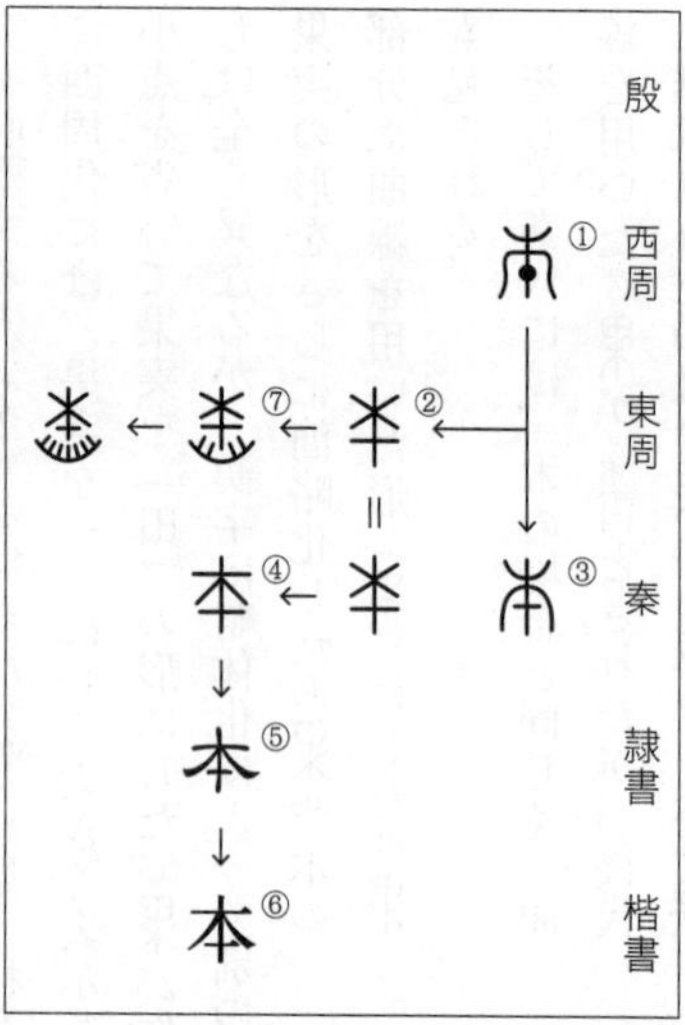

「本」は、木の下部に根本《ねもと》を指し示す記号を加えた文字である。のちに、木の根本から転じて「本源」や「基本」などの意味としても使われるようになった。

最初に出現したのは西周代の①であり、意匠化された木の形の根本に記号が加えられている。その後、東周代の②や秦代の篆書の③なども、木（・）の根本に記号を加えた構造は変わっていない。秦代には、②から変形した④夲が作られており、これが隷書の⑤本を経て楷書の⑥本に継承された。

そのほか、東周代には異体字に⑦などがある。下部に複雑な形（）が加えられており、これは文字としては「臼《うす》」にあたる。古くは地面を掘って臼にしていたと言われており、木を根本から掘り出して穴が空いた状態を「臼」として表現したのであろう。

なお、漢代以降には類似形の「夲《とう》」という文字で代替されることがあり、現代の日本でもまれに見られるが、成り立ちとしては「大」と「十」で構成される別字である。

「本」とは逆に、木の上部に記号を加えたのが「末」である。元来は木の枝先、すなわち「こずえ（梢・木末）」を指す文字であったが、転じて「末端」や「終末」などの意味として広く使われるようになった。

左に字形の表を挙げたが、最初に出現した東周代のⒶ末やⒷ末の段階から、すでに楷書と同じく木（木・木）を用いた形になっている。秦代には、木の形に「木」を用い、さらに枝先を示す記号を長くしたⒸ末があり、これが隷書のⒹ末を経て楷書のⒺ末になった。

「本」と「末」の成り立ちは、記号を「木」の上につけるか、それとも下につけるかという違いであった。「本末転倒」という言葉があるが、「本」と「末」は字形としても上下が転倒しているのである。

ほかに同じような作り方として、「上」と「下」も上下が反転した形であり、古くはそれぞれ「二」と「二」の形であった。短い線が、基準となる長い線の上にあるか下にあるかで意味を表示したのである。

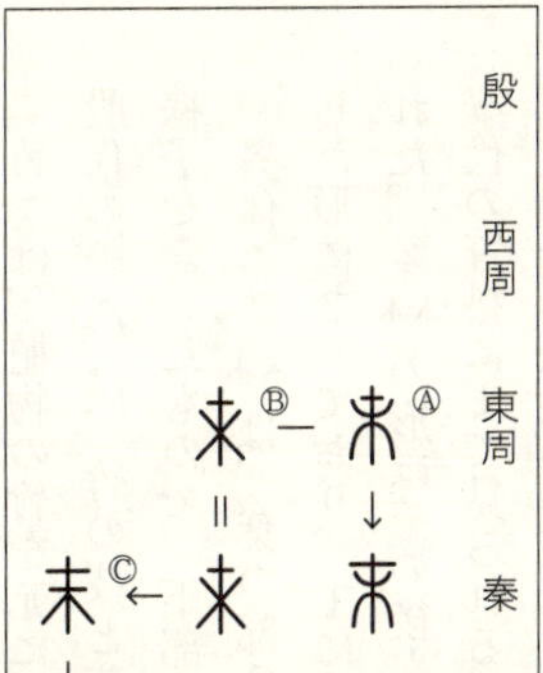

竹

竹の六画は葉の六枚

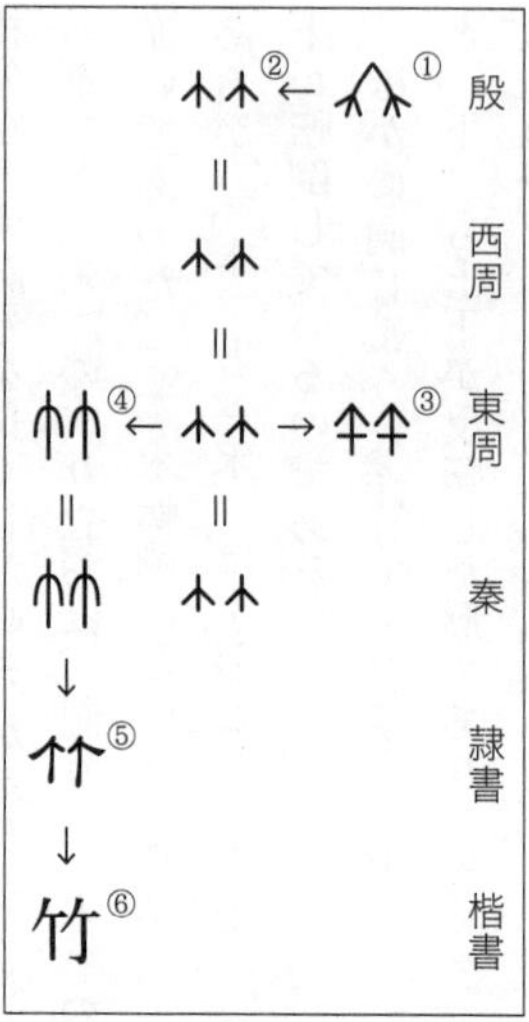

「竹」は、植物の竹を元にした文字である。殷代の①は、竹の枝と葉が垂れている様子を表したもので、下部が葉にあたる。

異体の②は、葉の部分のみを取り出した形になっており、主に部首として使われた。②の形はその後も使い続けられ、秦代の資料にまで見られる。

東周代の異体には、横線を加えた③のほか、縦画を長くした④があり、後者が秦代に篆書とされた。そして隷書の⑤を経て楷書の⑥竹になった。楷書の「竹」は、線の方向を変えているので分かりにくいが、字形表をさかのぼって見ると、竹の葉が六枚あることの表現であると理解できるだろう。

中国では早くから竹が様々な加工品に利用されていた。そのため、「筆」「箱」「笛」など多くの文字で部首として使われている。また「算」に竹が使われているのは、算木《さんぎ》が竹で作られていたためである。

そして、文書を書き記すものとして竹簡《ちっかん》があり、竹簡を束ねた形は「冊」で表示された。

今でも書籍を数える助数詞に「冊」が用いられるが、古くは竹簡を束ねたものが文書の単位だったからである。ちなみに「簡」も竹が部首であり、元は一枚ごとの竹簡を指していた。

左に「冊」の字形表を挙げた。竹簡を紐で束ねた形を表現しており、殷代のⒶ冊は縦線が竹簡、楕円形の部分が竹簡を束ねるための紐を表している。現在までに発見された最古の竹簡は東周代のものであるが、この文字があることで、殷代から竹簡が使われていたことが確認できる。殷代の異体には、竹簡の本数を変えたⒷ冊などもある。

西周代には、紐の表現を簡略化したⒸ冊が作られており、これが後代に継承された。そして、秦代の篆書としてⒹ冊となり、隷書のⒺ冊を経て、楷書のⒻ冊となった。東周代には、簡牘が植物に由来することを表現して「艹（艸）」を加えたⒼ冊も見られる。

また楷書の異体には、篆書を模倣したと思われるⒽ册があり、これが正字とされることもあるが、比較的新しく作られたものであり、歴史的に長く使われていた形ではない。

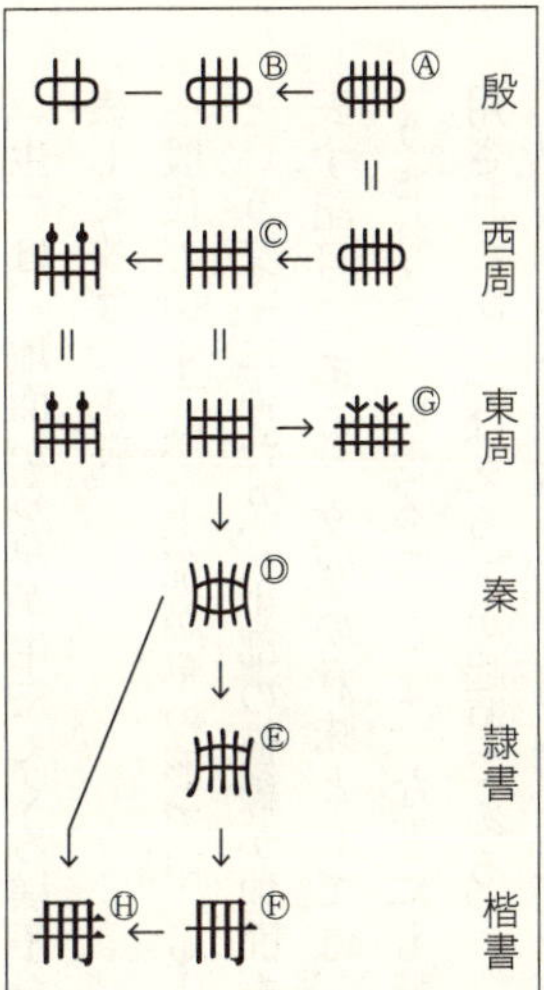

生

草が生えて、月が生まれる

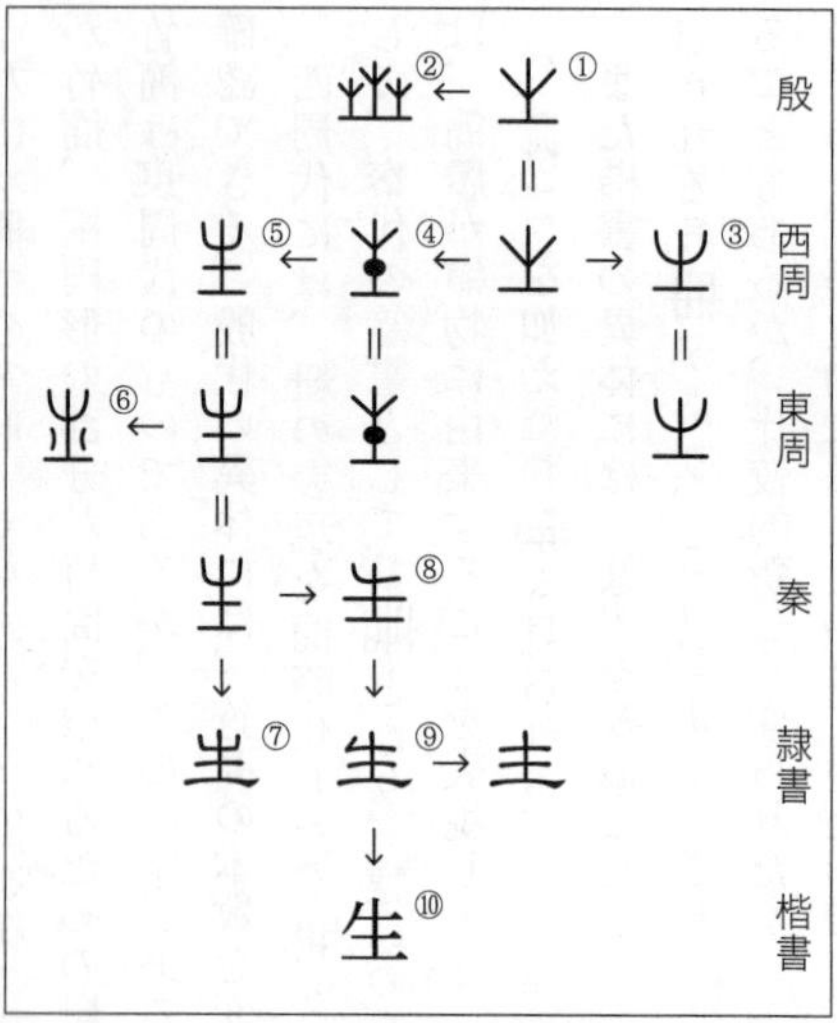

「生」は、地面から草が生えてくる様子を表した文字である。

殷代の①は、上部が草の形で屮《てつ》（　）という文字にあたり、下部の横線が地面を表す記号である。文字の意味としては、「うまれる」「いきる」「なま」などにも転用されたが、「はえる」が起源である。

殷代の異体には、多くの草が生えている様子を表した②もあるが、後代には残っていない。

①は西周代に継承され、そこから多くの異体が派生した。③は葉の形状を変えたものであり、また④は草の茎を示す丸印がつけられている。⑤は④の丸印を横線に変えたものである。

東周代には、西周代の各種の異体が継承されたが、秦代に継承されたのは⑤の系統である。そのほか、東周代には茎を示す記号を変えた⑥㞢も見られる。

隷書のうち⑦㞢は、伝統的な形を残しており、上部が「屮」で下部に茎を示す記号と地面を表す横線がある。ただし、秦代には略体として「屮」の部分を変形した⑧生があり、これが隷書の⑨生、そして楷書の⑩生に受け継がれた。第一章で取り上げた「牛」（↓24頁）と同じような変化の過程である。

ところで、古代には月を基準にした陰暦《いんれき》が使われており、月の満ち欠けを表す言葉としても「生」が用いられていた。当時は月の満ち欠けを「月の生死」ととらえたのである。

殷代には、「来月」の意味として「生月」という言葉を使っていた。これは、月が欠けてゆき、晦日《つごもり》（月末）で一旦は死んだのち、ふたたび生まれてくるという考えであり、「新しく生まれてくる月」という表現である。

また西周代には、一ヶ月のうち月が満ちてゆく期間を「既生覇《きせいは》」と呼んだ。「覇」という文字は、元々は三日月の細い状態を表しており、「既生覇」は「既に月が生まれて覇となり（満ちてゆく期間）」の意味である。

東周代になると、さらに天文学が発達し、様々な天体現象が機械的に発生することが判明していった。それにより原始的な月への信仰も薄れてしまったようであり、月の満ち欠けに「生」を使う例もまれになった。

求

求は木よりも根が多い

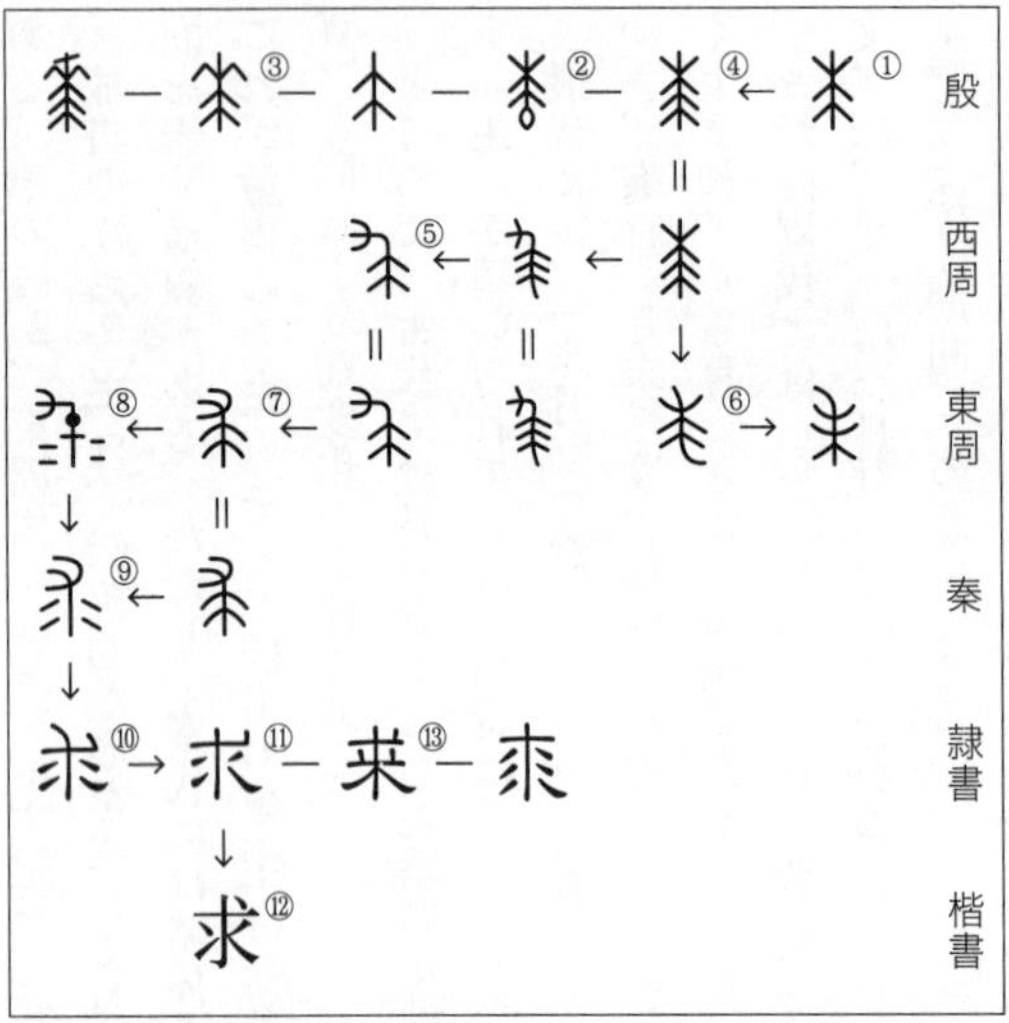

「求」については、毛皮を意味する「裘《きゅう》」という文字に含まれることから、かつては毛皮の形とする説が有力視されていた。しかし殷代には、毛皮の形は「」で表されており、これは衣服の形である衣（）に毛を表す線を加えたもので、求（）とは別字である。

西周代に、衣と求から成る「」の形になったが、求（）の部分については後から発音符号として追加されたものであり、毛皮の形ではない。今の日本で言う「ふりがな」にあたる部分なのである。

それでは「求」の起源は何かというと、殷代の基本形である①は木の形（）や草の形（）に近く、根の部分を強調した植物と考えられる。異体字には、土盛り

（　）の上に「求」を植えた形の②もある。そのほか、麦の形（　）を使った③などの異体もあり、この場合は根を強調した麦の形にあたる。

西周代には、根の本数を増やした④が継承された。さらに、植物の葉の部分を横に曲げた⑤などの異体が作られ、これが楷書につながる系統である。ただし、葉を曲げていない形も東周代まで残っており、⑥などが見られる。

東周代には、⑤の異体として⑦のほか、根の部分を切り離した⑧が作られた。そして秦代に⑦と⑧を折衷して作られたのが⑨の形である。これが隷書に継承されて⑩となり、さらに点画の向きを変えた⑪を経て、楷書の⑫求となった。ほかに隷書には⑬などの異体が見られるが、楷書には残っていない。楷書の「求」は、一画目と二画目の前半、および最終画の点が植物の葉にあたり、そのほかが強調された根の形である。

ちなみに、「奏」も「求」と関係する文字であり、殷代には植物である求（　）を両手（　）で捧げ持つ形の「　」で表示されていた。殷代の資料では、「奏」は祭祀儀礼の様子を表しており、「求」の起源は、より正確には祭祀で使われた植物だったと考えられる。また「奏」の異体には、求と同じく麦の形を用いた「　」もある。

日

日中・日数・日時計

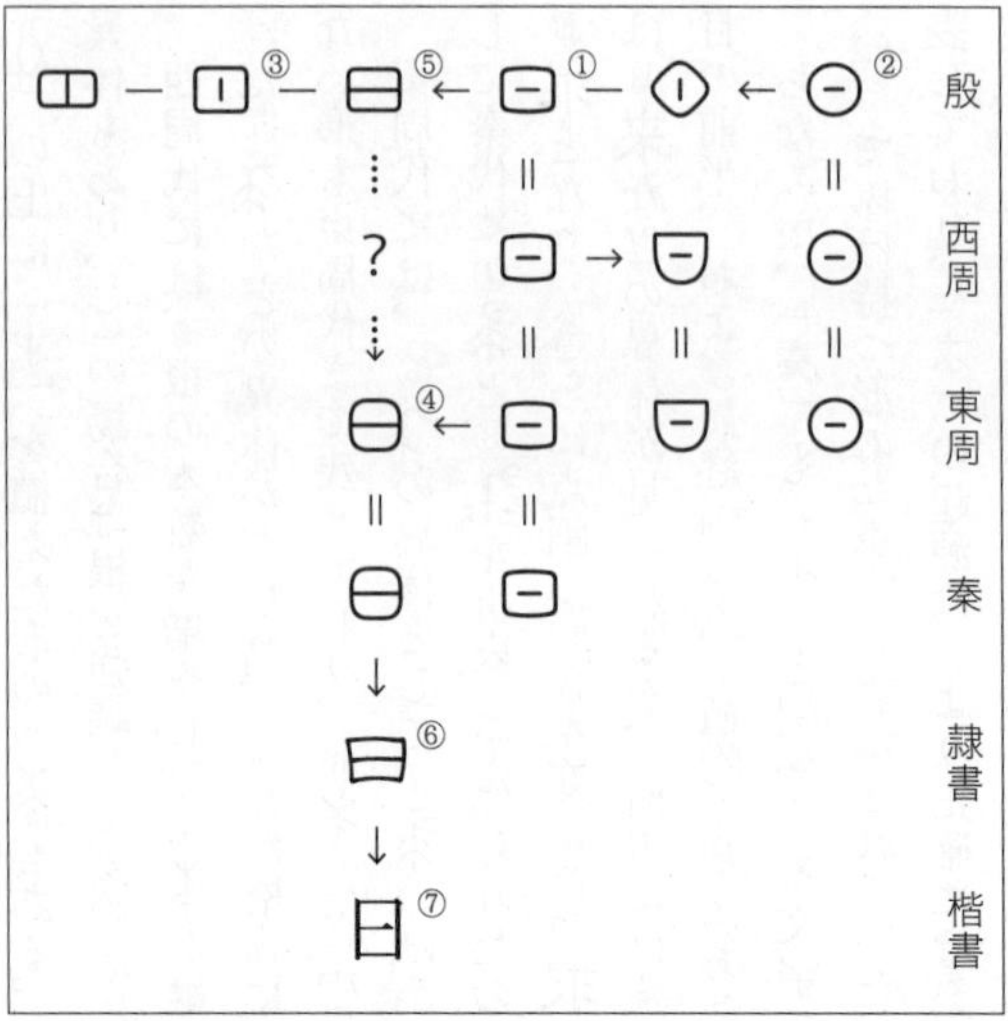

ここからは、自然に関係する文字を取り上げる。

まずは太陽の形を表した「日」であり、殷代から楷書まで字形の変化が少ない。殷代に最も多く使われたのは①⊟であるが、起源としては太陽の形であるから、円形を用いた②⊖が原型であろう。ただし円形は書きにくいので、直線的な①⊟の形が広く用いられた。そのほか異体として③◫などがある。

なお「⊖」などの中央にある点については、その意味が判明していない。古代中国には太陽にカラスが住んでいるという神話があったため、それを表現したとする説があり、また空虚な存在ではなく、中身があることを示す記号とする説もあるが、いずれが正しいかは明らかではない。中国では早くから天体観測の技術が進んでいたので、あるいは太陽の黒点を表現したものかもしれない。

字形について、後代には①⊟と②⊖の両系統が継承されており、各時代の出土資料でも、同様の形が使われている。また東周代には、異体として④日が作られており、これは①⊟の系統から派生したと思われるが、あるいは殷代の異体の⑤日を継承したものかもしれない。いずれにせよ、これが受け継がれ、隷書の⑥日を経て楷書の⑦日となった。

このように「日」は字形の変化が少ないが、意味については派生して増加している。殷代にすでに、「太陽」から転じて「日中」の意味で使われるようになっており、また「一日」や「日数を数える助数詞」にも転用された。そのほか、原始信仰を反映して「太陽神」の意味でも用いられている。

特殊な用法として、殷代には「中日（中⊟）」という熟語が見られる。これは後の時代には使われていないが、正午前後の時間帯を指す用語であり、今で言う「南中」に近い。古代には信頼できる時計機構が発明されておらず、主に日時計を使用していたと考えられている。おそらく、「影が日時計の中央付近にきた時間帯」という意味の言葉であろう。ちなみに、当時の時間感覚は緩やかなものであり、「時間帯」という概念はあるが、「時刻」という概念は資料上に確認できない。

雨

雨の様子をどう表現するか

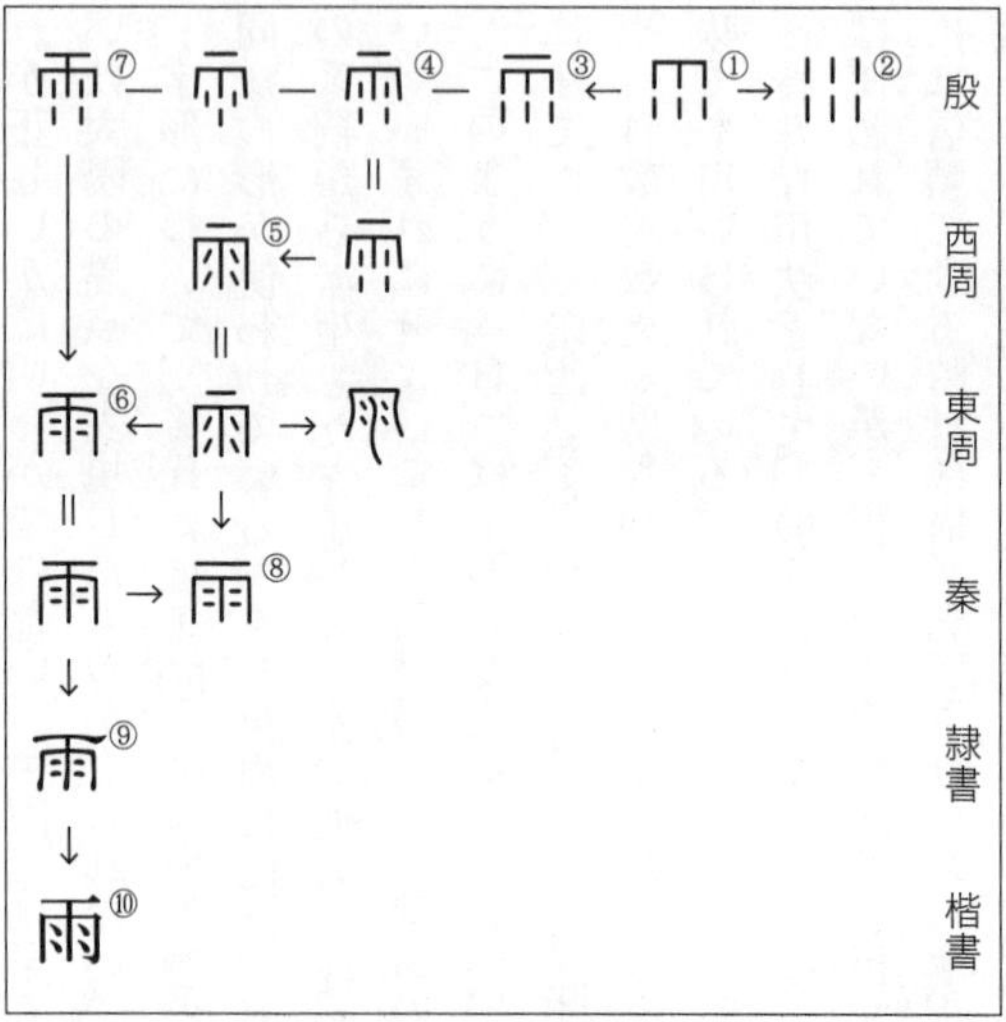

「雨」は、降雨の様子を表した文字である。殷代に最も多く使われたのは、①の形であり、「」の部分は天空を表す横線から物体が降ってくる様子を表し、小点が雨粒である。

なお「雨」は降雨の様子を表しているが、部首としては降雨に限らず、天候に関係する文字に広く使われるようになっており、「雪」「霧」「霜」などにも見られる。

殷代には異体字が多く、略体の②は雨粒だけの形になっている。逆に、複雑化した③などは上部に横線を加えているが、これは高い位置を示す表現方法であり、人（亻）の頭部を示した元（）などにも使用されている（字形はいずれも殷代）。ほかにも殷代には多くの異体があるが、そのうち④雨が後代に継承された。

西周代には、小点の方向を変えた⑤雨が作られ、これが東周代に残った。さらに東周代には、異体として⑥雨が作られたが、これは⑤雨と殷代の異体である⑦雨を折衷したような形をしている。また秦代には、⑥雨のほか、異体として⑧雨があるが、これも⑤雨と⑥雨を折衷した形になっている。こうした異体からは、「雨」について様々な表現方法が模索されたことが窺われる。

最終的には⑥雨の系統が残っており、隷書の⑨雨を経て、楷書の⑩雨になった。

ところで、殷代や西周代には大規模な灌漑《かんがい》技術がなく、黄河流域では主に自然の降雨に頼った農耕がおこなわれていた。これを「天水農法《てんすいのうほう》」というが、しばらく雨が降らないだけで不作になるため、降雨の有無には高い関心が持たれており、甲骨文字には雨乞いの祭祀も多く記録されている。

一方、雨が多すぎると洪水が発生することもあり、甲骨文字にはその記述も見られる。図はその一例で、秋に穀物が洪水に遭わないかどうかを占っており、洪水は「大水（）」と表現されている（図の左端）。

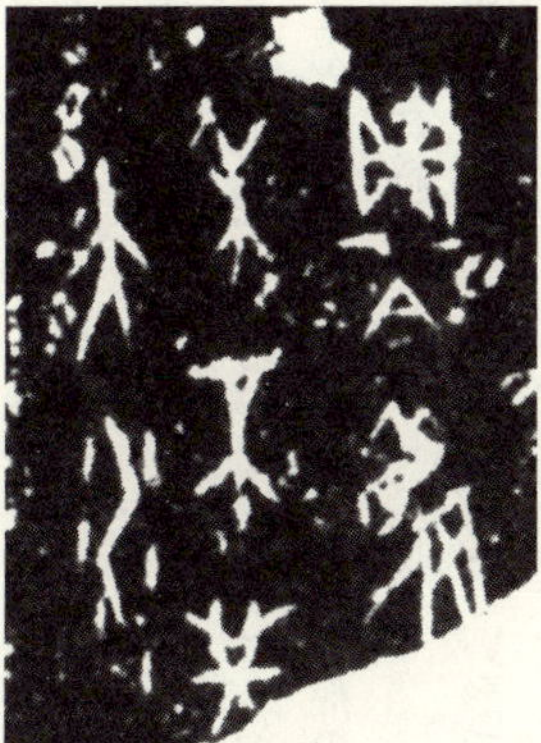

火

火で照らすのが光

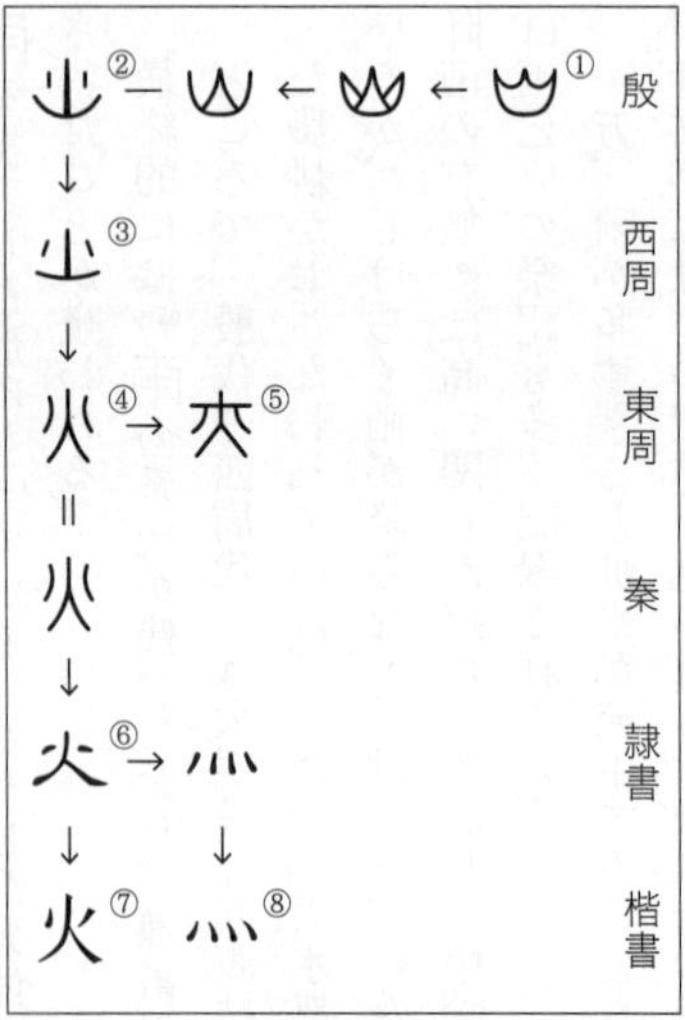

「火」は、火が燃えている様子を表した文字である。

殷代の①は、火炎の形であることが分かりやすい表現である。そのほかにも簡略化が進んだ異体が多く、最も簡単な形の②が後代に継承された。

西周代の③は殷代の②に近い形であるが、東周代になると、さらに変化した④となった。また上部に横線を加えた⑤もあるが、秦代の篆書には④が採用されている。これが隷書の⑥、楷書の⑦火となった。

なお、火は部首として下部につくと略体の⑧灬（れんが）の形になることが多いが、これは隷書で出現したものであり、火（　）の四画をすべて点にしたものである。

火に関連して、「光」も古くから見られる文字であり、左に字形表を挙げた。殷代のⒶは、上部が火（　）、下部が座った人の形の卩《せつ》（　）であり、座った人が火をかかげて光を照らしている様子である。殷代には、「火」の部分を簡略化した異体もある。

西周代には、「火」の場合と同じ略体（山）を用いたⒷになっており、そのほか「卩」の部分の表現を変えたⒸなどもある。

東周代には、人の形に強調記号を加えたⒹがあるが、その意義は不明である（火の粉の表現かもしれない）。また、人の部分までも「火」のような形にしたⒺがあり、その略体であるⒻにいたっては、文字の成り立ちが分からないほどに変化している。

ただし、秦代に篆書とされたのは西周代に近いⒼであり、卩を人（儿）に変えた形になっている。これが楷書のⒽ光になったのであり、その上部は「火」の形ではないが、むしろ古い火の形（山）を残しているのである。

なお、秦代の異体にはⒾがあり、上部を新しい火の形（火）にしている。この形も継承されており、楷書の異体のⒿ灮として残っている。

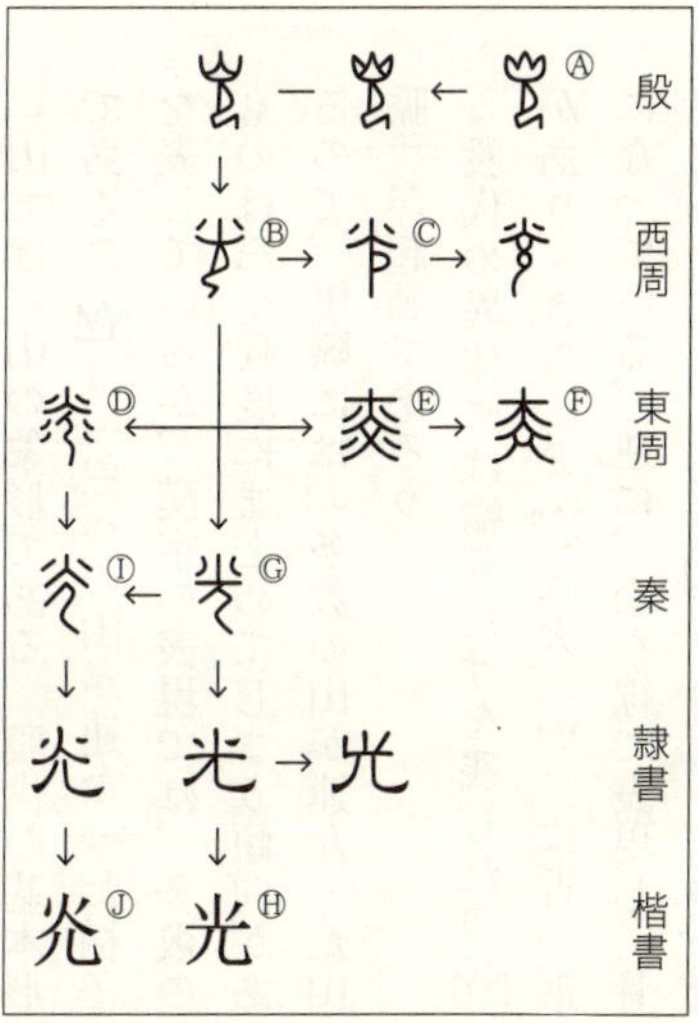

山

都の近くの山が祭られた

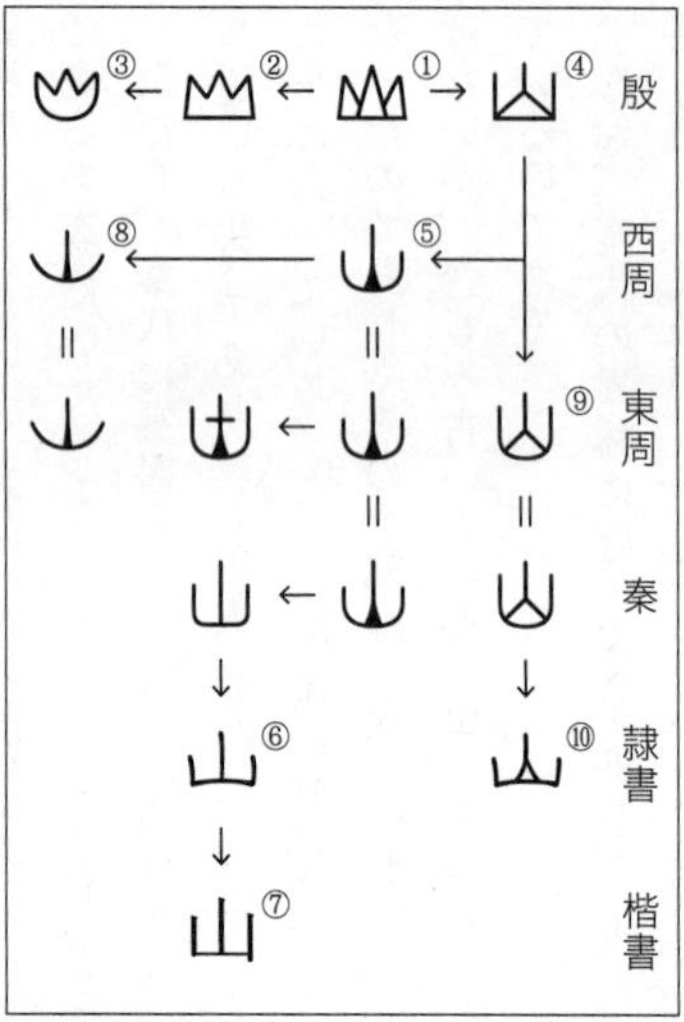

「山」は、山の象形である。殷代の基本形である①は、三つの山が連なった様子を表しているが、漢字の表現では、多数のものは三つ程度にまとめてしまう傾向があるので、実際には「多数の山が連なった山脈」が起源であろう。

殷代の異体には輪郭だけを残した②があり、さらに③は火（）に近い形になっている。逆に、山を線で表現して骨格部分だけにした④もあり、この系統が後代に継承された。

さらに西周代には、全体を線で表現した略体の⑤が作られており、これが隷書の⑥山などを経て、楷書の⑦山になった。そのほか、西周代～東周代には⑧などの異体がある。

一方、④の系統も長く使われており、秦代の篆書に採用された⑨や、隷書の異体の⑩まで見ることができる。

ところで、殷代の資料には、山岳を表す文字として「岳（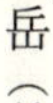）」も見られ、当初は山（）の上に羊（）がいる様子を表していた。「羊」は放牧された家畜の意味かもしれないが、「岳」は殷代の主要な神格のひとつでもあり、何らかの信仰を表しているという見方もある。

具体的に「岳」がどの山を指すのかについては、殷代前期の都が置かれていた鄭州《ていしゅう》市に近い嵩山《すうざん》とする説が有力視されている（左の地図を参照）。一方、殷代後期には、黄河の下流方向にある安陽《あんよう》市に都が置かれており、嵩山よりも太行山脈《たいこうさんみゃく》に近くなっている。太行山脈には嵩山のような目立った峰はないため、連なった山々が集合体として祭祀対象になっており、「五山」や「十山」として当時の資料に記されている。

ただし、神格としては殷代後期でも岳の方が上位であり、王や人々に対して様々な祐助や災厄を与える存在とされているが、「五山」等にはそうした記述がごく少数しか見られない。

ちなみに、中国では殷王朝のことを「商《しょう》王朝」と呼ぶこともあるが、厳密に言えば、甲骨文字では安陽市に置かれた殷代後期の都だけを「商（）」と呼んでおり、鄭州市に置かれた殷代前期の都は「亳《はく》（）」と呼ばれている。

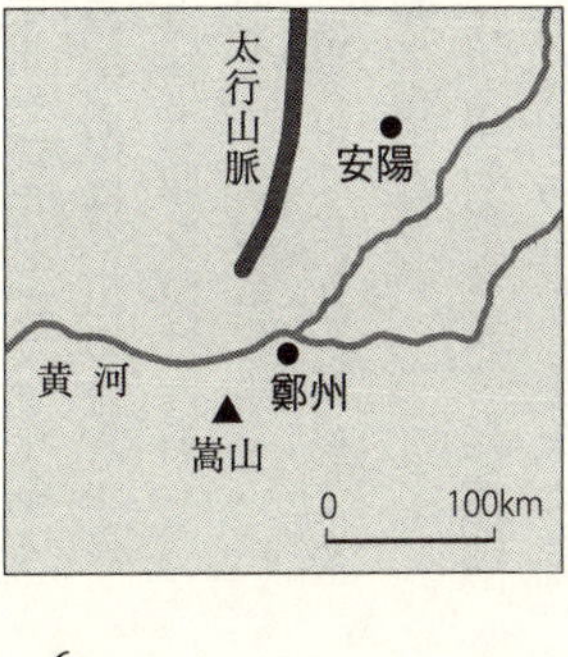

州

中州が行政区画の呼び名へ

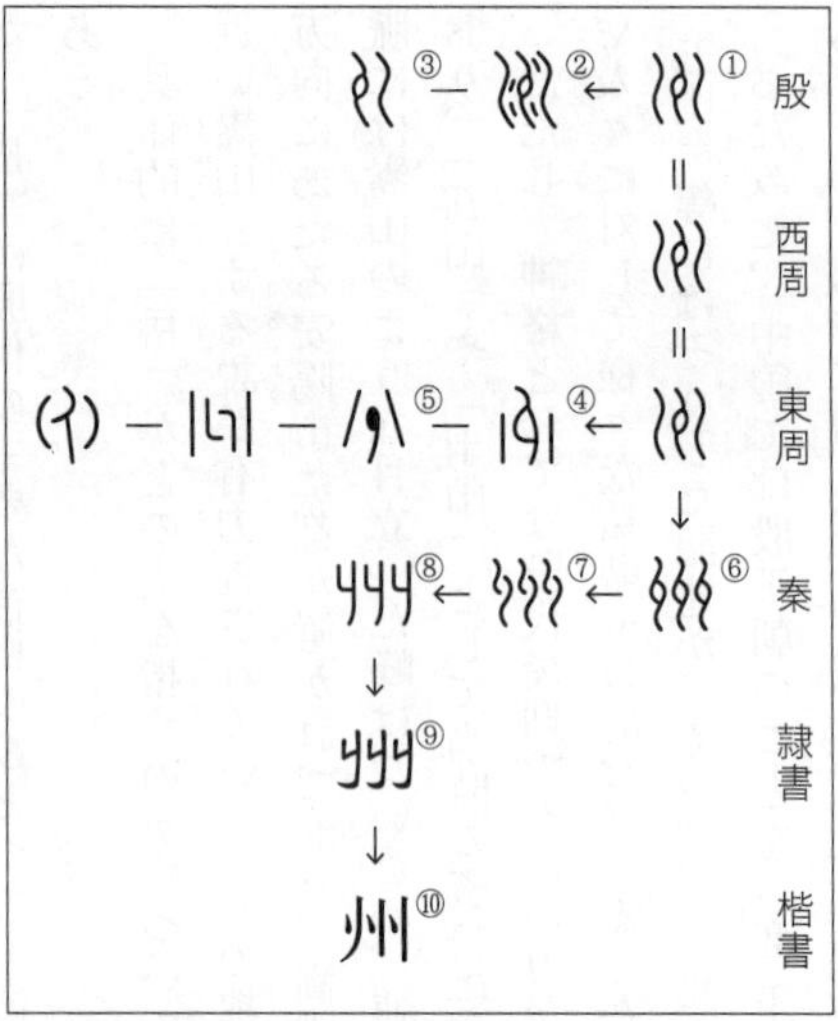

「州」は、川の中州を表現した文字である。

殷代の基本形の①は、川の流れを表す形（）の中央に丸印をつけており、「川の中州」であることが分かりやすい。なお、「」は「巛《せん》（川）」にあたる形であり、これは第五章で解説する。

殷代の異体には、川の形を変えた②や、簡略化した③もあるが、後代には①の形が継承された。

東周代には、①から派生した異体の④や⑤などがあり、川の形を直線的に表示し、また中州の表現も変えている。

秦代に篆書とされたのは⑥であり、中州を表示する丸印が三つに増えている。

さらに秦代には、それを変形した⑦や⑧が作られた。隷書の⑨では、刂（亅）（りっとう）のような形を三つ並べている。そして楷書の⑩州は、隷書を継承しつつも、文字の成り立ちを意識して「川」を使った形になっている。

「州」は、中州だけではなく、行政区画の呼称としても使われた。その起源となったのは、中国で最初の王朝を建国した禹《う》という人物の伝説である。『尚書《しょうしょ》』などの文献資料には、禹が中国全土を治水し、「九州《きゅうしゅう》」に分けたことが記されている。行政区画の呼称として「州」が使われた理由については、「治水された河川によって区分された土地」を「中州のような所」と表現したのであろう。

ただし、これは神話であって、実際のところは、最初の王朝が支配したのは黄河中流域に限定されており、また禹の実在も確認されていない。「九州」には黄河下流域の青州《せいしゅう》や長江下流域の揚州《ようしゅう》なども含まれており、最初の王朝が滅亡してから千年以上も後の戦国時代の地理認識が反映されている。

ところが漢代になると、この神話にもとづいて実際の行政区画が設置された。さらに中世には、州が分割されて増加し、最終的には何百という州が設けられた。現在でも、鄭州《ていしゅう》市・温州《うんしゅう》市・広州《こうしゅう》市などの地名が残っている。

そして、「州」は現代の訳語としても用いられ、アメリカの“state”（ステート）やカナダの“province”（プロビンス）などが「州」と訳されている。本来は「中州」であっただけの文字が、神話によって幅広く使われるようになったのである。

谷

山が分かれて谷になる

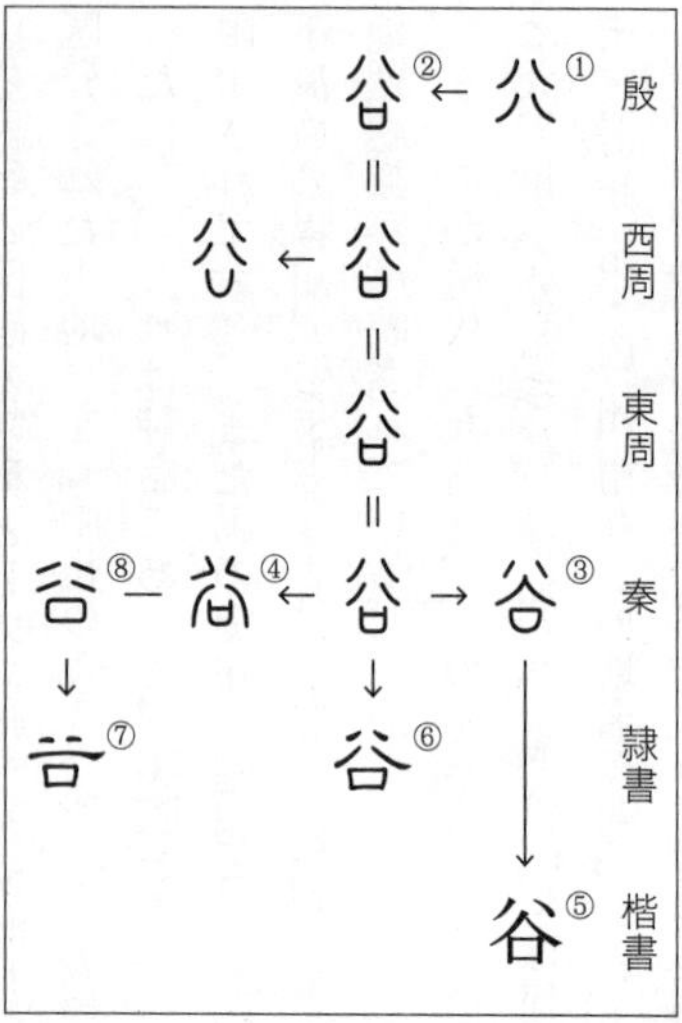

「谷」は、谷の様子を表した文字である。最も原始的な形の①八八は、二つに分かれたものを表す記号である八（八）を重ねており、「両側に山が分かれた場所」を抽象的に表している。

殷代の異体字には、すでに口の形（口）を加えた②谷があり、「口」は水源または谷底や谷口の表現と考えられている。これが秦代まで継承された。

秦代には、「八」の形を変えた③谷や④谷などの異体があり、前者が楷書の⑤谷の元になっている。

そのほか、隷書には②谷の系統として⑥谷が見られる。また隷書の⑦谷については継承関係が明らかではなく、表では⑧谷の下に置いたが、あるいはこれも②谷や③谷の系統かもしれない。

第三章　「人」は、一人で立っている

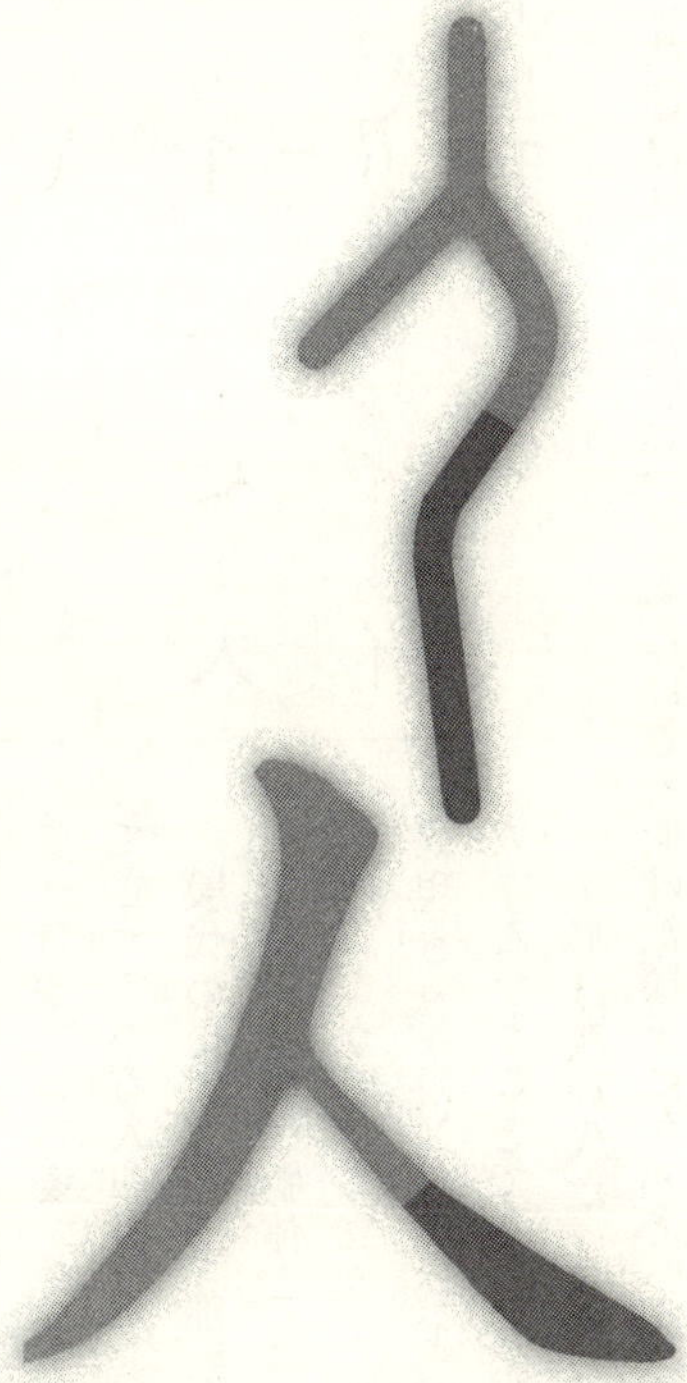

人

ひとり立ちするのが人

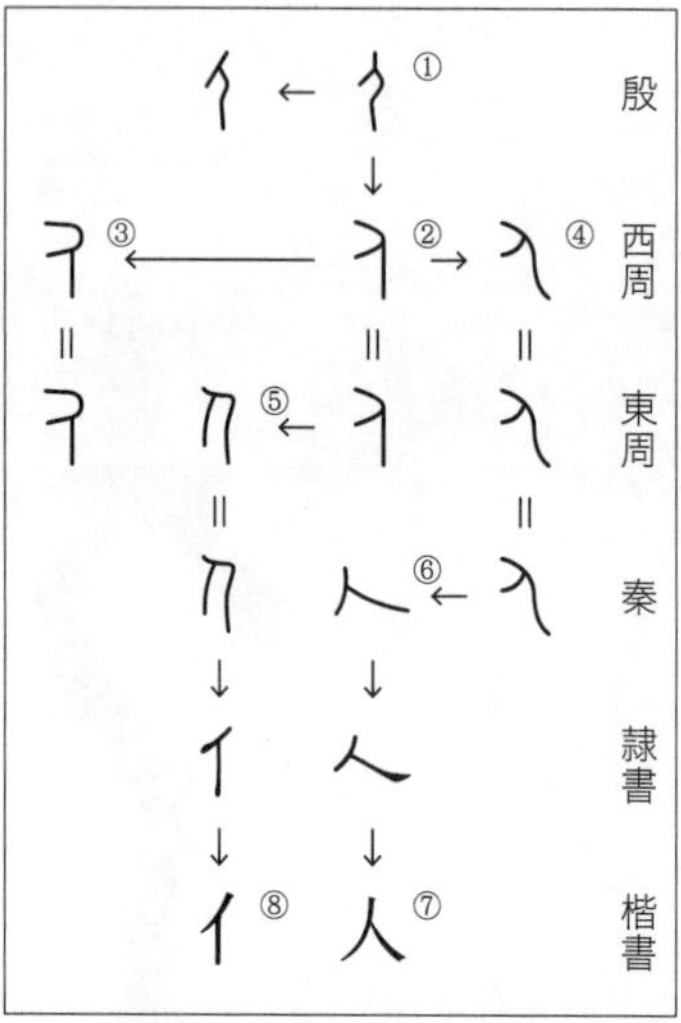

第三章では、人体に関係する文字を取り上げる。

まずは「人」について、すでにかなり知られたことかもしれないが、「二人の人が支え合っている姿」ではなく、元は「一人で立っている人の姿」であった。

殷代の①は、上部に頭、左に手があり、そのほかは胴体と足である。少し腰を曲げるようにして立っている人の側面形が表現されている。「ひとり立ちするのが人」ということであろうか。

字形は西周代に②の形が作られており、直立した状態は変わらないが、こちらは首を曲げた様子になっている。また西周代には③や④の異体があり、後者は立っている姿ではなくなりつつある。

秦代には②と④の系統が残っており、篆書とされたのは前者から作られた⑤であるが、簡牘文字では後者から派生した⑥が主に用いられた。これが継承されて楷書の⑦

人になったのである。楷書の「人」は「人が立っている姿」が崩れているが、字形表をたどっていくと、一画目の前半が頭、後半が手であり、二画目は胴体と足であることが分かる。

また、「人」は偏になると⑧亻（にんべん）の形になるが、これは人が直立した姿を残しており、おそらく⑤⺇の系統である。そのほか、「人」は下部につくと「儿（ひとあし）」の形になることもあり、これは④乀の首から下の部分である。

一方、人を正面から見た形は「大」にあたる。左に字形表を挙げたが、殷代のⒶは、文字通り「大の字の姿」を表しており、人が手足を広げて体を大きく見せていることから「おおきい」の意味で用いられた。「大」については字形の変化が小さく、同じような形が篆書のⒷや隷書のⒸ大などになっている。楷書のⒹ大は、一画目が人の両手であり、二画目の前半が頭、それ以降が足にあたる。そのほか東周代〜秦代には、やや特殊なⒺがあり、これは人の上半身と下半身を分離した形である。

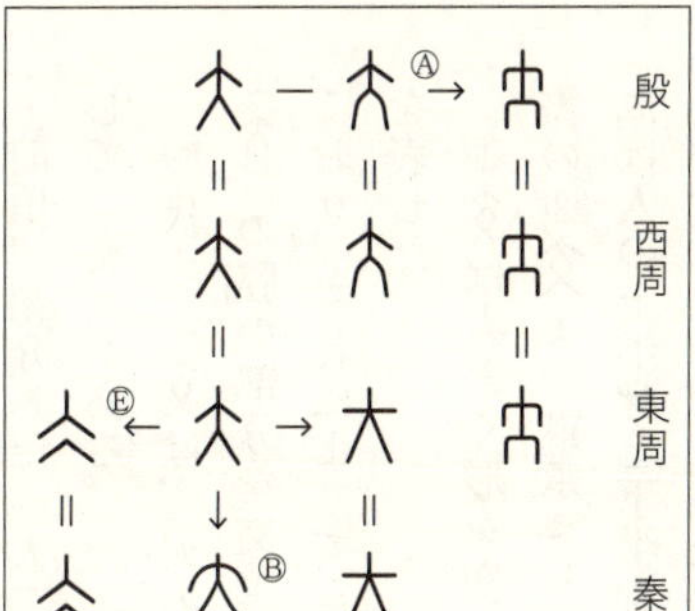

交

交と文、似ているのは理由がある

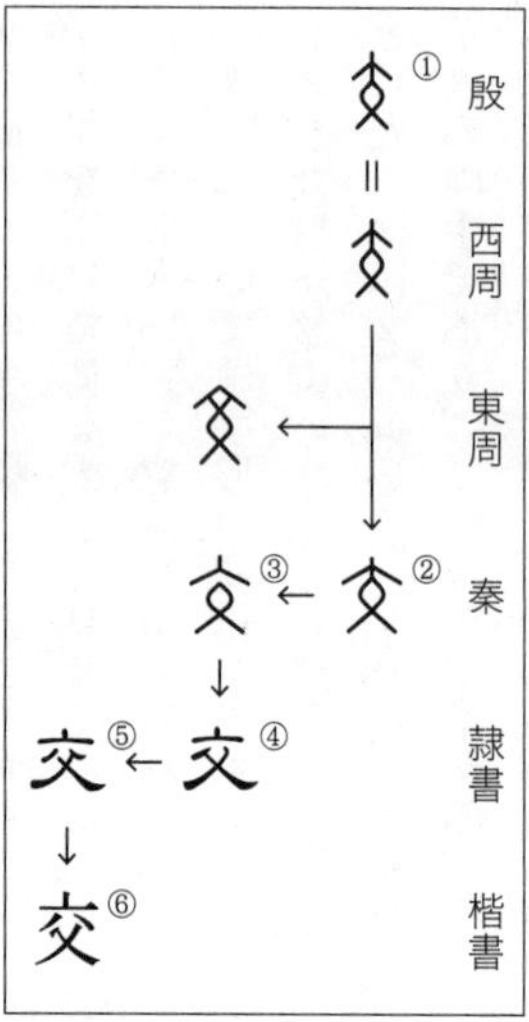

前項で紹介した「大」に関連する文字として「交」がある。

殷代の①は、人の正面形である大（）の脛《すね》の部分を交差させた状態を表しており、それによって「まじわる」の意味を表した。

①は大きく形を変えることなく、篆書の②まで継承された。しかし、秦代には人の上半身と下半身を分離した異体の③が作られており、これが後代に残った。前項の「大」とは異なる系統が選択されたのである。そして、隷書では下半身の表現を変えて④交から⑤交となり、楷書の⑥交となった。

楷書の「交」のうち、一画目と二画目は人の上半身であり、三画目以下が下半身にあたり、五画目と六画目は脛を交差させた部分である。

「交」と同じく「大」を基礎とした文字に「文」がある。左に挙げた字形表のうち、殷代のⒶは、人の正面形である大（）の胸の部分を強調して表示し、そこに文様《もんよう》を描いた形である。「文」は、のちに「文字」や「文章」などの意味にも転用されたが、成り立ちとしては「文身《ぶんしん》」すなわち「入れ墨」だったのである。

殷代の異体には、入れ墨の形を複雑化したⒷがあり、また簡略化したⒸや完全に省略したⒹもある。いずれも西周代に継承されたが、最終的にはⒹの系統が選択された。文字としては「入れ墨」が起源でありながら、それを表示しない形が残ったのである。

秦代にも再び多くの異体が作られ、篆書には曲線を多用したⒺが選択されたが、後代に残ったのは、「交」と同じく上下を分離したⒻ文であった。

楷書のⒼ文は、一画目と二画目が上半身であり、三画目と四画目が胸と両足にあたる。

ここに挙げた「交」と「文」は、「大」と同じく楷書の左下と右下に払いがあるが、いずれも人の両足を表現したものである。字形が類似しているのには、こうした理由があった。

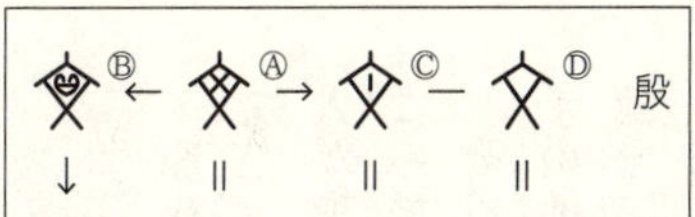

立

立って並んで

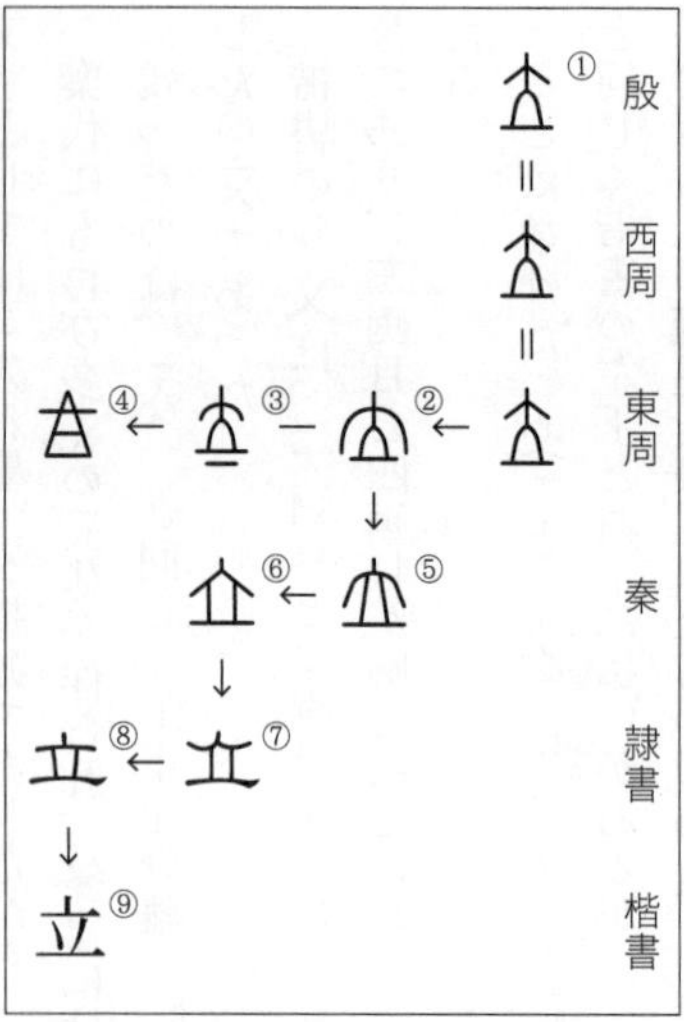

次も「大」と関連する文字であり、「立」である。

殷代の①は、人の正面形である大（）の下に地面を表す横線を加えており、人が地上に立っていることを表している。この形が東周代まで使われた。

その後、東周代に多くの異体が作られた。手の部分を強調した②や、地面を表す線を二本にした③があり、また後者を直線で再構成した④もある。

このうち秦代に継承されたのは②のようであり、篆書にはそれに近い⑤が採用されている。さらに異体として、人体の表現を変えた⑥がある。

隷書では⑦立から⑧立へと変化し、人の手の部分が横線になった。この点については、前項の「交」や「文」とよく似ている。ただし、足の形については縦線になっており、この部分は表現方法が異なっている。楷書の⑨立のうち、一画目と二画目が上半身、三画目と四画目が両足、そして五画目が地面を表す線である。

「立」に関係する文字として「並」があり、左に字形表を挙げた。殷代のⒶは、立（）を二つ並べた形であり、地面の上に二人が並んで立っている様子を表している。そして、立と同じく殷代の形が東周代まで使われた。東周代のⒷは、立の異体（）を用いたものであるが、後代には残っていない。秦代には、篆書の形のⒸのほか、立の異体（）を用いたⒹがあり、立と同様にこの形が後代に継承された。

隷書では立（立）の形のうち地面の線や人の腕の部分をつなげたⒺがあり、さらに人の頭部の向きも変えたⒻが作られた。楷書（新字体）のⒼ並は、一〜三画目が上半身、四〜七画目が二人分の足であり、八画目が地面を表す線にあたる。

旧字体のⒽ竝は、「立」を二つ並べており、こちらの方が元の形をよく残しているが、新字体とされる「並」も隷書に起源があり、いずれも伝統ある形と言えるだろう。

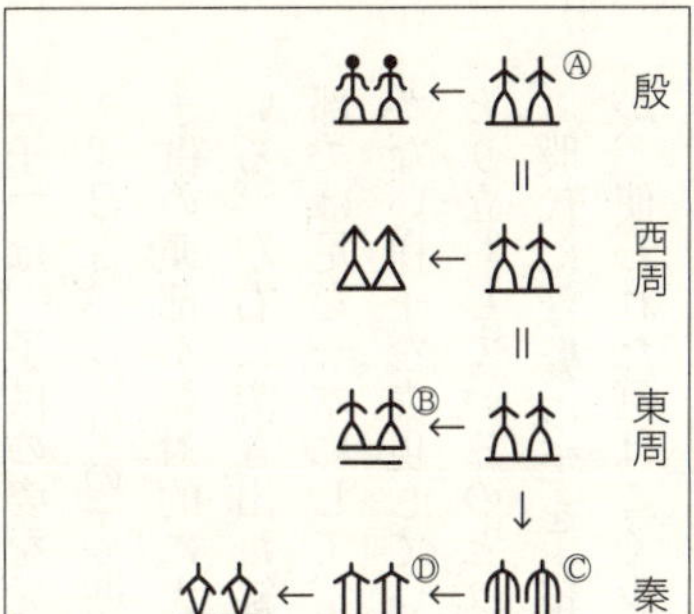

子

子は十二支の何番目？

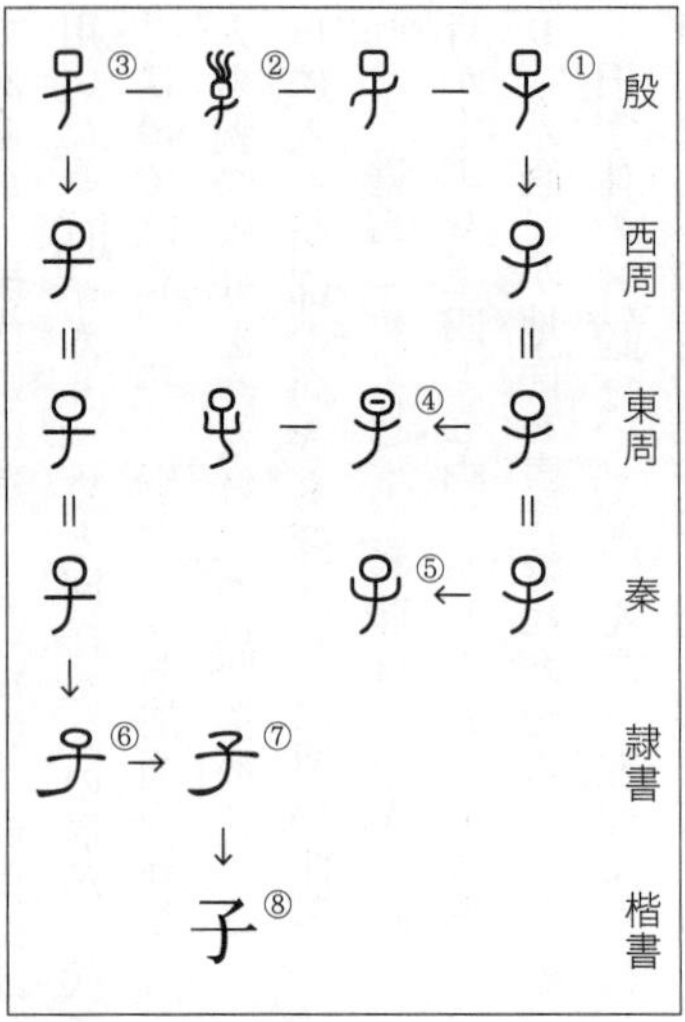

「子」は、子供の姿を元にした文字である。

①は、子供の正面形であり、上部は子供の頭部が相対的に大きなことを表している。左右に突き出た線が両手であり、下部では足を一本にして、まだ歩行がおぼつかない様子を表現している。人（亻）がひとり立ちしているのとは対照的である。

殷代には髪の毛を表現した②もあるが、使われた例はごく少数であり、主な異体としては①のように両手をあげるか、③のように両手を直線で表示するかという違いであった。

その後、この両者は長く併用され、それぞれの系統が秦代まで使われた。また、東周代には両手をあげた系統に④などの異体が見られるが、後代には残っていない。

秦代には、篆書とされたのは両手をあげた⑤であるが、両手を直線で表示した方が書きやすいため、簡牘文字では主に③の系統が使われ、さらに隷書の⑥に継承された。

隷書では、子供の頭部の表現方法を変えた⑦子が作られ、これが楷書の⑧子になった。楷書の「子」のうち、一画目が子供の頭部にあたり、二画目が胴体と足、そして三画目が両手を直線で表示したものである。

「子」は十二支《じゅうにし》としても使われているが、当初はその六番目が子供の姿の「〓」や「〓」であり、一番目は子供の頭部だけを表現した「〓」や「〓」が使われていた。しかし、東周代になると十二支の六番目が蛇の形である巳《し》（〓）に変えられた。巳（〓）と子（〓）は字形も発音も近いため、代用されたのであろう。その代わり、一番目には「〓」などが使われなくなり、子供の全身像である子（〓）が用いられるようになり、現在の十二支になった。

また、「子」に関連する文字として、左に「乳」の字形表を挙げた。出土資料に使われた例が少ないので、表の字形が飛び飛びになっている。

殷代のⒶ〓は、口を開けた子（〓）に女性が授乳する様子を表している。西周代〜東周代の資料からは発見されていないので、詳しい経緯は不明であるが、秦代の篆書のⒷ〓では、左下に子（〓）があり、左上にある爪（〓）が女性の手を表し、そのほかの女性の身体は「乙」（楷書の「乚」の部分）に簡略化されている。

目

目の向きを変えると臣

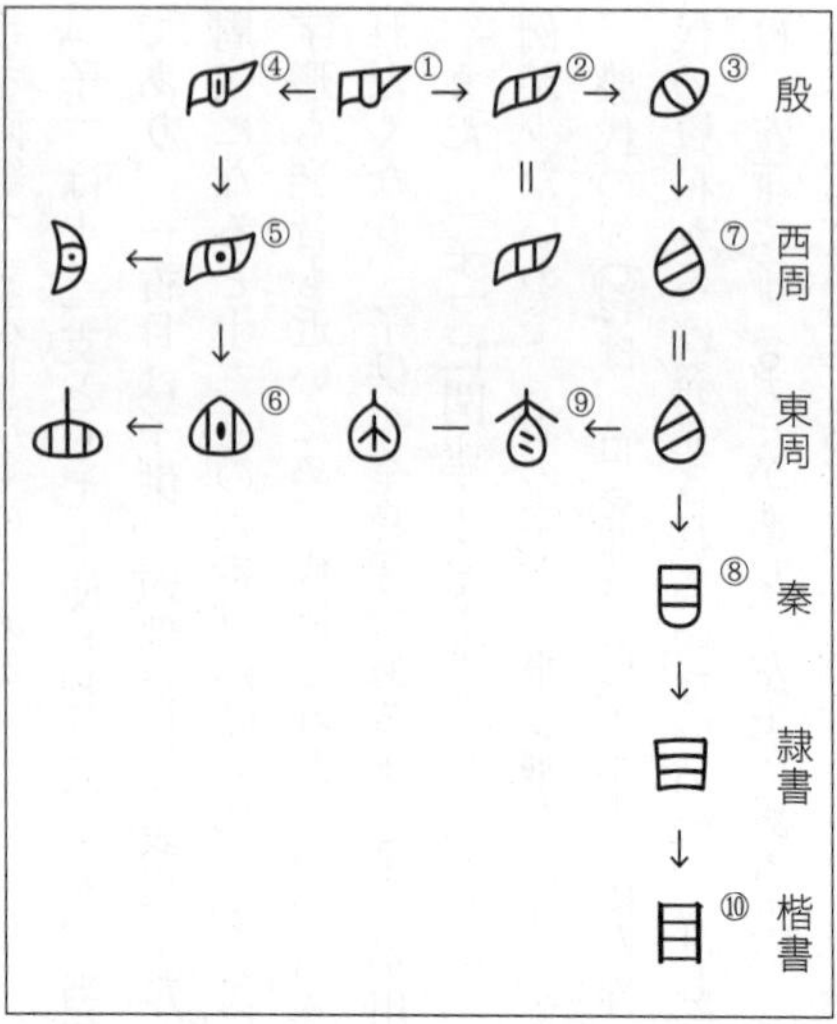

「目」は、目の形を表した文字である。殷代の①は片目を表現しており、中央の楕円形のような部分が瞳にあたる。また、左が目頭、右が目尻である。

殷代の異体のうち、②や③は目の輪郭の形を変えており、④は瞳の部分に点を加えている。

ともに後代に継承されており、④の系統については、西周代に⑤などの形、東周代に⑥などの形が作られたが、秦代以降には残っていない。

一方、輪郭の形を変えた系統は、③が西周代に縦横の向きも変えた⑦になっており、これが秦代の⑧に継承された。そのほか、東周代には⑨などの異体もある。楷書の⑩目は、外縁部が目の輪郭であり、三画目と四画目にはさまれた部分が瞳にあたる。

「目」に関連する文字として「臣」があり、左に字形表を挙げた。殷代のⒶは、目（）の向きを変えたものであり、上が目尻にあたる。「目」についても、西周代に縦横の向きを変えた字形が作られたが、「臣」ははじめから向きが変わっていた文字である。

「目」の向きを変えることが、なぜ「臣（臣下）」の意味になるのかについては、皿の中を見る人の形の監（）や、望の古い形で遠くを見る人の形の𦣠（）などに含まれることから、「見張る人」が起源と考えられている（字形はいずれも殷代のもの）。

臣の異体には、「目」と同じく瞳に点を加えたⒷもある。この系統は西周代にも継承され、Ⓒなどの異体が作られたが、「目」と同様、楷書には残っていない。

東周代にはⒶの系統の異体が多く作られており、そのうちⒹが楷書のⒺの元になっている。そのほか、東周代の異体のうちⒻは隷書のⒼまで、Ⓗは隷書のⒾまで使われたが、いずれも現代には残っていない。

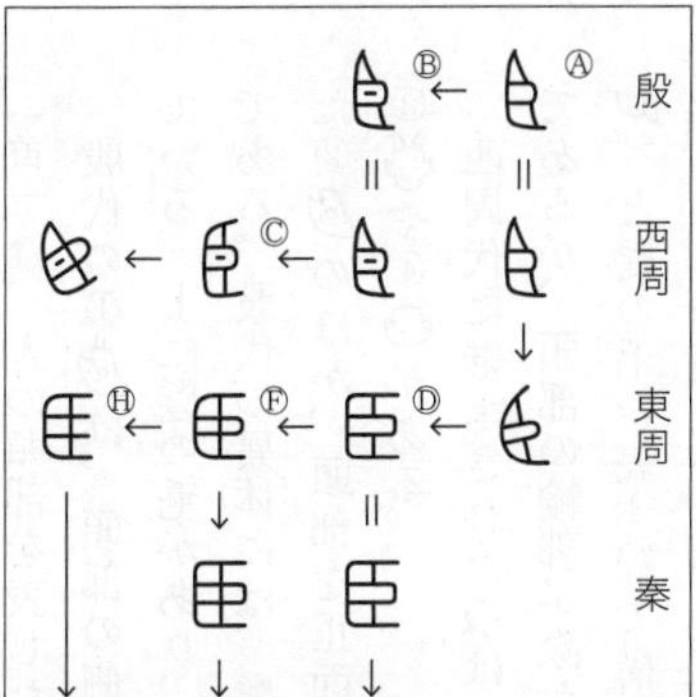

首

首には「目」が入っているが

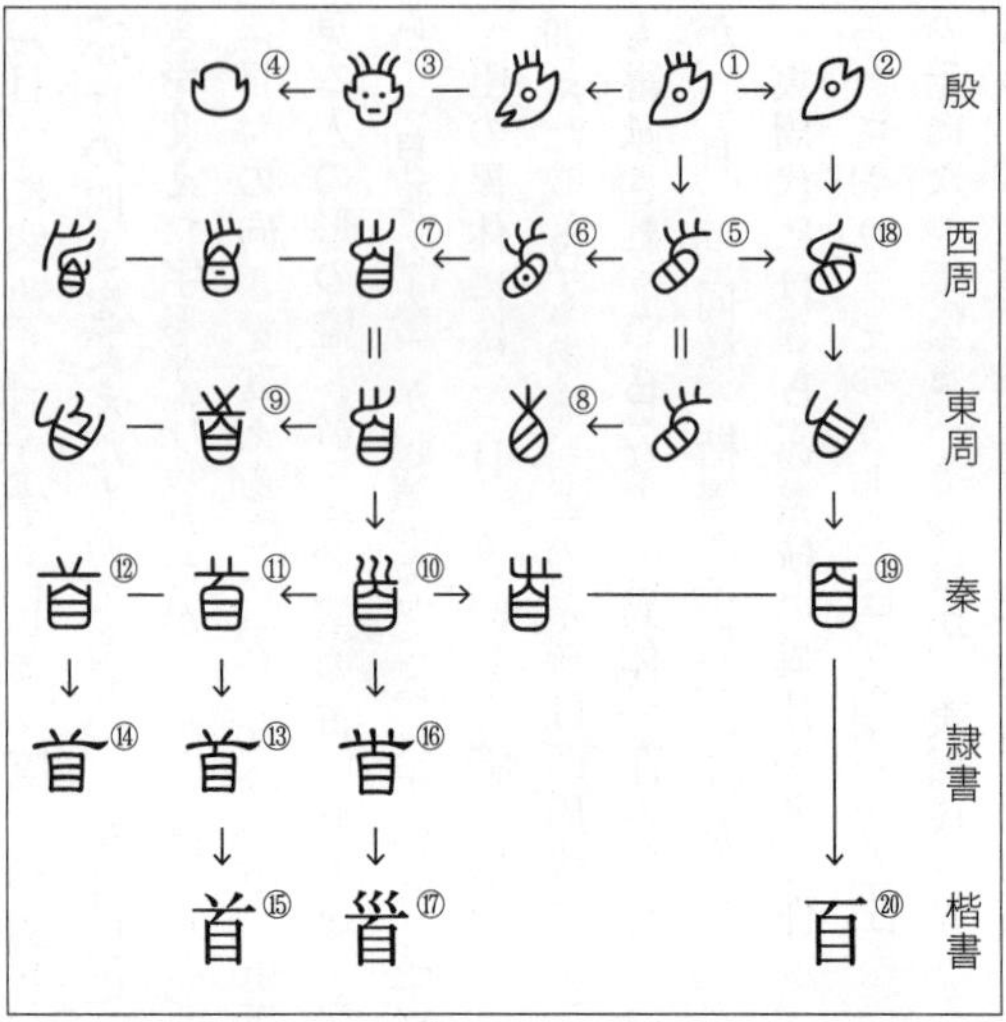

「首」は、人の頭部を表した文字である。殷代の①は、頭部の側面形を表現している。上に髪の毛があり、小さな丸が目である。殷代の異体には、髪の毛を省略した②のほか、頭部を正面から見た形の③や④がある。

西周代に継承されたのは側面形の①であるが、頭部の輪郭が除かれ、目（・）と髪の毛を表す線で構成された⑤や⑥の形になっている。

「目」が使われたから楷書の「首」に「目」が入っているのかというと、実はそうではなく、西周代にはもう一段階の変化があった。それが⑦であり、「目」が鼻の形の「自（）」に変えられた（「自」については第五章で解説する）。つまり、楷書の「首」は、三画目までが髪の毛であり、残りの部分が鼻の形の「自」なのである。東周代にも「目」を使った⑤は残っており、目の異体の「」を使った⑧もあるが、いずれも秦代以降には見られない。一方、「自」を使った系統については、髪の毛の部分を足の形の「止」に誤った⑨などもあるが、秦代には西周代以来の⑦が継承された。

秦代に篆書とされたのは⑩の形であるが、簡牘文字では略体の⑪首や⑫首が主に用いられた。隷書では、前者が⑬首、後者が⑭首となっており、前者が楷書の⑮首になった。ただし、篆書の⑩も隷書に⑯首として継承されており、楷書でも首の異体の⑰として残っている。

これらの系統とは別に、殷代の異体で髪の毛を省略した②の系統も残っており、西周代には⑱の形になっている。この系統は篆書の⑩の影響を受けたようであり、秦代にはその略体の⑲の形になった。そして、楷書の⑳百として残っている。

「百」は、首の異体にあたるが、楷書では単体で用いられることはほとんどない。しかし、文字の部分としては使われており、例えば「頁（おおがい）」は、元々は百（）と卩《せつ》（）から成る形（）であった。「頁」は、頭部を強調して表示した人の姿であり、「百」は頭部、「卩」（楷書では「八」に略されている）は首から下の身体を表している。

面

面は「目」が残った

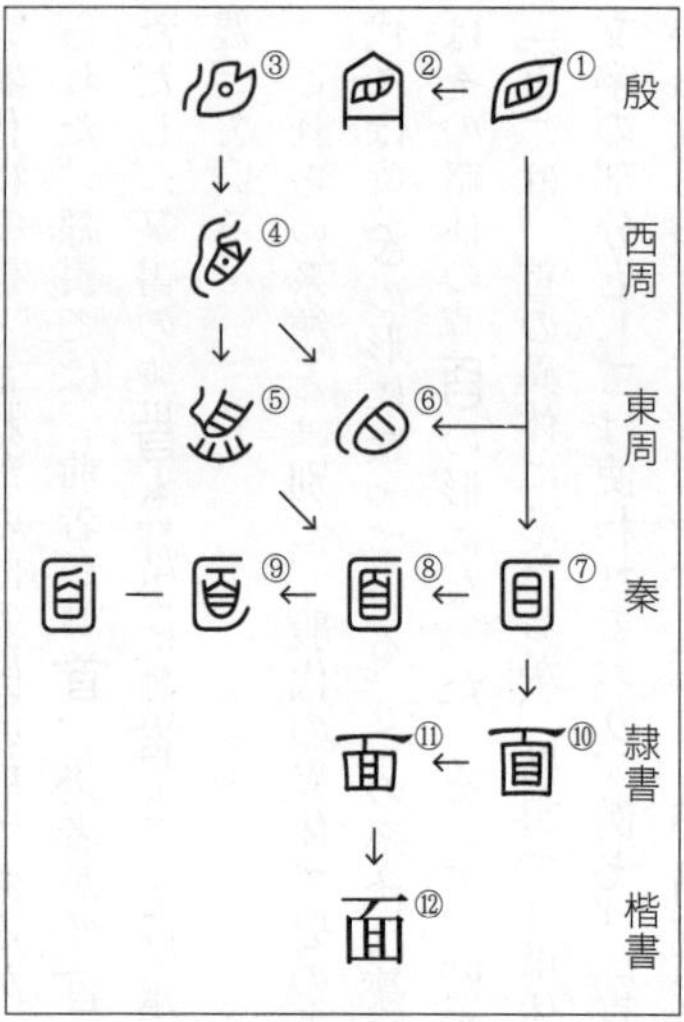

人の頭部に関係する文字としては、「面」もある。

殷代の①は、目（）と顔の輪郭を示す線から成っており、顔の形を表している。後に転じて「表面」や「平面」などの意味に使われたが、成り立ちとしては「顔面」が起源だったのである。そのほか、異体の②は、輪郭の形を変えている。

一方、殷代の③は、別の成り立ちをしており、人の頭部を表す「百《しゅ》（）」（前項参照）の顔面部分に対して、それを示す記号の曲線を加えた形である。この両系統は歴史的に相互に影響を与えた。

西周代の④は、③の系統であり、「百」の形を変えている。また東周代の⑤は、顔面を示す記号を臼（）に変えているが、その意義は不明である。東周代の⑥については、両系統を折衷しており、「目」と顔面を示す記号から成っている。

秦代の⑦については、線が「目（）」を取り巻いているので、殷代の①を継承したものと考えられる。ただし西周代〜東周代には見られないので、⑥を継承したものが、偶然に①の系統に近くなった可能性も否定はできない。

秦代には、「目」に代えて「百（）」を用いた⑧も見られ、これが篆書とされた。おそらく、③の系統から影響を受けたものであろう。その異体には百の形状を変えた⑨などもあるが、いずれも楷書には残っていない。

後代に継承されたのは「目」を用いた⑦であり、隷書では顔の輪郭の形が変えられて⑩となった。さらに輪郭と「目」が融合したのが⑪であり、これが楷書の⑫になっている。

前項で解説したように、「首」の場合には「目」が「自」に変わったが、「面」については「目」の形が残ったのである。

漢字は長い歴史の中で、こうした字形の選択を繰り返してきたのであるが、そこには明確な法則性が見られない。より正確に言えば、文字の書きやすさや形の美しさ、あるいは判別の容易さや意味表示としての論理性など、字形の選択には様々な要素がはたらくので、単一の要素だけでは判断できないのである。「面」の場合にも、なぜ「百」を用いた字形が残らなかったのかについて、確実な説明をすることは現状では困難である。

手

手の五本指が六本に

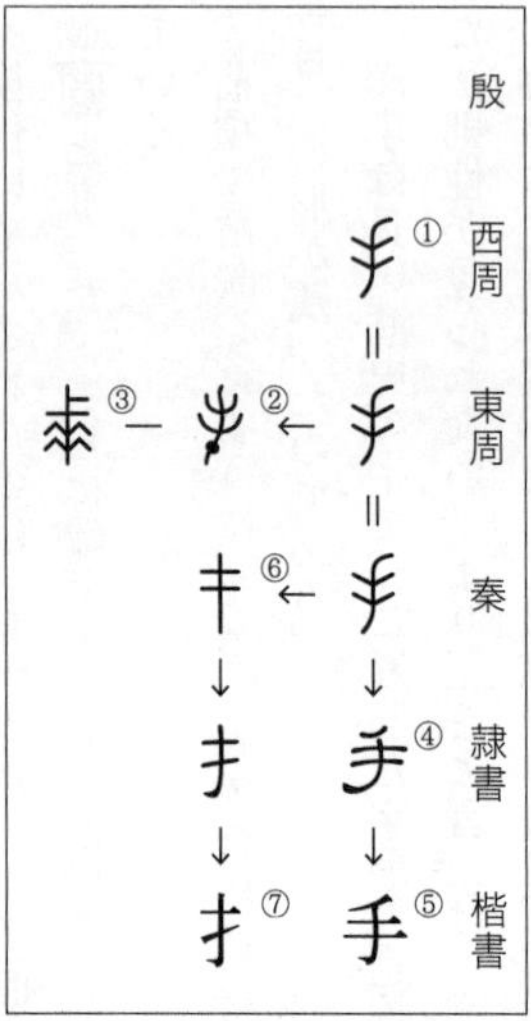

「手」は手の形である。初出である西周代の①は、五本の指を表しており、中指だけが上部に長く伸びた形になっている。また下部に伸びた部分は腕にあたる。

なお、「手」の形が出現する前の殷代には、「又（ ）」が使われていた（次項参照）。そのため、古くからある文字については「手」の意味に「又」を使っており、「友」や「取」などがある。

①は、秦代まで同じような形が使われた。東周代には、異体として腕の部分を示す記号を加えた②や、理由は分からないが複雑化させた③が見られるが、後代には残っていない。

隷書では、①のうち中指を表す部分が一画として独立して④となっており、これが楷書の⑤手に継承された。本来は五本指を表していた形であったが、隷書で画数が増やされたため、楷書の「手」も左右に突き出た部分が六本になってしまったのである。

なお、「手」は偏として書かれる場合には「扌（てへん）」になるが、これは秦代に作られた略体の⑥が基礎になっている。偏については、この形が楷書の⑦扌に残ったのであり、こちらは突き出た線が五本のままで「五本指」の表現が残っている。

楷書には、「手」とよく似た形に「毛」がある。左にその字形表を挙げたが、実は最初から似た形であった。

殷代のⒶは、ほかの文字の一部としてのみ使われており、動物の毛の生えた尻尾を表す形であった。これが西周代に手（）と左右を逆にしたⒷの形として独立し、秦代まで使われた。そのほか、西周代～東周代にはⒸやⒹなどの異体があり、また秦代にもⒺなどが使われているが、いずれも後代には残っておらず、Ⓑが隷書に継承された。

そして、隷書では「手」の場合と同じく上部の曲がったところが一画として独立してⒻ毛となり、楷書のⒼ毛になった。

このように、「手」と「毛」は似たような形が歴史上で維持されたのである。

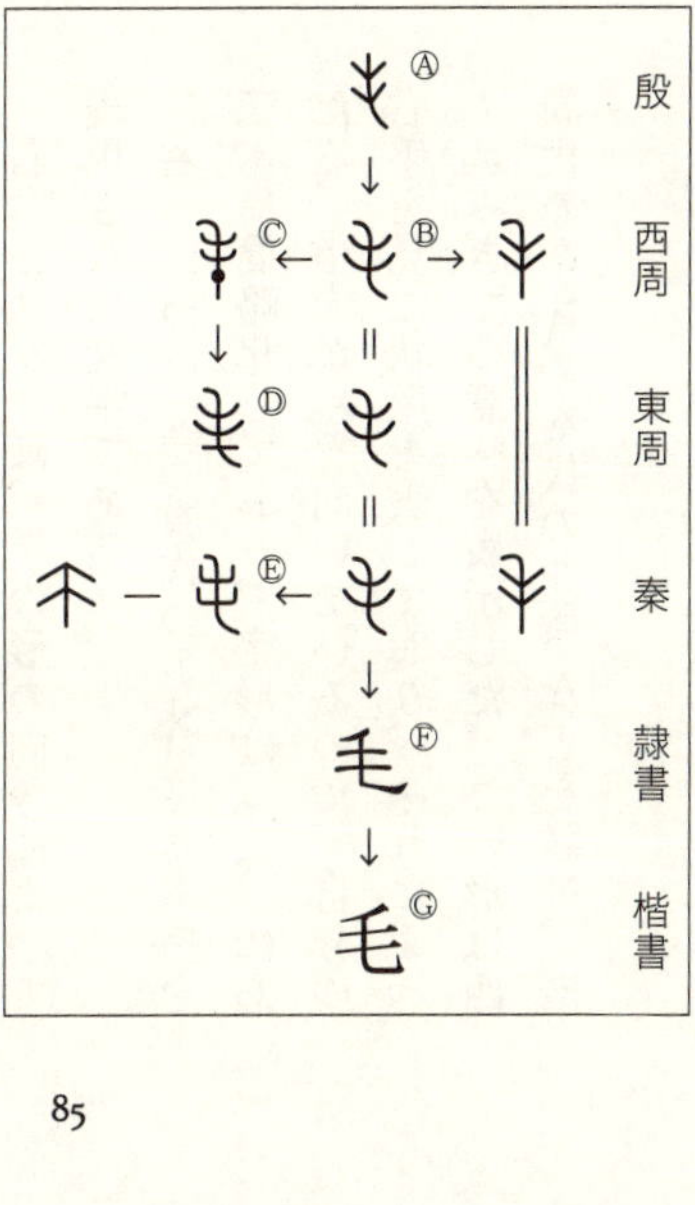

右

右と左は字形も対称

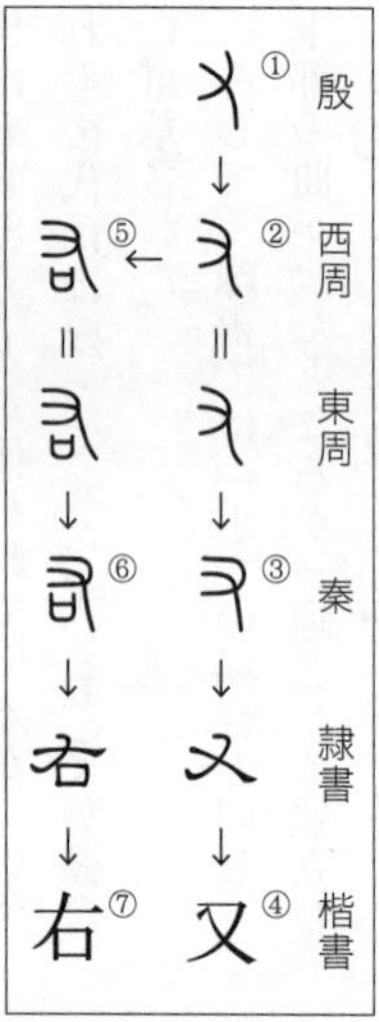

「右」と「左」は、手の形の向きによって表現された文字である。

「右」について、殷代の①は五本指を三本に簡略化しており、字形は「又《ゆう》」にあたる。指先が左を向いているので、自分の右手を見た状態を表しており、それによって「みぎ」の意味を表示した。この形は西周代の②や秦代の③などを経て、楷書の④又になっている。

ただし、「又」は当て字の用法で並列の意味（訓読みは「また」）として主に用いられるようになった。そこで区別のために、西周代には「口（）」を加えた⑤が作られた。この場合の「口」は「くち」ではなく右手で持つ器物の形である（口と器物については第六章で述べる）。これが後代に継承され、秦代の⑥などを経て楷書の⑦右になった。

一方、次頁に挙げたものは「左」の字形表である。殷代のⒶは、右（）とは逆に指先が右を向いており、自分の左手を見た状態を表している。「左右対称」という言葉があるが、右と左は字形の上でも左右対称だったのである。

なお、Ⓐについても、西周代のⒷや篆書のⒸなどに継承されたが、徐々に「ひだり」の意味では使われなくなった。楷書ではⒹの形であるが、現代ではほぼ見られない。

これに対し、「ひだり」の意味で主に使われたのは、西周代に作られたⒺの系統である。これは左手に持つ鑿《のみ》の形である「工」を加えたものであり、文字の意味を分かりやすく表示している。これが後代に継承され、Ⓕなどを経て、楷書のⒼ左になった。

そのほか、西周代には左手に器物を持ったⒽの形もあり、これは右（）の左右対称形である。この系統は、東周代のⒾまで使われたが、秦代以降には残っていない。

ところで、楷書の「右」と「左」は、どちらもほぼ同様の「ナ」の形を用いているが、成り立ちとしては少し異なっている。「右」の場合には、親指と小指をつないだ線は「丿」であり、「左」では「一」がそれにあたる（字形表を順にたどると分かりやすい）。この違いは楷書の書き順にも反映されており、現在でも「右」は「丿」を先に書き、「左」は「一」を先に書くのが一般的である。

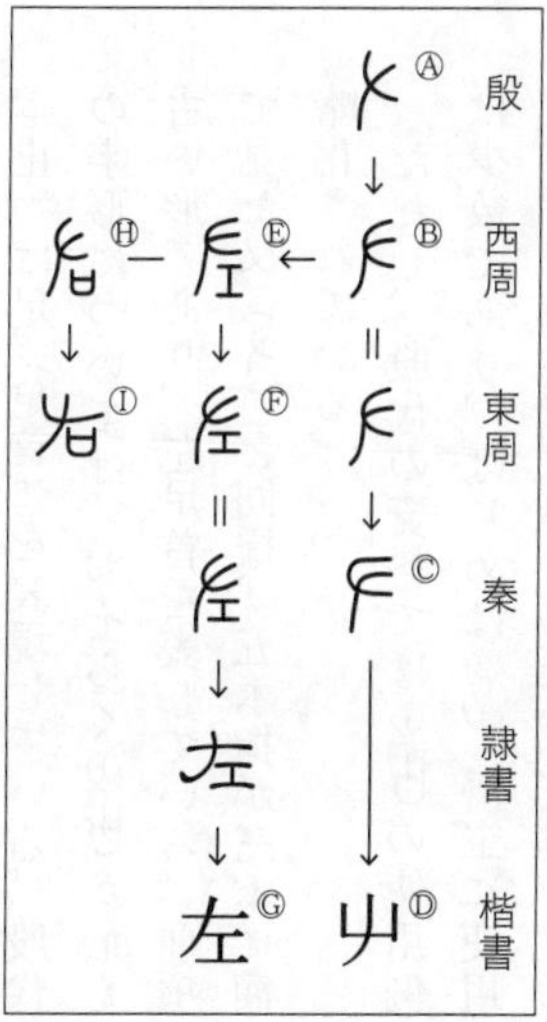

止

止は「とまる」か「ゆく」か

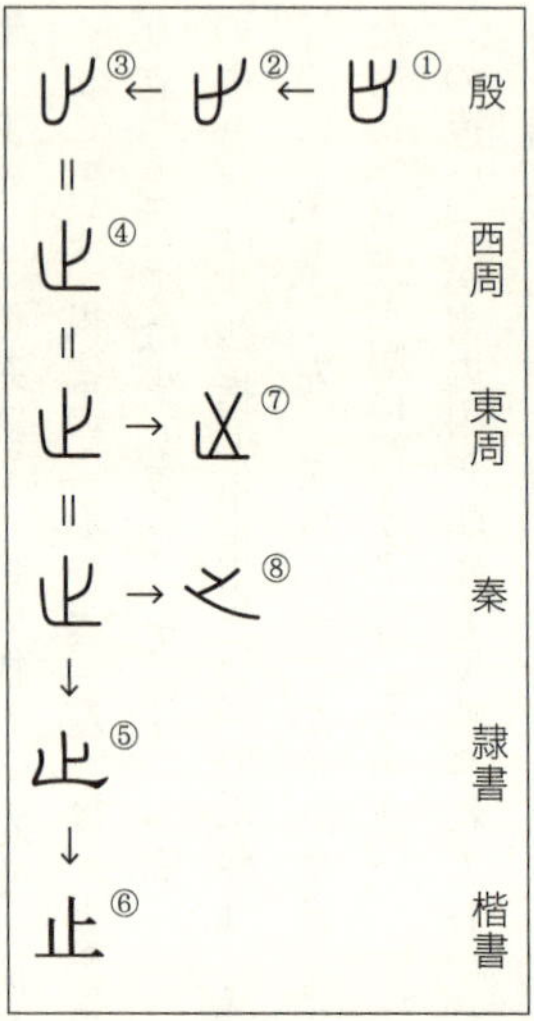

「止」は足（足首）を表現している。殷代の字形については、おそらく①が最も古い形であり、左足首を表している。前項で見た又（）と同様、五本指が三本に簡略化されている。

ただし、殷代の資料では①の使用例は少数であり、はじめは②が主に使用され、のちに③が多く使われた。

文字の意味としては、後代には「とまる」として用いられたが、当初は足の形からの連想で「ゆく」の意味で使われていた。また、早くに作られた文字では、部首としても歩行を象徴して用いられた。例えば「歩」は一歩一歩進むことを表現し、「武」は武器である戈《か》を持って進軍する意味であるなど、「とまる」の意味では用いられていない。使われていくうちに意味が逆転するという、珍しい経緯をたどった文字である。

字形は、西周代において、下部に線を延長した④の形になっており、これが長く使われた。隷書の⑤や楷書の⑥止も④に近い形が維持されている。そのほか、異体として東周代の⑦や秦代の⑧がある。

楷書の「止」は、二画目（上部の横画）が親指であり、最後の四画目の後半が西周代に延長された部分である。

ちなみに、足の全体を表した文字は「足」であり、左に字形表を挙げた。殷代の字形は、どれが原型かは分からないが、いずれも足首の形の止（）を使っており、それ以外が腿《もも》や脛《すね》の部分と考えられる。なお、止の成り立ちを「足跡《あしあと》の形」とする説もあるのだが、「足」に使われていることから、少なくとも起源としては足首の形であることが明らかである。

殷代の字形のうち、「止」が下部にあるⒶが後代に継承されたようであり、西周代には、足首以外を楕円形で表示したⒷになっている。これが秦代の篆書のⒸとなり、隷書のⒹとなった。楷書では、「止」を変形してⒺ足の形になっている。

そのほか、西周代のⒻは楕円形を口（）の形に変えており、また、東周代のⒼや秦代のⒽは、それぞれ「止」の異体の「」「」を使っている。

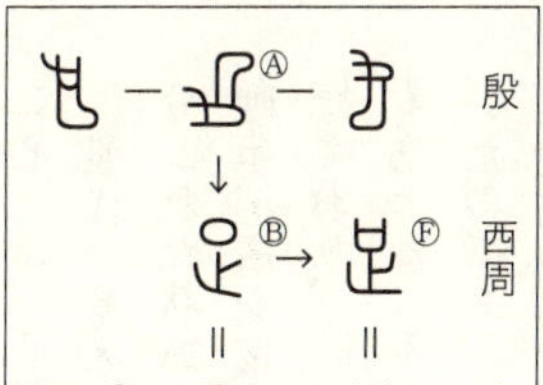

心

心臓とこころは東西共通

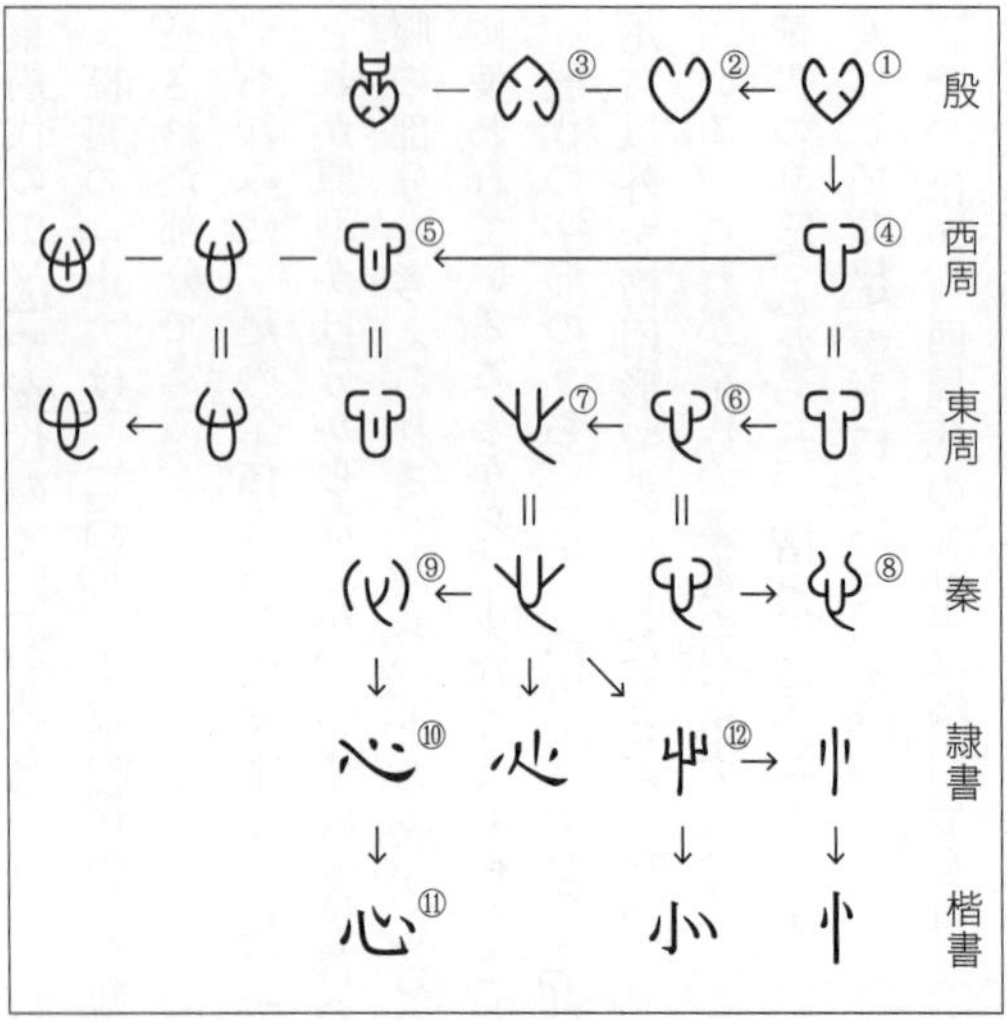

「心」は、心臓の形を元にしている。

殷代の基本形の①は、心房や心室に分かれた状態の表現である。当時は家畜や戦争捕虜を犠牲《ぎせい》（いけにえ）として神に捧げており、時には生きたまま切り裂くこともあった。そのため心臓の形状も理解していたのであろう。

殷代の異体には、略体の②や上下逆向きの③などがある。

西周代の④は、①の表現をやや変えたものであり、後代に継承されたのはこの系統である。そのほか、異体として点を加えた⑤などがある。

東周代には、④の系統において、下部に線を延長した⑥が作られており、これはおそらく血管の表現であろう。その略体が⑦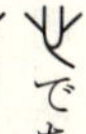である。秦代に篆書とされたのは⑥から派生した⑧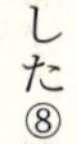であるが、楷書に残ったのは⑦の系統であり、さらにその異体である⑨から隷書の⑩が作られ、そして楷書の⑪心になった。

「心」は、部首として使われる場合の字形の差が大きいことが特徴である。「快」や「悩」など文字の左につくと「忄（りっしんべん）」になるが、これは⑦を隷書で縦長に書いたものであろう⑫を、さらに簡略化したものである。また、「慕」や「恭」のように、上に覆い被さるような形がある場合には、四画から成る「⺗（したごころ）」が使われる。

なお、殷代の資料では、「心」は心臓の意味に限定されている。殷代の中心資料である甲骨文字は、占いの内容であるため、人間の心情が表現されることはほとんどなく、その当時、「こころ」をどのように考えていたのかは不明である。

その後、西周代の金文に記された儀礼の言葉、あるいは東周代に発達した各種の思想書などで、感情や思考に関して「心」やそれを部首として使った文字が多く見られるようになる。

近代の科学により、人間の精神活動は脳が司っていることが明らかになった。しかし、感情が高ぶると鼓動が強まるので、世界中の古代文明で、心臓に精神が宿るという認識が一般的であり、漢字でも心臓の形である「心」によって「こころ」の意味を表示した。これは西洋でも同じであり、英語の“heart”にも「心臓」と「こころ」の両方の意味がある。

耳

どちらが耳の外側か

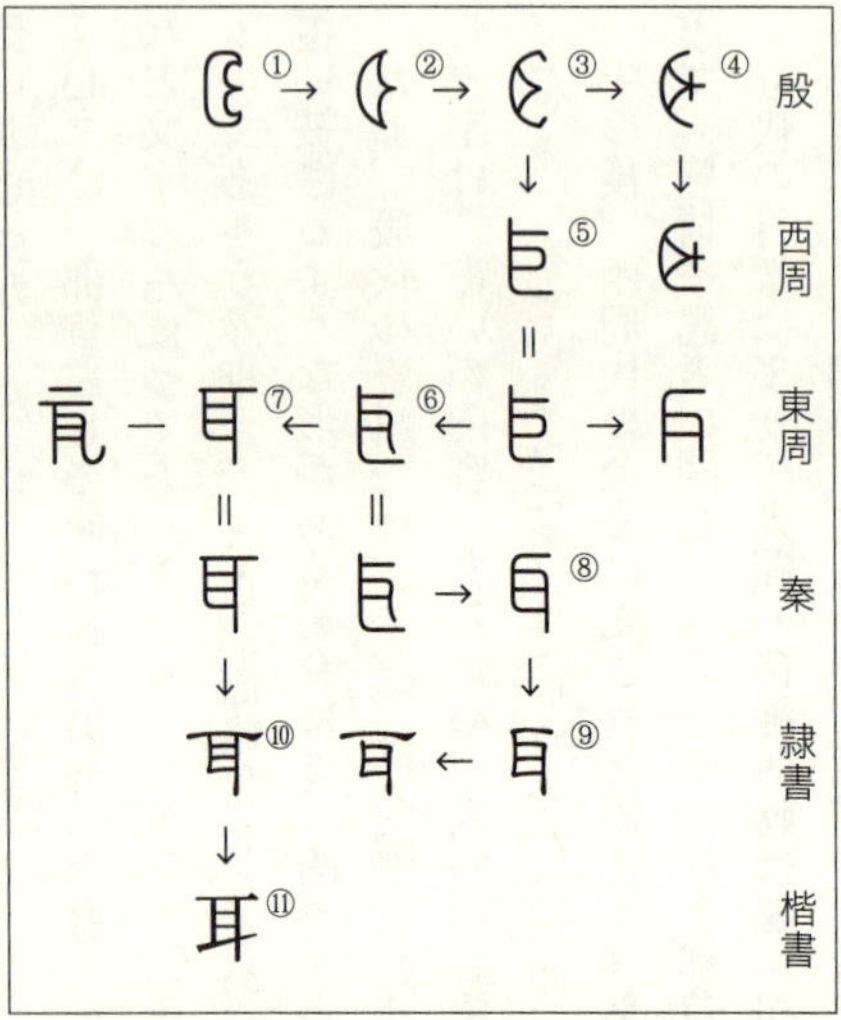

「耳」は、耳の形を表している。殷代の字形のうち、おそらく①が最も原初に近く、耳の見えている部分（耳介《じかい》）を表現している。左が耳の外側にあたる。

殷代の異体のうち、最も使用例が多いのは②であるが、そのほか③や④もあり、西周代の⑤に継承されたのは、おそらく③であろう。

東周代には、⑤から派生した字形が多く、右側に線を伸ばした⑥や⑦などがある。⑥の系統は、秦代に篆書として⑧が採用され、隷書にも⑨などとして残っているが、楷書には継承されなかった。

一方、⑦の系統は、隷書の⑩を経て、楷書の⑪耳に受け継がれた。楷書の「耳」は、字形表を遡っていくと、一・二画目と五画目が耳の外側の部分にあたることが分かる。

第四章　古代文明の「宮」殿、馬「車」

宮

宮殿は二部屋で表現された

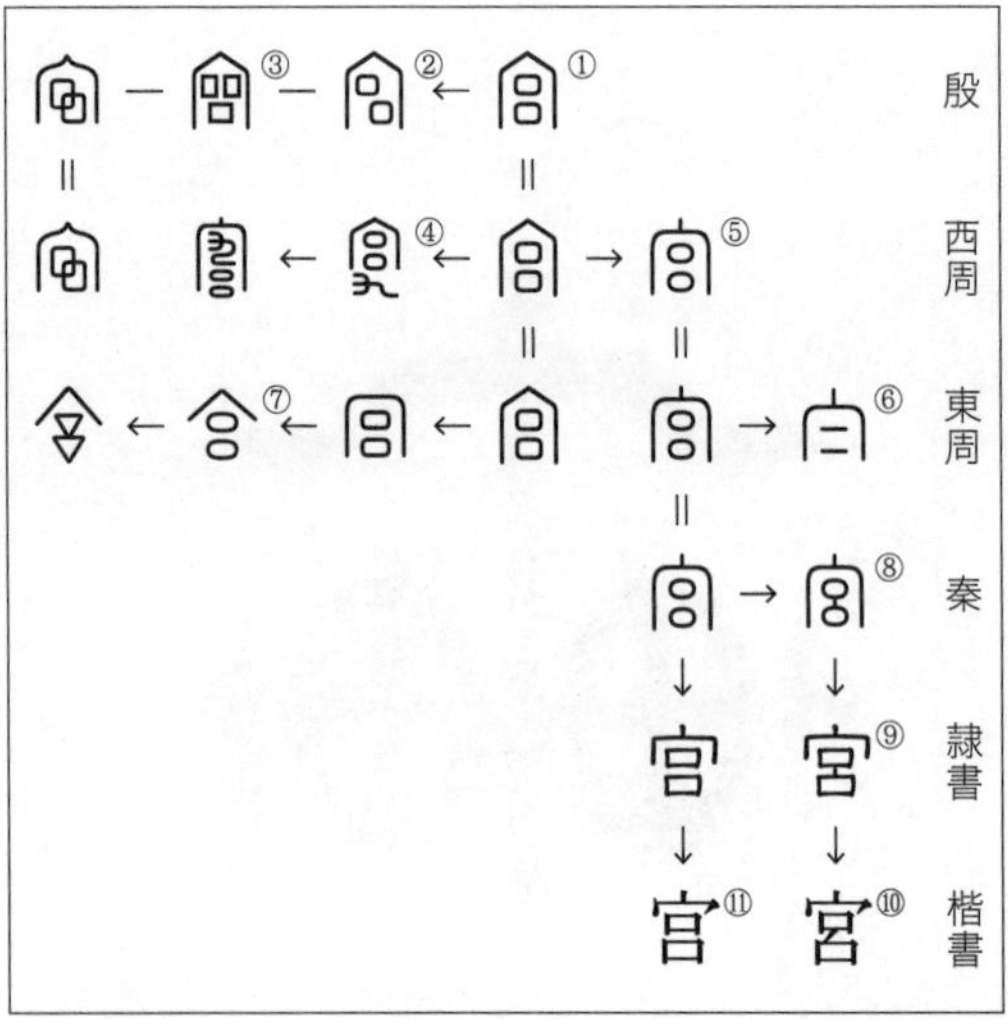

第四章では、建築物や武器など、人が作ったものを元にした文字を紹介する。いずれも古代中国の文化や技術を反映した文字である。

まずは、建築物の「宮」である。殷代の①は、「宀（うかんむり）」にあたる外側の「」が家屋の形であり、上部が屋根、左右が壁を表している。そして内部にある二つの四角形が部屋の形であり、これによって「多くの部屋がある建物」、つまり「宮殿」を表現したのである。

左頁の図は、殷代後期の都の跡から発掘された遺構であり、多数の部屋が連なった建物である。後の時代と比べると貧弱かもしれないが、当時としては、これが大規模な宮殿であった。

ちなみに、建築に関係する文字には「宀」を使ったものが多く、「室」「家」「宅」などがある。また「寝」も建築に関係しており、本来の意味は「寝殿」であった。

「宮」の字形について、殷代には部屋の位置を変えた②や、部屋を三つにした③などがある。また、西周代には特殊な異体として九（）を加えた④などがある。古代中国でも「九」と「宮」は比較的近い発音だったと推定されているので、発音符号の追加と思われる。現代の日本で言う「ふりがな」に近い役割である。ただし、これらの字形は後代に残っておらず、①から宀（）の形をやや変えた⑤が継承された。

東周代にも、異体として部屋の形を簡略化した⑥や家屋の形を屋根の部分（）だけにした⑦などがあるが、やはりこれらも楷書には残っていない。

秦代には、部屋を表す四角形をつないで「呂」にした形の⑧があり、これが隷書の⑨を経て楷書の⑩になった。楷書の「宮」のうち、二つの四角形は宮殿の部屋を表示しており、殷代以来の表現方法である。

なお、⑤の形を反映した⑪も楷書に残っており、現代中国では主にこちらが用いられている。

高

高楼建築が文字だけに残った

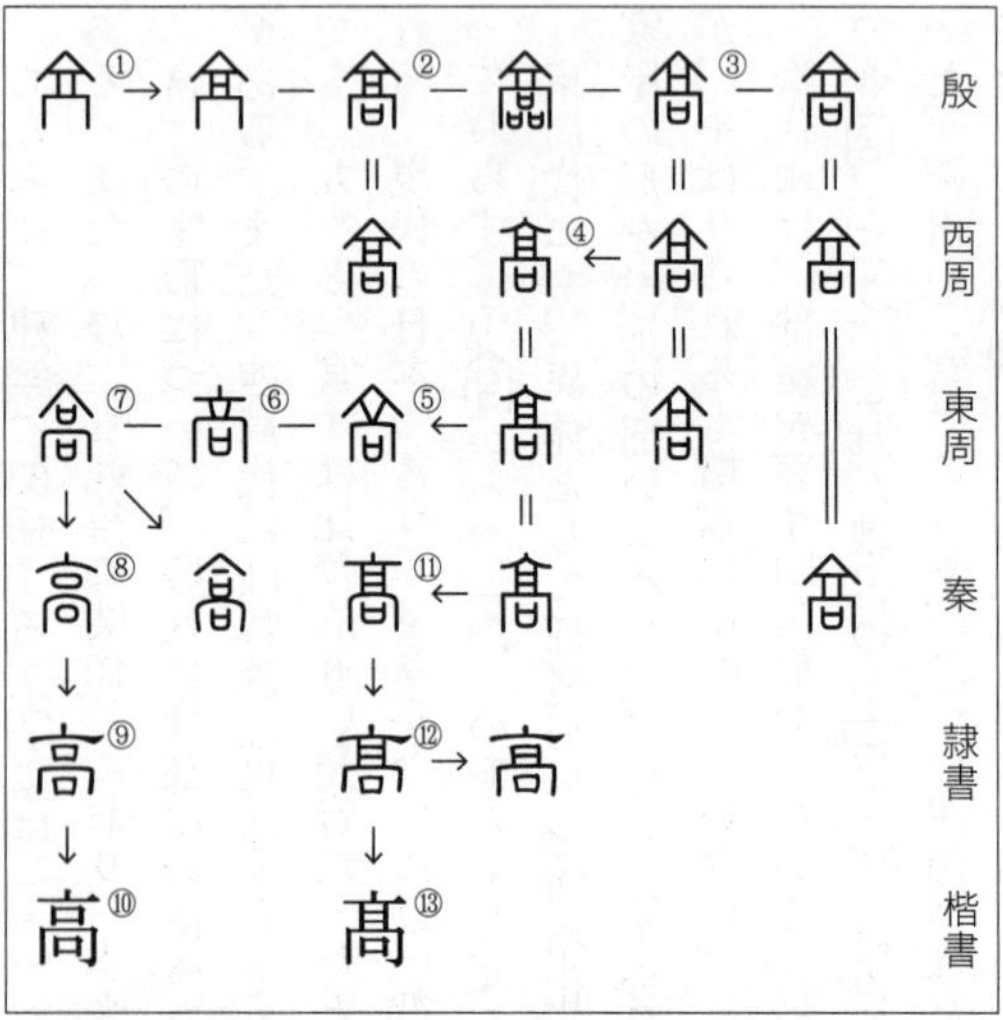

「高」も建築に関係する文字であり、二階建ての建物を表している。

殷代のうち、最も基本的な形は①であり、「亼」の部分が二階、「冂」の部分が一階である。また、起源の「高い建物」から転じて「たかい」の意味として用いられるようになった。

殷代の異体には、下部に口（凵）を加えた②や③などがあり、その意味については諸説あるが、「器物を建物に収めた様子」と思われる。

いくつかの字形が後代に継承されたが、西周代には、③から派生したであろう④が作られており、秦代まで使われた。

東周代にも⑤や⑥など異体が多く、⑦は秦代の篆書の⑧の元になっている。これが隷書の⑨高を経て、楷書の⑩高になった。楷書の「高」のうち、上部の亠と口が二階部分、下部の冂が一階部分であり、口は異体で追加された器物である。

一方、④髙も秦代に印鑑の文字などで使われ続けており、その異体として⑪髙が作られた。これが隷書の⑫髙を経て、楷書の⑬髙となっており、通称「はしごだか」と呼ばれる異体字である。楷書では「高」の方が正字とされるが、字形表をたどると分かるように、「髙」の方が字形としては長い歴史を持っている。

「高」と同じような経緯の文字に「京」があり、左に字形表を挙げた。殷代のⒶ京は、高の初形（高）に一画を加えており、これも高い建物を表した文字である（高楼《こうろう》建築《けんちく》は遺物として残らないので具体的な建築方法は不明）。

そして異体のⒷ京が秦代まで使われ、この系統は楷書でⒸ京の形になっている。

しかし、やはり古い形を残したⒸ京は異体とされており、「高」と同様に、派生して出現したⒹ京が篆書とされ、これが楷書のⒺ京になった。

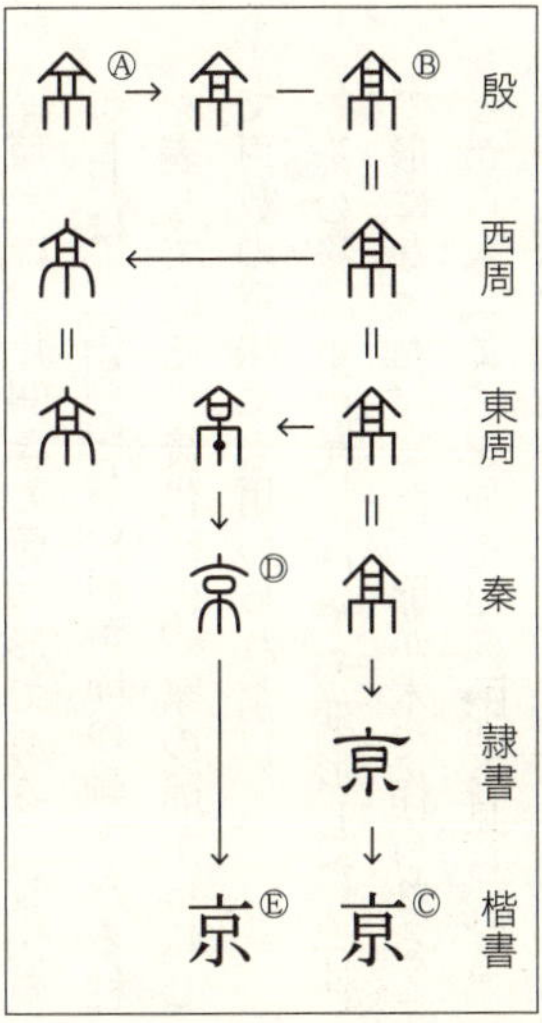

戸

片開きの戸、両開きの門

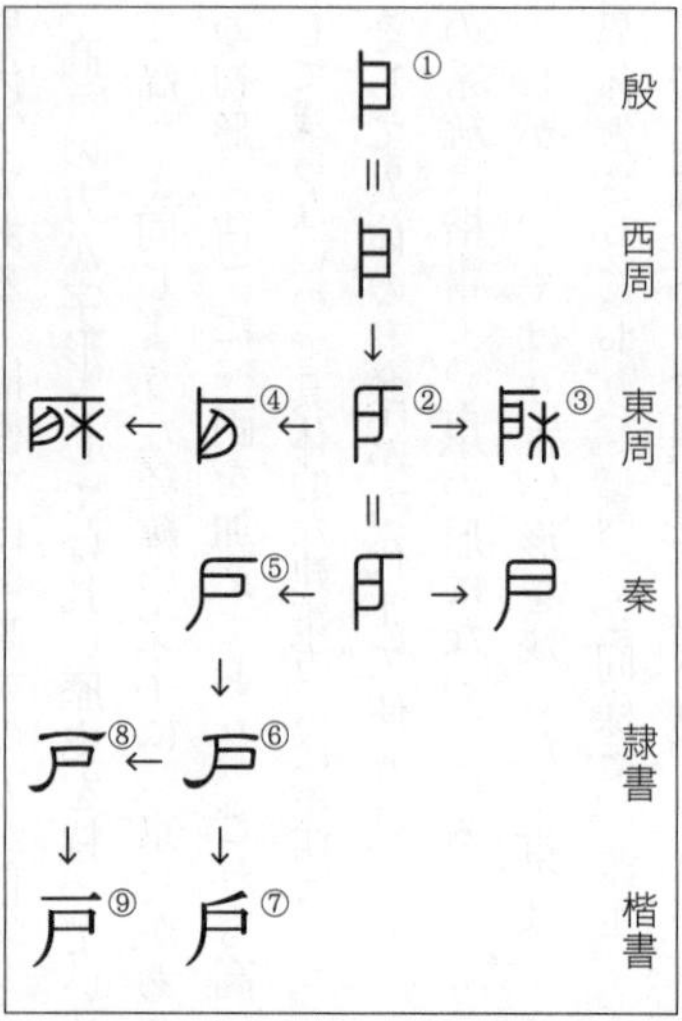

「戸」は、片開きの扉の形である。殷代の①は、左側の長い線が扉の軸となる柱を表している。後代には、家の扉から転じて戸数の意味にも用いられた。

その後、東周代にはやや変形した②の形になった。また、扉が木で作られることから木（）を加えた③も見られる。そのほか、扉の形を変えた④などもあるが、これらの異体は後代に残っていない。

秦代には、⑤が篆書とされており、これが隷書の⑥を経て、楷書の⑦戶となった。また隷書では異体の⑧も作られており、これが楷書で⑨戸になっている。楷書では、「戶」が正字とされるが、新字体とされる「戸」も隷書に起源があり、長い歴史のある字形である。

「戸」に関係する文字として「門」があり、左に字形表を挙げた。殷代に多く使われている形のⒶは、戸（）を二つ並べることで、両開きの扉がある門を表している。中国では古代から屋根がついた大きな門を建設していたが、異体のⒷは上部に線を加えて屋根の部分を表現しており、より原型に近いと考えられる。ちなみに、「両開きの扉がある屋根つきの門」は、後代でも広く使われており、日本でも寺院や武家屋敷などに普及した。

西周代の異体には、上部に線を突き出したⒸがあり、これとⒷを折衷したのがⒹである。上部の屋根を表現した形は、東周代のⒺまで使われたが、それ以降には見られなくなる。そのほか、Ⓒの系統には、東周代にⒻがあり、下部に二本の線が加えられている。詳しくは分からないが、あるいは閂《かんぬき》などを表現しているかもしれない。

また、秦代にはⒸの系統を継承したⒼが篆書とされたが、これも後代には残っていない。

最終的に楷書に残ったのは古くからあるⒶの系統であり、東周代にⒽとなり、秦代には主に簡牘文字で使われた。これが隷書のⒾを経て、楷書のⒿ門になったのである。

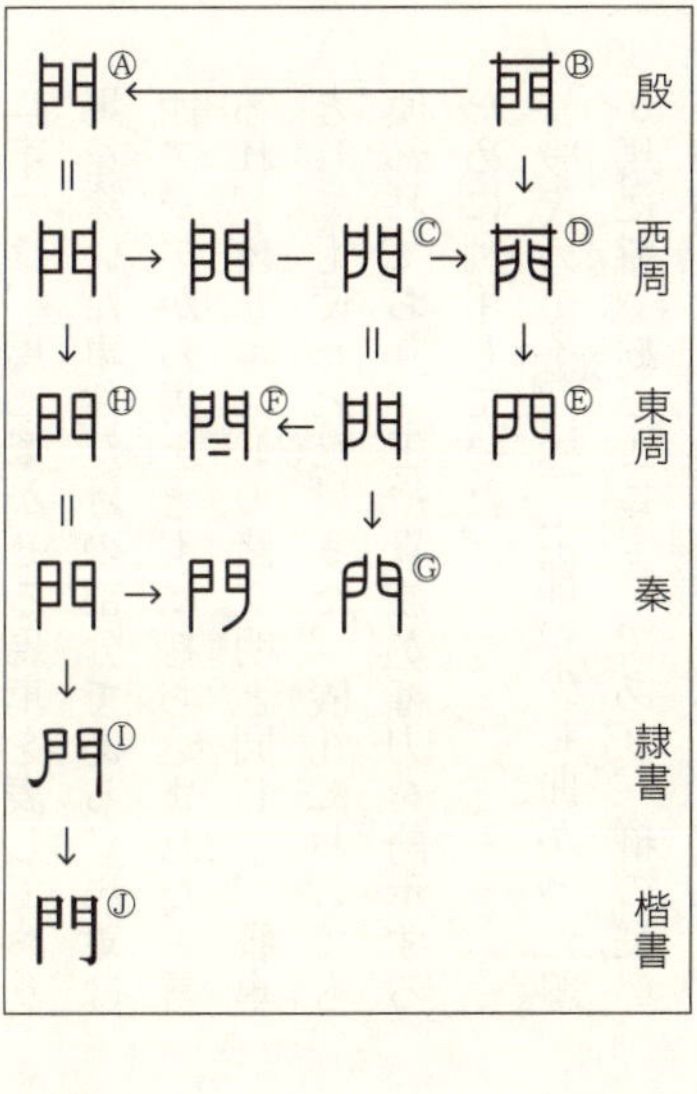

車

馬車の車輪が一つに

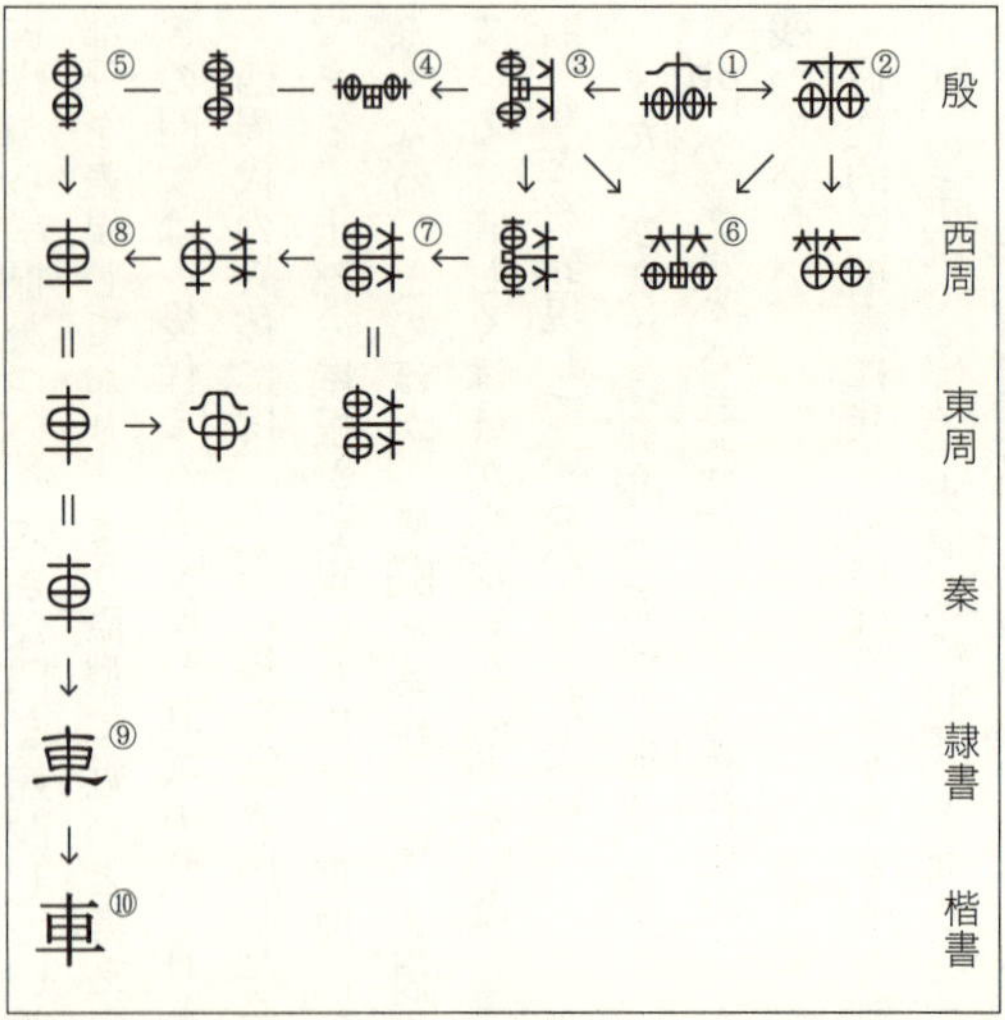

「車」は、馬に牽《ひ》かせる馬車を表しており、馬を除いた車体だけの部分である。馬車は西アジアから馬とともに持ち込まれたと言われ、オリエントの諸文明と同じく、戦車としても使われた。また、儀礼においても使われており、王や貴族が権力を誇示するために利用していた。

殷代の①は、上部の少し曲がった線が馬に繋《つな》ぐ衡《こう》（よこぎ）であり、縦の長い線が衡と車体を繋ぐ轅《えん》（ながえ）である。また、下部に車軸と二つの車輪があり、車輪だけは分かりやすいように横から見た形になっている。車輪の外側にある短い線は、車軸に車輪を止めるための轄《かつ》（くさび）である。

殷代の異体のうち、複雑化が進んだのは

②や③であり、「人」の部分は衡に馬の首を繋ぐ軛《あく》（くびき）を示したものである。逆に、簡略化されたのは④や⑤などであり、衡や轅などが省略されている。

左の図は、発掘された殷代の馬車であるが、貴族の殉葬だったようで、馬や乗員も殺されて埋められている。おそらく、死後の世界が想定されており、生前の従者に死後も仕えることを強要したのであろう。実際の馬車と甲骨文字を比較すると、衡や轅などの形が一致しており、また③では人が乗る部分も表現されていることが分かる。

西周代には、複雑化した系統として⑥や⑦などがあり、いずれも轅や軛などの表現が残っている。ただし、⑦が東周代まで使われたが、それ以降には残っていない。

一方、簡略化された系統は、最終的に車輪の形を一つにした⑧車となっており、これが後代に継承され、隷書の⑨車を経て、楷書の⑩車になった。

楷書の「車」は、成り立ちから言えば、縦線が車軸であり、上下の横線が轄にあたる。そして中央の「田」のような形が車輪である。

矢

矢が地面に当たると……？

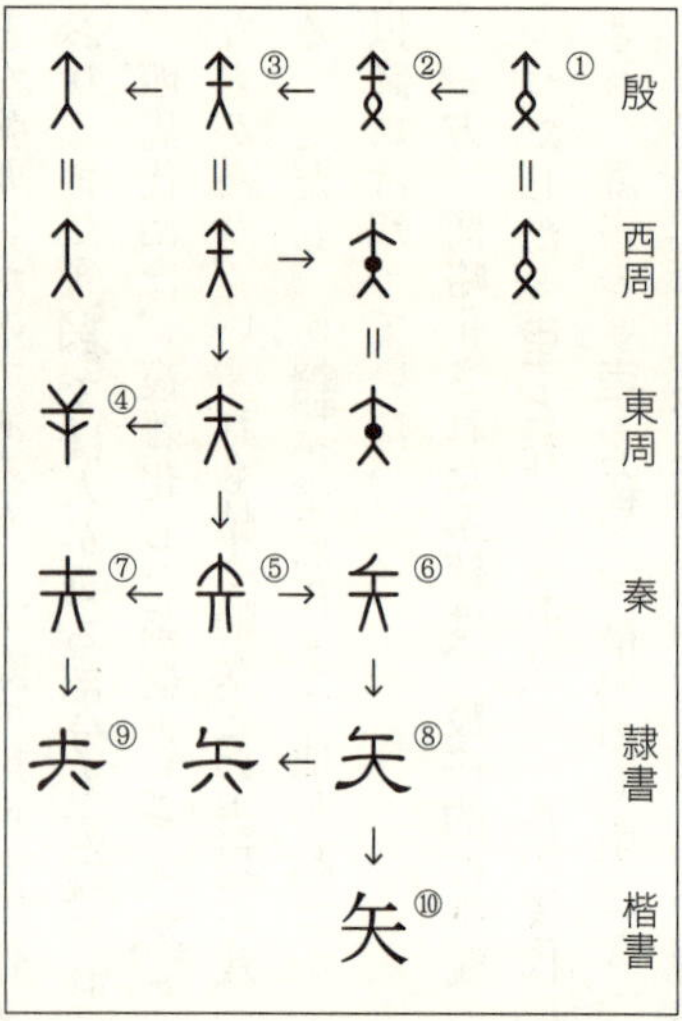

「矢」は、武器の矢を元にした文字である。殷代の字形のうち、①が基本形であり、上部に鏃《やじり》、下部に矢羽《やばね》が表現されている。異体には矢の上下を区分する線を加えた②があり、さらにそれを簡略化したのが③である。各種の字形が西周代に継承されたが、最終的に③の系統だけが残った。

東周代には上下を逆にした④があるが、後代には残っていない。また秦代には、③を元にして篆書の⑤が定められたが、簡牘文字では略体として⑥や⑦が主に用いられた。

⑥と⑦は、ともに隷書に継承され、前者は⑧、後者は⑨となったが、楷書に残ったのは前者のみであり、⑩矢の形になっている。楷書の「矢」は、一・二画目が鏃の部分であり、三画目は上下を区分する線、そして左下と右下の払いが矢羽にあたる。

「矢」に関係する文字に「至」があり、左に字形表を挙げた。殷代の基本形のⒶは、矢を上下逆にしたものの下部に地面を表す横線を加えている。矢が地面に到達した状態によって「いたる」の意味を示した文字である。殷代の異体には、鏃の位置を変えたⒷのほか、全体を上下逆にしたⒸや地面を表す線を省略したⒹなどがある。

西周代以降にはⒷの系統が用いられており、鏃の形をやや変えたⒺのほか、鏃を強調する記号をつけたⒻが作られた。また、東周代には矢の形を大幅に変えたⒼなども見られる。

秦代には装飾性の強いⒽが篆書とされたが、隷書にはⒺが継承されてⒾとなった。さらに矢羽の形を変えたものがⒿ至であり、これが楷書のⓀ至となった。楷書の「至」は、一～三画目が矢羽であり、四・五画目が鏃の形、そして最後の六画目が地面を表す線にあたる。

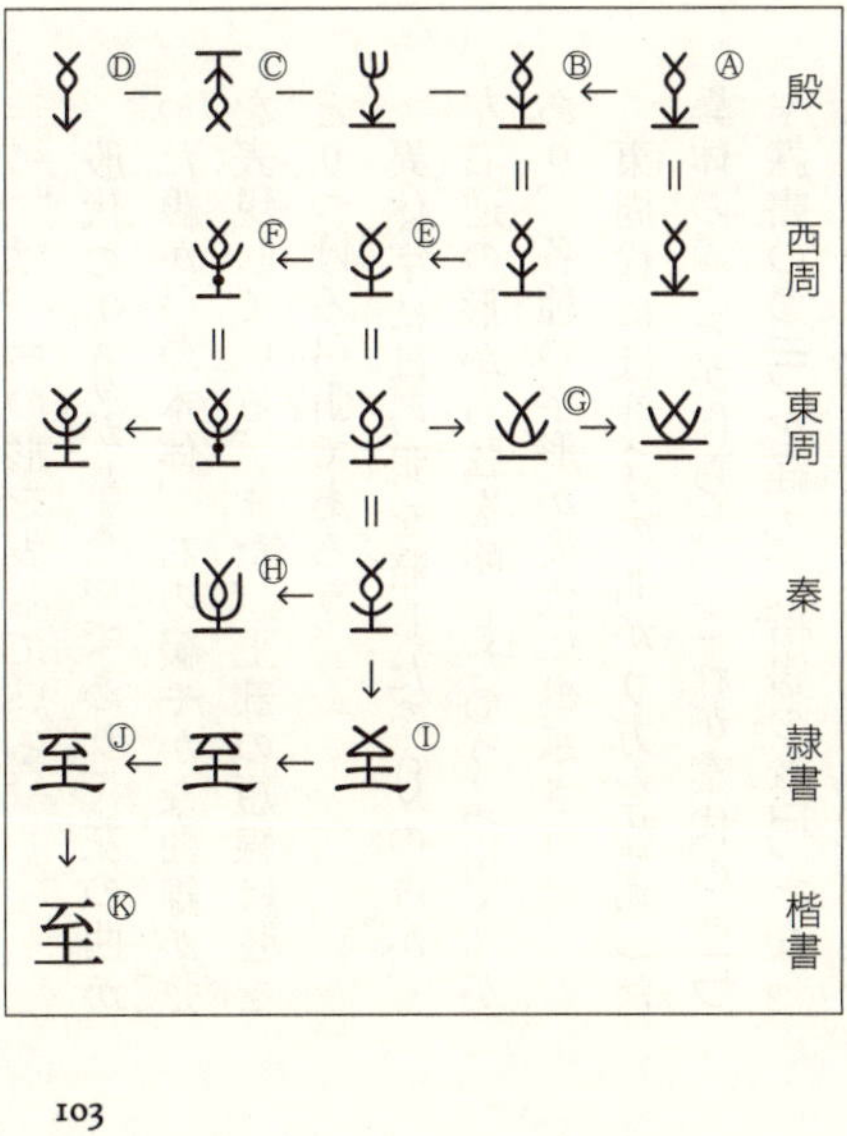

弓

弓と矢で射る

「弓」は、弓の形を表している。
殷代の①が基本形であり、左の曲がった線が弓の本体、右の緩やかな曲線が弦《つる》を表現している。また、上部の短線は弦をとりつける弓弭《ゆはず》であろう。

異体字には弓弭を略した②のほか、左右逆の形から弦を略した③や④があり、各種の字形が後代に継承された。

東周代には③の曲がり方を強調した異体の⑤が作られ、これが秦代の⑥や隷書の⑦を経て、楷書の⑧となった。そのほか東周代には弓の下部に短線を加えた⑨も見られる。

「弓」に関係する文字として「射」があり、左に字形表を挙げた。殷代のⒶが詳細に記されており、弓（）に矢（）をつがえて射撃する様子を表している。略体にはⒷやⒸなどがあり、Ⓑに矢をつがえる手の形（）を加えたⒹが後代に継承された。

西周代にはⒹに弓弭を加えたⒺなどの異体があり、東周代にも弓の形を変えたⒻなどがある。そして秦代の篆書では、弓と矢が融合して「身（）」に誤り、しかも手の形（）を類似形の寸（）に変えたⒼとなっている。これが隷書のⒽ射などを経て、楷書のⒾ射になった。なお、「身」は全く別の成り立ちである。

ⒶからⒾ射にいたる系統とは別に、東周代にはⒿの字形も作られている。弓（）と矢の異体（）を並べたものであり、これも射撃を意味して作られた文字である。

この系統は、「射」の篆書（）の影響を受けたようで、秦代には「弓」を「身」に変えたⓀになっている。楷書のⓁ䠶は、現在では「射」の異体と見なされているが、文字の起源としては別個に作られたものである。

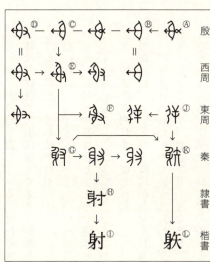

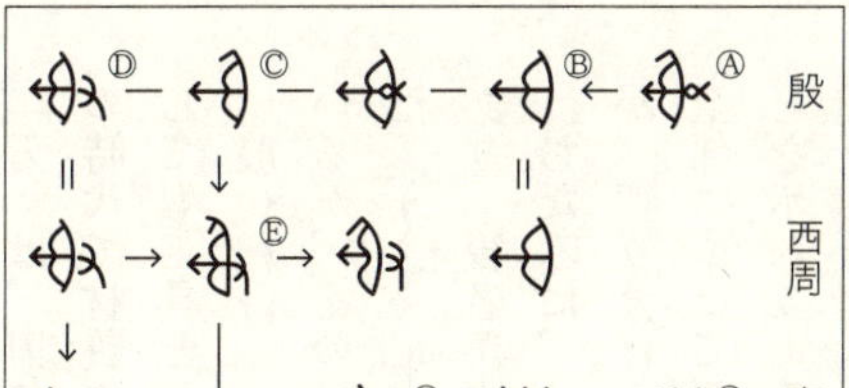

刀

刃物の一般形としての刀

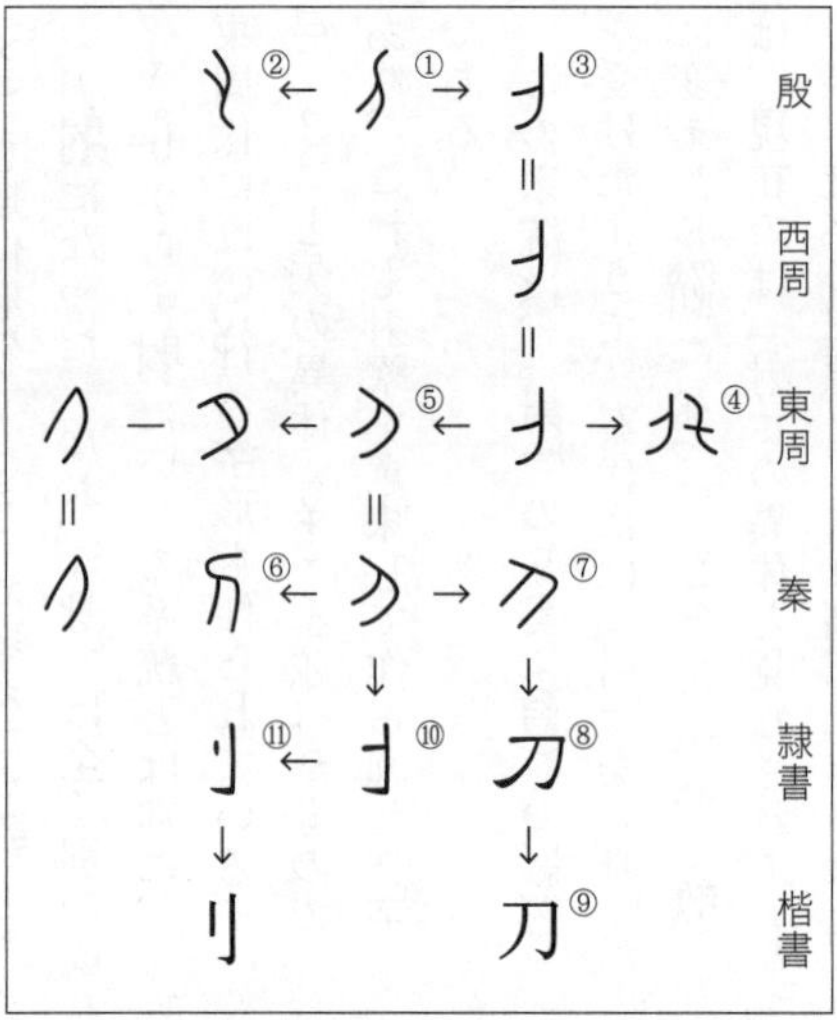

「刀」は、刀の形を表している。それぞれの時代で材質や大小は様々であり、武器としても工具としても使われた。

殷代には、①が最も多く用いられているが、そのほか異体として上下を逆にした②や、上部を直線で表示した③があり、後者が東周代まで使われた。

ちなみに、分（）も殷代から見られるが、切り分けられたものを表す八（）が上部についており、上部が刀の刃であることを示している。下部については刀の柄と鍔《つば》の表現であろう。

東周代は異体が多く、④は刀銭《とうせん》（刀を模した貨幣）に使われた字形である。また形状を変えた⑤などもある。秦代には、⑤をより曲線的にした⑥が篆書とされたが、広く使われたのは直線的な⑦であり、これが隷書の⑧を経て、楷書の⑨になった。

楷書では、「刀」は旁《つくり》になると「刂（りっとう）」の形になることが多いが、「刀」から分かれたのは隷書であり、縦長にした⑩亅から、さらに二画を離して書いた⑪刂が作られた。

武器の歴史という面から見ると、新石器時代には金属器がなかったため、石斧が主に用いられていた。それが王朝の出現時期になると、青銅器の大量生産がはじまり、金属製の刀も作られるようになった。左の図のうち、上が殷代の刀である。もっとも、実際の戦争では、刀は補助的に用いられ、戈《か》（〓）という武器が主力であった。これは長い柄に対して垂直に刃物をつけたものであり、図の下が殷代の戈である。

文字の上でも、「武器」として用いられるのは戈が多く、「戦」や「伐」などに使われている。一方、刀は「刃物の一般形」として用いられることが多く、「解」や「割」などの一部になっている。

そのほか、戦争では前項で述べた弓矢も使われていた。鏃を青銅製にし、また機動力のある馬車（資料中では車馬〔〓〕と呼ばれる）に乗って使うことで、長い射程を有効に利用できたのである。

皿

皿に「水」を加えると益になる

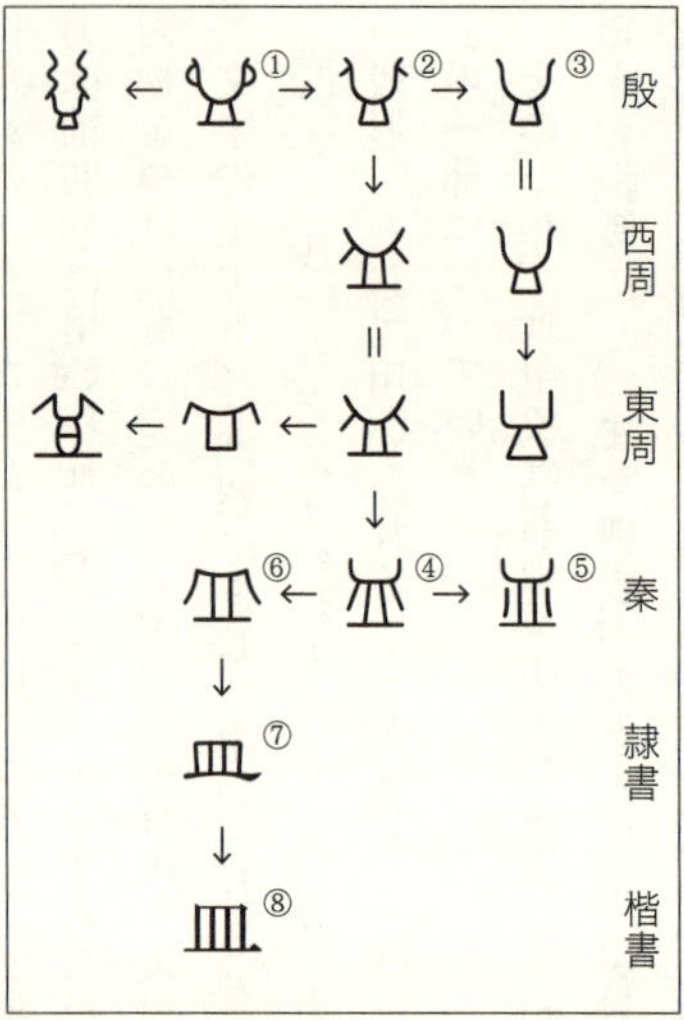

「皿」は、今で言う「さら」ではなく、鉢状の器の形を元にしている。文字としては「液体を入れる器物の一般像」として使われることが多い。鉢は新石器時代から多く作られており、そのため器物の代表とされたのであろう。

殷代の字形のうち、①が最も詳細に器の形を表している。鉢は縁《ふち》の部分が少し厚めに作られることが多く、上部はそれを表現している。また下部には器の脚（高《こう》台《だい》）がある。

殷代には、異体として縁の表現を変えた②や、それを略した③などがある。後代には②の系統が中心となっており、秦代には縁の部分をさらに強調した④の形になっている。秦代に篆書とされたのは縁の部分を切り離した⑤であるが、簡牘文字では主に⑥が使われており、これが隷書の⑦に継承され、楷書の⑧になった。楷書の「皿」の四本の縦線のうち、外側の二本が縁の表現であり、内側の二本が高台に由来する。

「皿」に関連して、「益」の字形表を左に挙げた。殷代のⒶは、皿（）と水滴を表す小点から成り、器物に液体を益《ま》し加える様子を表している。また、皿から皿に液体を移す形のⒷや、皿と水（）から成るⒸなどの異体もある。

西周代〜東周代にはⒶの系統が用いられ、ⒹやⒺなどの形になっている。しかし、秦代にはⒶの系統は使われなくなり、その代わり「皿」に「水」を横に向けた形を加えたⒻなどが用いられた。殷代のⒸに近い構造であり、どのようにして殷代の字形が残ったのか、あるいは新しく作られた字形が偶然に近かっただけなのかは不明であるが、これが隷書のⒼを経て、楷書のⒽになった。

なお、楷書で正字とされるのは上部に「八」を用いたⒾであるが、元は上部が「水」の横向きであるから、むしろ新字体の「益」の方が古い形なのである。

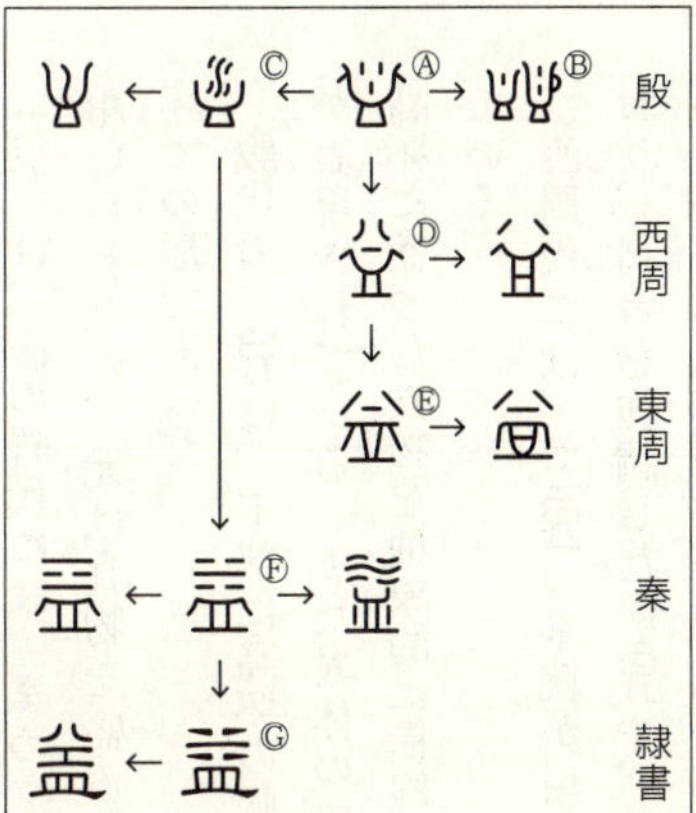

豆

豆は食器の形

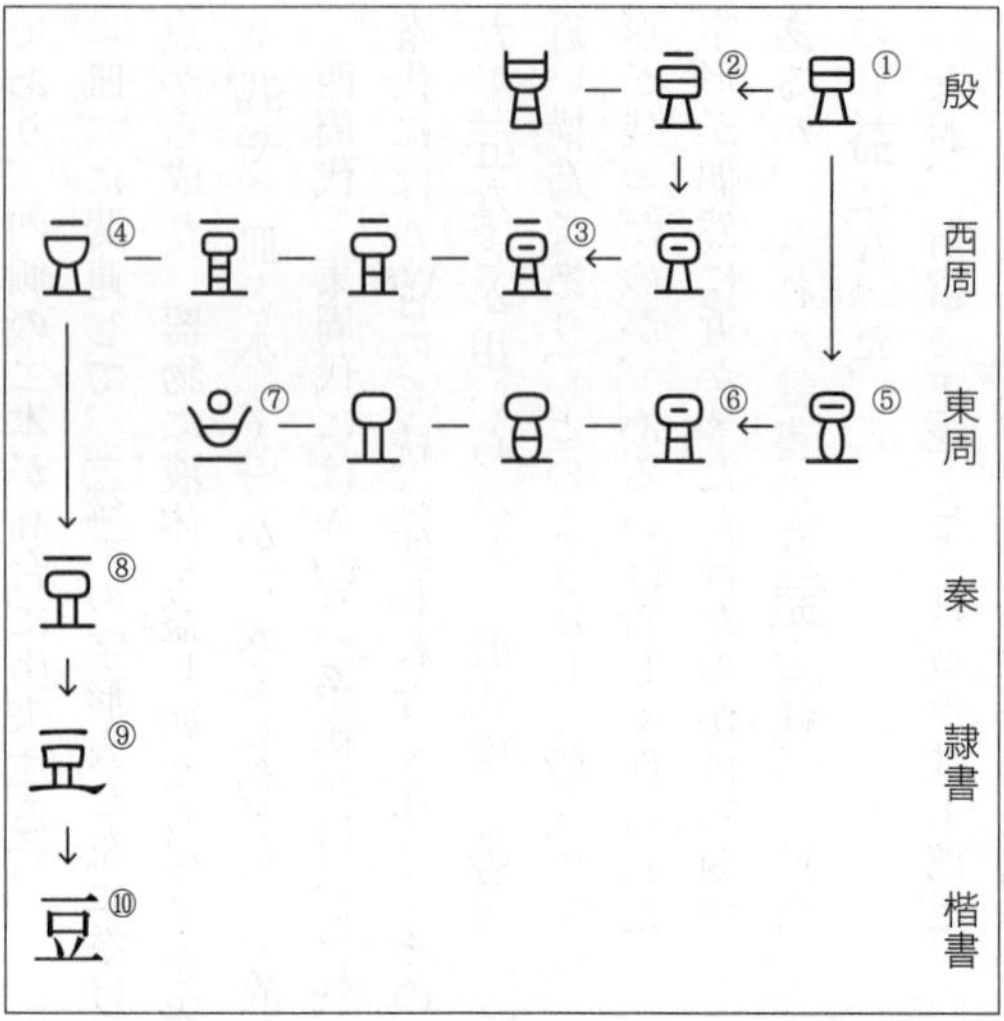

「豆」は、後の時代には「まめ」の意味で用いられたが、元は食物を盛る器の「高《たか》坏《つき》」の形であった。

殷代の①豆は、下部に高坏の脚（高台）が表現されている。また異体の②豆は、高坏に盛った食物を抽象的に横線で表示している。

西周代には、②豆の系統が用いられており、高台を強調した③豆や、器物の模様を省いた④豆などがある。

しかし東周代になると、この系統は使われなくなり、殷代の①豆に近い⑤豆などが用いられている。左に挙げた図は、東周代の豆（高坏）であるが、蓋を取らなければ中の食物が見えないようになっている。あるいは蓋付きの高坏が普及したため、食物を表す線が使われなくなったのかもしれない。そのほか、東周代の異体として高台を強調した⑥豆などがあり、また原型がほとんど分からないほど崩した⑦豆もある。

さらに、面白いことに秦代に篆書とされたのは⑧豆であり、これは西周代の④豆に近い形である。食物を表す線を加えるかどうかで時代ごとに明確な差が出現しており、また二度にわたって古い字形が復活するという、特殊な経緯をたどった文字である。

その後は、篆書の形が維持されており、隷書の⑨豆、そして楷書の⑩豆になった。楷書の「豆」のうち、一画目が食物を表す線であり、二画目以降が高坏の形にあたる。

「豆」に関連する文字は意外に多い。例えば、皀《きゅう》（皀）という文字は、高坏（豆）に食物を山盛りにした様子を表していた（字形は殷代）。そして「即」の左側は皀が変形したものであり、食事の席に即《つ》くことを表している。

また、食（食）は「皀」に蓋をした形をしており、食事の様子である。「豆」「皀」「食」は楷書では下部が変化しているが、元はすべて高坏の形であった。

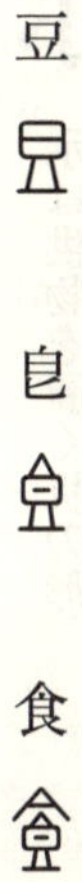

示

示は供物を置く机の形

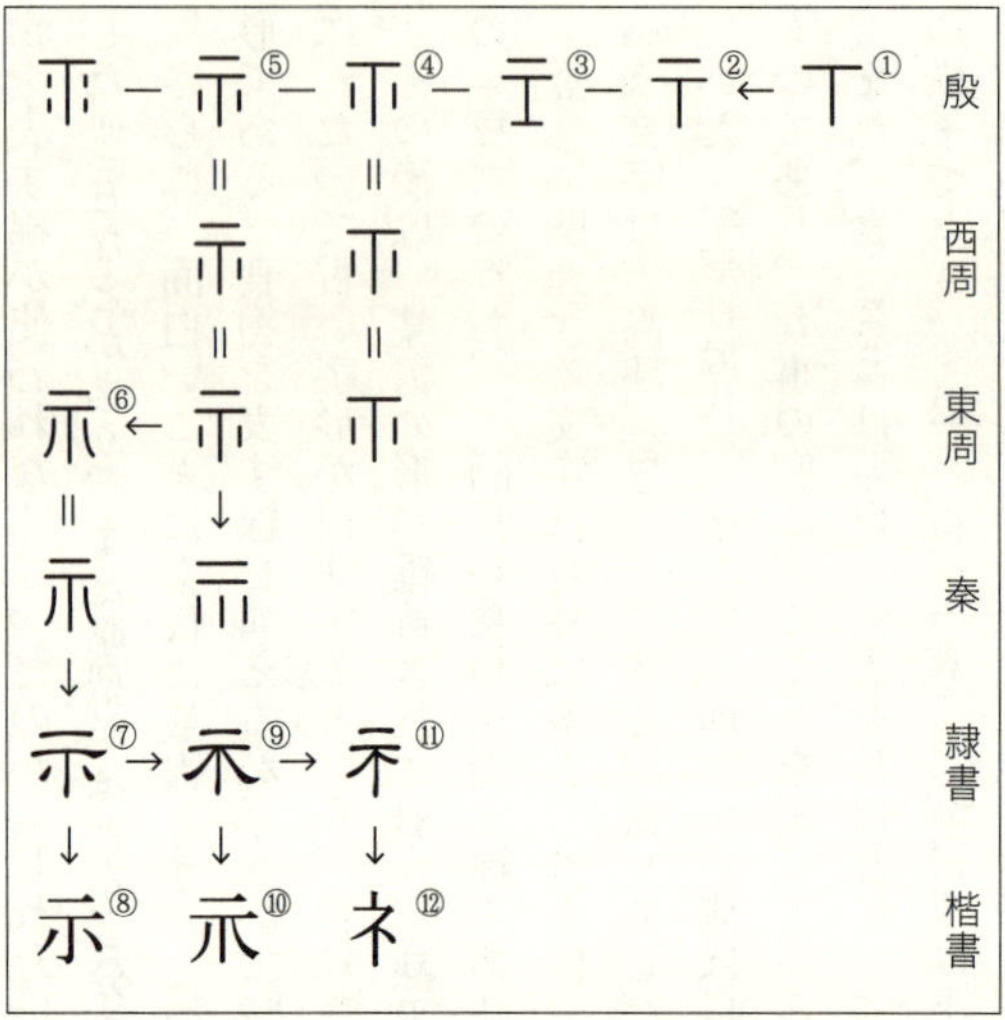

「示」は、後代には「しめす」の意味で用いられたが、元は神を祭るための机の形であった。

殷代のうち、①丅が最も基本的な形であり、脚が一本の机を横から見た状態を表している。また異体の②亍や③工は、神への供物を机の上に置いた状態を表しており、供物は抽象的に横線で表示されている。

異体のうち、④丌や⑤示などは下部に点が加えられており、机に注がれた酒の滴《しずく》と言われる（祭肉からしたたる血液とする説もある）。

西周代以降に継承されたのは、④丌と⑤示であり、いずれも東周代まで使われた。また東周代には⑤示から派生して、下部の点を少し長くした⑥示が作られ、これが秦代の篆書に採用された。その後、隷書の⑦示を経て、楷書の⑧示になった。楷書の「示」のうち、一画目は供物を表す線、二・三画目が机の形、四・五画目は酒滴（または血液）である。

隷書には他にも異体があり、⑨示は下部の点を払いにした形である。これを継承したのが楷書の⑩示であり、清代に作られた『康熙字典《こうきじてん》』はこれを正字とするが、成り立ちから考えれば「示」の方が原型に近い。

楷書では、「示」が偏になると「ネ（しめすへん）」になるが、原型は隷書の⑪示であり、偏の部分で⑨示が縦長に書かれたものである。さらに、その二画目と四画目をつないだのが楷書の⑫ネである。「ネ」は、意味としては「示」と同じであるが、本来の机の形を崩した状態になっている。

ここで述べたように、「示」は神を祭る机の形であった。そのため、神や祭祀に関係する文字の部首になっており、「神」や「祭」「祀」のほか、「祝」「福」「礼」など多くの文字に使われている。

少し意外なところでは、「奈」も祭祀に関係している。元は祭祀用の木材（木）を机（丅）の上に置いて神を祭る儀式を表した柰《な》（柰）という文字であったが、「木」を「大」に変えた形が作られ、「奈」になったのである（柰も楷書に残っている）。

衣

襟で衣服を表した

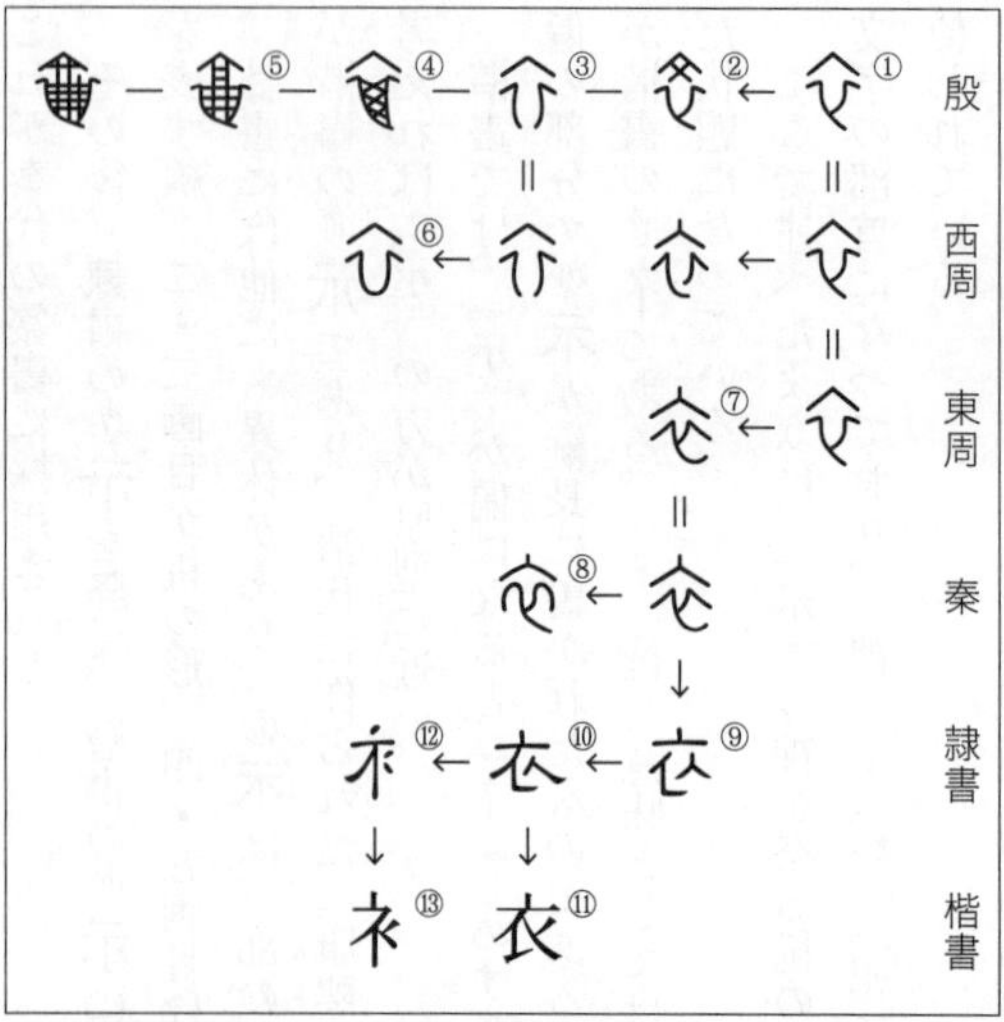

「衣」は衣服の襟の形を元にしている。

殷代には①が基本的な形で、上部が奥襟であり、下部が襟元を合わせた様子を表している。

殷代には、異体として奥襟の形を変えた②や、襟元を左右対称にした③がある。また④や⑤などは、おそらく衣服の布の織り目を表している。

このうち、③は西周代にも継承され、異体の⑥も作られたが、それ以降には残っていない。

東周代以降に残ったのは、①の系統であり、異体の⑦は秦代まで使われた。秦代に篆書とされたのは曲線を多用した⑧であるが、後代に継承されたのは⑦のようであり、隷書では直線的な⑨が作られている。

⑨衣の段階で、すでに襟の形がかなり崩れているが、⑩衣では左右の払いが強調されており、さらに印象の異なる形になっている。これを継承したのが楷書の⑪衣であり、成り立ちから言えば、一・二画目が奥襟、三画目以降が襟元の部分にあたるが、元は襟の形であったことが分かりにくくなっている。

「衣」は、楷書で部首として使われた場合、位置によって形が変化する。「装」や「裳」など、下につく場合はそのままであるが、「補」や「複」など、偏になる場合には「衤（ころもへん）」の形になる。これは隷書で偏として縦長に書かれた⑫衤が起源であり、この段階ですでに最終画が点になるなどの変形をしている。そして楷書の⑬衤では、二画目と三画目をつないでおり、衣服の襟の形はもとより、「衣」の形からも大きく変化している。

「衤」は、前項で見た「礻」と形は近いが、成り立ちは全く異なっている。それどころか、隷書でも「示」と「衣」であり、形は似ていない。縦長に書いてはじめて類似したのであって、偶然の一致と言うしかないのである。

そのほか、「衣」は部首として上下に分割されることもあり、「裏」や「哀」などに使われている。これは衣の古い形（衣）が中央にスペースがあるため、ほかの部分をそのスペースに入れやすかったことが原因である。

工

鑿の形が工人を象徴

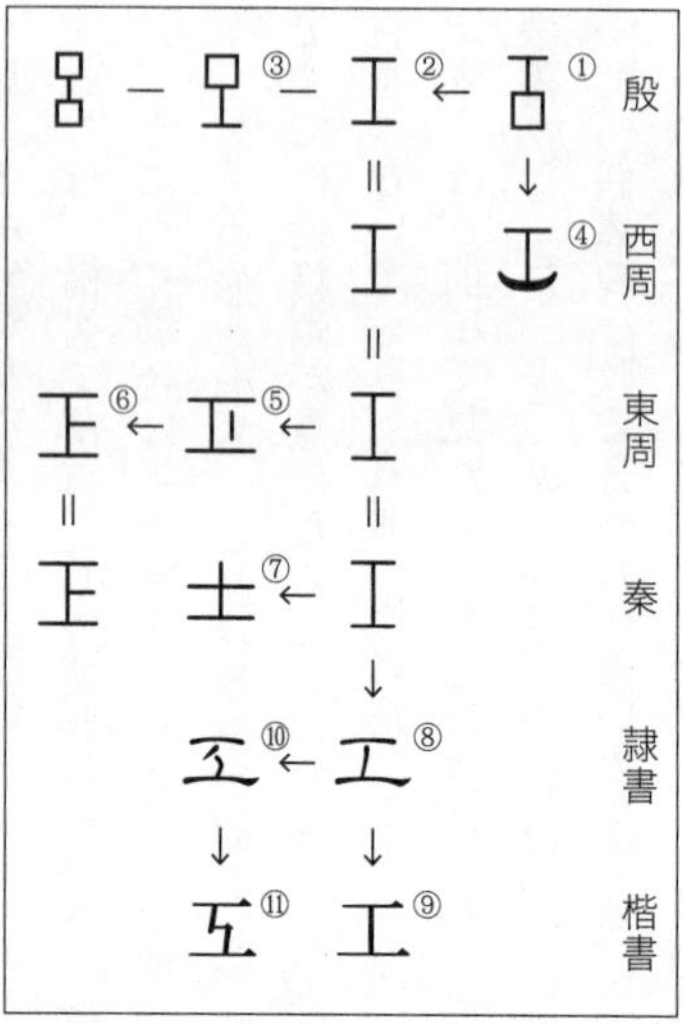

「工」については、「斧の形」や「差《さ》し金《がね》の形」など、成り立ちに諸説がある。

殷代のうち①〓が基本形であり、上部がT字形、下部が長方形になっている。

そして、この文字の成り立ちを明らかにできるのが「攻」であり、殷代の字形は「〓」や「〓」などであった。これは、槌《つち》を持った手（〓）で「〓」を叩く様子を表しており、ここから工（〓）が鑿《のみ》の形であると推定できる。つまり、下部の長方形が鑿の刃先、上部のT字形が鑿の柄である。

ちなみに、「攻」の意味について、「せめる」は後代に出現したものであり、原初の意味は「つくる」であった。

①〓の略体として②工があるが、左（〓）（↓87頁）は、後に「工」を加えた「〓」の形になっており、これも「工」が左手に持つ鑿の形であることを示している。

そのほか殷代の異体には、上下を逆にした③〓などもあり、また西周代には、刃先を曲線にした④工もあるが、長く使われたのは略体の②工である。

その後、東周代には線を加えた⑤工や⑥工があり、同じく秦代にも⑦工があるが、その意味は不明である。あるいは成り立ちを別の工具と間違えたのかもしれない。また、これらの字形も後代に残っていない。

最終的に楷書に継承されたのは②工であり、隷書で⑧工、楷書で⑨工となった。また、隷書には縦画を二つに分けた⑩工があり、楷書では⑪工の形になっている。この形は一般的ではないものの、今でも社名や校名のロゴなどに使われている。

「工」は鑿の形から転じて工人（職人）の意味でも用いられており、殷代には、王の配下の職人集団が「多工《たこう》」や「百工《ひゃっこう》」などと呼ばれた。鑿が職人を象徴するものと考えられたのである。

ここに挙げた図は、殷代の遺跡から出土した鑿の刃である。下部が刃先であり、上部は柄を取り付けられるように中空構造になっている。

中　軍隊の中央の旗

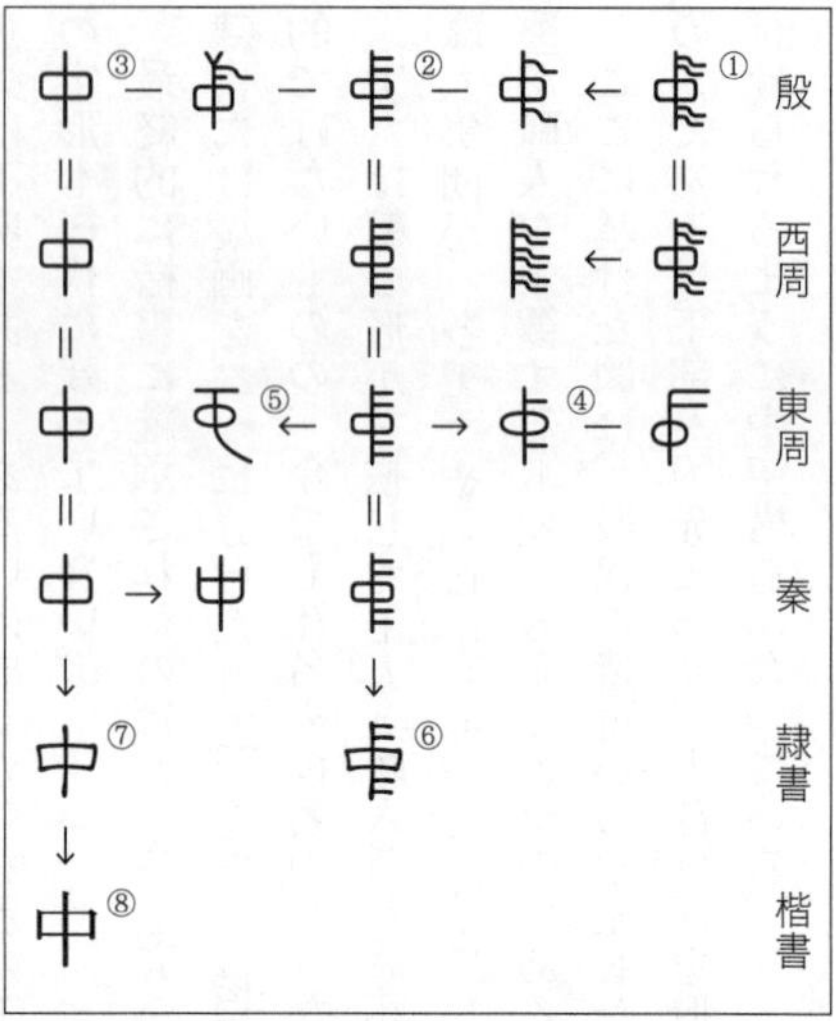

「中」は、旗の表現が起源になっており、殷代の①は、上下に旗の吹き流しが加えられている。

どのような用途の旗であったかについては、確実な資料はないが、殷代には「」に「軍隊の中央の部隊」という用法があるので、軍事的に使われ、軍隊の中央に立てられたと考えられる。

殷代の異体には、吹き流しの形を変えた②などのほか、吹き流しを完全に省いた③中がある。

後代に長く使われたのは②と③中の系統である。前者は東周代に④や⑤などの異体も作られたが、隷書の⑥で途絶えており、楷書では使われていない。一方、③中の系統は、ほぼ同じ形が継承され、隷書の⑦中、そして楷書の⑧中になった。楷書の「中」のうち、四画目が旗竿である。

第五章　意外な親戚、「同源字」

水

水は川の流れを表していた

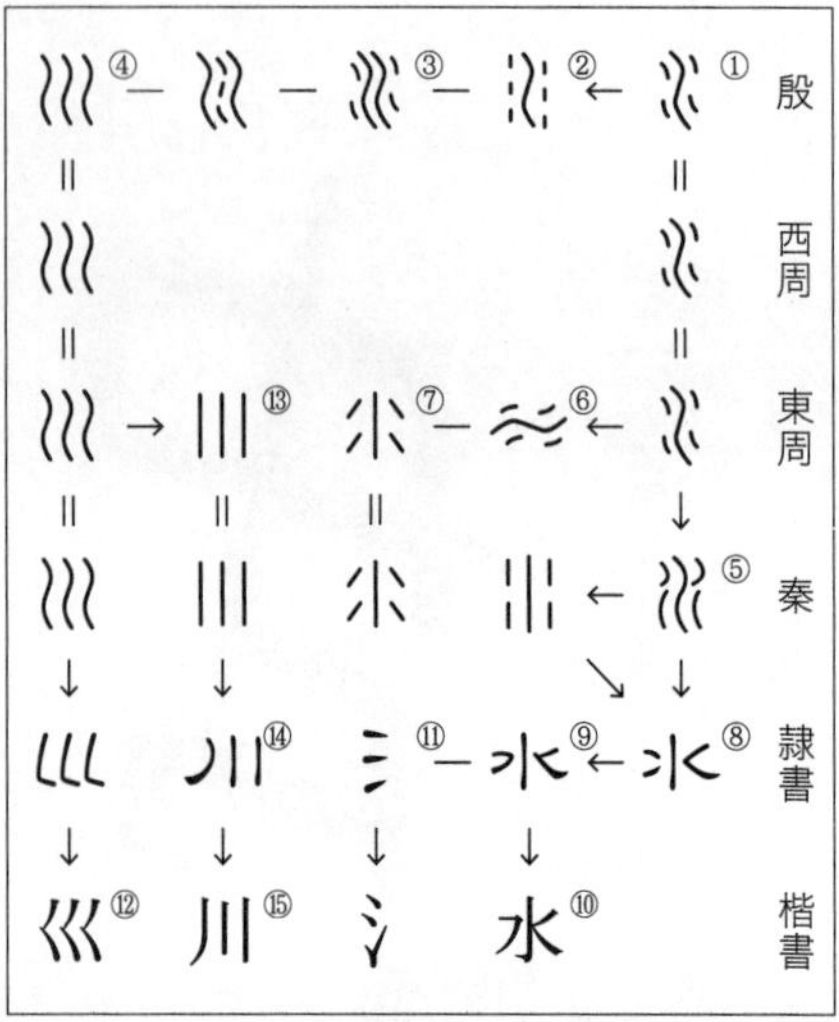

本章以降では、より複雑な経緯をたどった文字を紹介する。

第五章では、起源が同じであるものの、意味や用法によって形が分かれていった複数の文字を取り上げる。こうした文字（文字群）を「同源字《どうげんじ》」と呼ぶが、楷書では字形が大きく異なっている場合もあり、意外な関係であることも少なくない。

まずは「水」と「川」を取り上げるが、「水」も、元々は川の流れを表す文字だったのである。

殷代に最も多く見られるのは①であり、長い曲線が川を表し、小点は水滴を表現している。殷代には「みず」の意味で「」を用いる例は少なく、「かわ」としての用法が主であった。

殷代には曲線と小点の数を変えた異体が多くあり、小点を増やした②や、曲線を二本にした③巛などがある。そして、曲線だけで構成された④巛が「川」の基礎になっている。

水（巛）の系統は、後に「みず」として主に使われたが、「かわ」の意味も残っており、歴代の中国で河川を指して用いられた。さらに、古代には河川の名が水（氵）を部首とする一文字で表示されており、本来は「河」は黄河、「江」は長江を指す固有名詞であった。

字形としての「水」については、①巛の形が長く使われ、秦代の篆書の⑤巛に継承された。また、東周代には異体として⑥や⑦小が作られている。隷書の⑧氺は、⑤巛に近いものの、縦画については直線的になっている。さらに変形して⑨氺となり、楷書の⑩水になった。楷書の「水」は、一画目が川を表す曲線に由来し、そのほかは水滴にあたる。

また、「水」は楷書では偏になると「氵（さんずい）」の形になるが、これは隷書で大幅に簡略化された⑪氵に起源がある。

字形としての「川」については、④巛が秦代まで継承され、さらに楷書では⑫巛《せん》になっている。ただし、東周代には異体として⑬川も作られており、これが隷書の⑭川を経て、楷書の⑮川になった。

現在では、「巛」の形は単独では使われないが、古くに作られた文字では「巡」や「災」のように「巛」を使ったものも多く、漢和辞典の部首分類では「川」ではなく「巛」が用いられる。

小

小と少は長く通用した

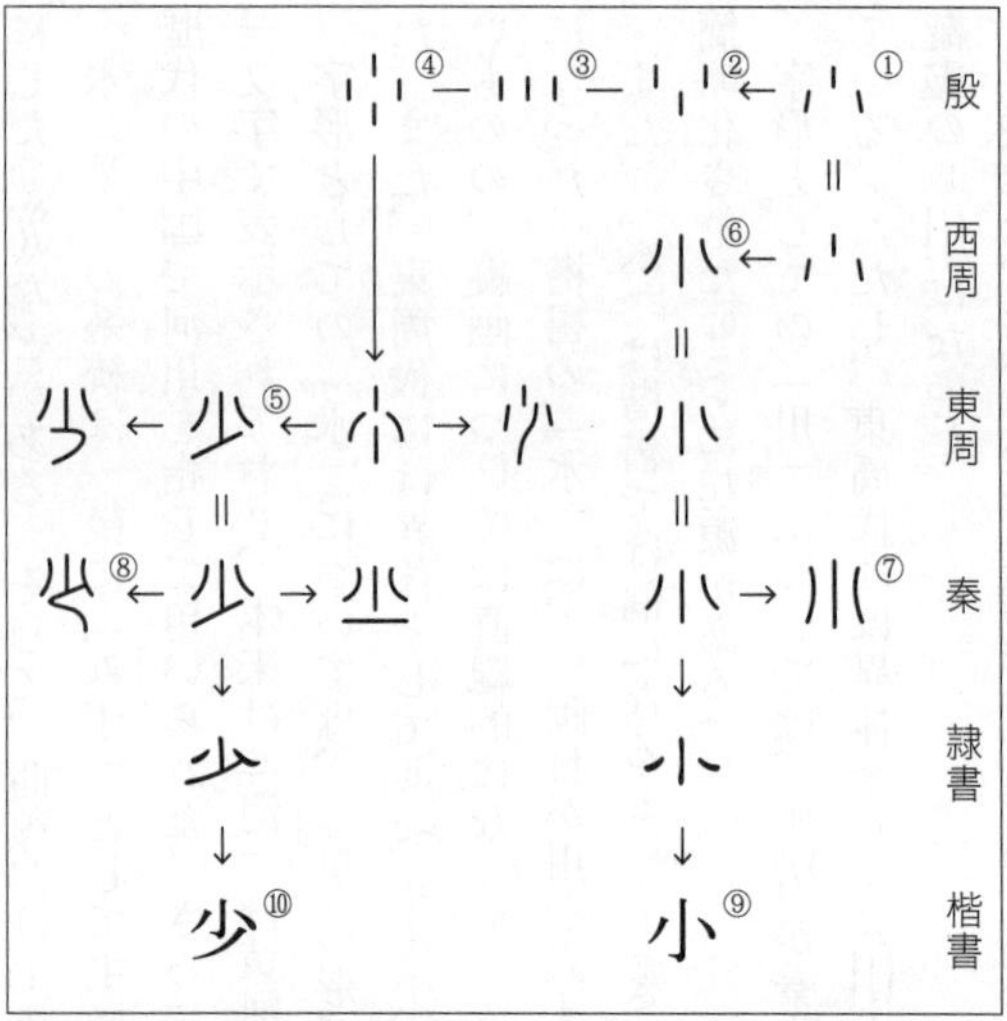

「小」と「少」も同源字である。殷代には①が最も多く使われており、小点を三つ用いた形であった。

小点は、漢字の体系において、例えば水（）では水滴を表し、火（）では火の粉を表すように、特定の物体ではなく、小さなものを表す一般記号として使われる。つまり、小（）は抽象的に「ちいさなもの」を表した文字なのである。

殷代には異体として点の配列を変えた②や③のほか、点を四つにした④がある。④は後に「少」へと分かれていくのだが、殷代には明確な違いはなく、どの字形も「ちいさい」と「すくない」の両方の意味で用いられていた。

そして東周代においても完全には分離し

ておらず、④小の系統の⑤少などが「ちいさい」の意味で使われた例もある。使い分けが進んだのは秦代ごろであり、①小の系統で三画で書かれた⑥小などが「ちいさい」に限定して用いられ、また四画の⑤少などが「すくない」として使用された。

秦代には、篆書とされたのは⑦小と⑧少であるが、後代には⑥小と⑤少が継承され、楷書の⑨小と⑩少になった。前述のように、一画多い「少」が④小に由来する。

ところで、同源字には大きく分けて二種類があり、ひとつは言葉としても起源が同じものであり、もうひとつは言葉の起源が異なるものである。両者の判別は、学術的な方法では、推定される古代中国の発音から判断するのであるが、古代の発音は、若干の変化をしつつも後の時代に受け継がれ、さらに仏典や遣唐使などを通して日本の音読みとして採用された。そのため、ある程度は音読みからも判断できるのである。

本項で取り上げた「小」と「少」は、音読みがどちらも「ショウ」であり、東周代ごろにも非常に近い発音だったと推定されている。つまり、言葉（発音）として「小」と「少」は同じ起源であったが、後に使い分けられ、また文字も分かれたのである。

一方、前項で述べた「水」と「川」は、音読みでは「スイ」と「セン」であり、古代中国でも発音が異なっていたと考えられている。こうした場合には、より複雑な経緯をたどっていることが多い（紙面の都合により次項で述べる）。

単

単と干は武器の形

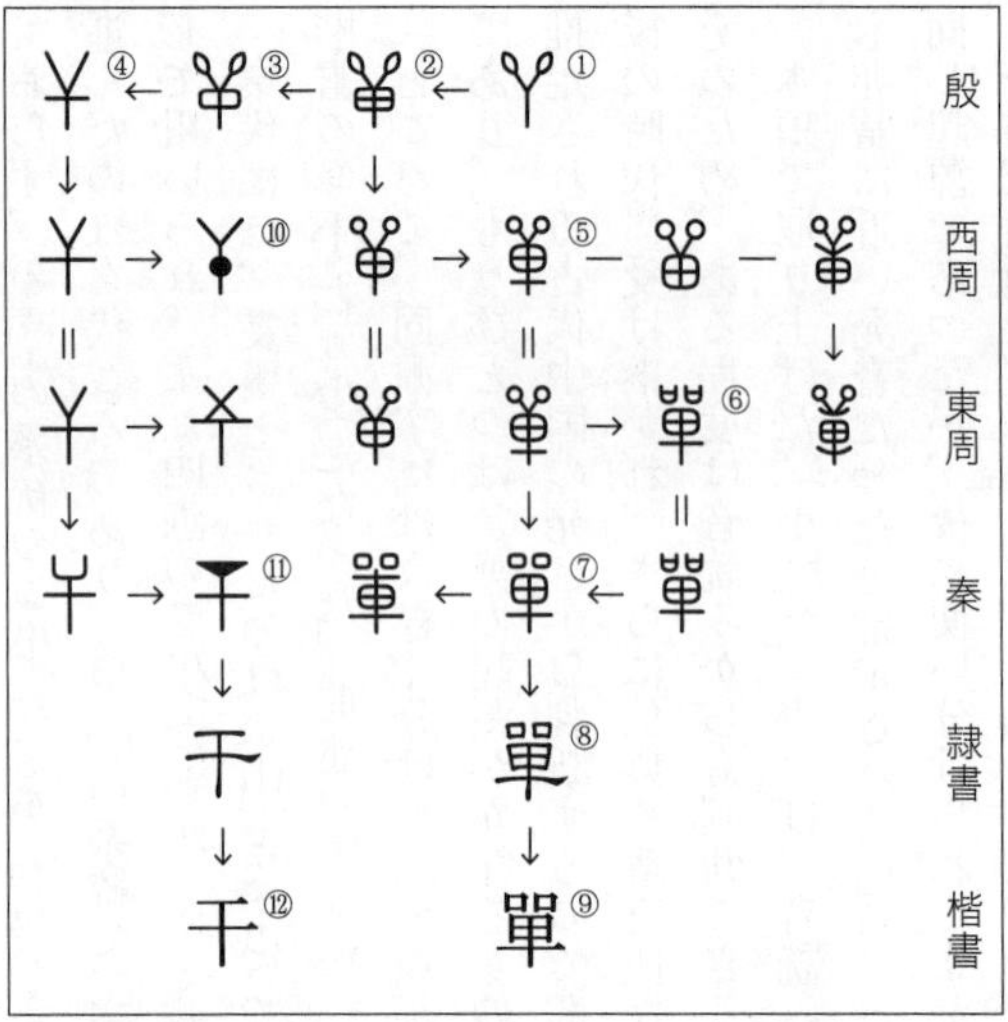

「単」は二股に分かれた武器の形であり、刺股《さすまた》のようなものを表している。

殷代の①が基本の形であり、上部に二股の状態が表現されている。異体字の②では楯《たて》の形の毌《かん》（由）が組み合わされており、③や④はその略体である。

略体のうち④の系統については、後に「干」として分かれたが、追加された毌（楯）の意味で使われるようになっており、「干戈《かんか》を交《まじ》える」と言った場合には、武器ではなく楯の意味である。

一方、②を継承した「単」の系統についても、本来の武器の意味ではなく、当て字の用法で「単一」や「単独」の意味で使われるようになった。

字形について、「単」の系統には多くの

異体があり、西周代~東周代には⑤單や⑥單などが見られる。秦代には上部を口（曰）の形にした⑥單が篆書とされたが、上部を⑤單に近い形にした⑦單も併用されており、これが隷書の⑧單を経て、楷書（旧字体）の⑨單になった。

新字体の「単」については、上部が「ツ」の形であるが、これを使った文字は、桜（櫻）、学（學）、労（勞）など、かなり変則的であり、歴史的な連続性がないものが多い。

「干」の系統にも⑩Ｙなどの異体があるが、元の④Ｙに近い形が長く継承された。その後、秦代に上部を変形した⑪干が作られ、これが楷書の⑫干になった。楷書では「単」と「干」は大きく異なっており、原初から共有されたのは刺股の柄にあたる縦画だけである。

なお、「単」と「干」は、現在では発音が異なるが、元はどちらも武器に楯を合わせた形であり、発音も同じだったはずである。しかし、「干《かん》」が毌《かん》（楯）の意味で使われたため、発音も分かれた。このように、同源字であっても別の言葉を表す文字として転用された場合には、字形だけではなく発音も変化する。

先に取り上げた水（氵）と川（巛）についても、本来はいずれも川の流れを表す文字であるから、発音の違いはなかったと考えられる。しかし、「水」が「みず」の意味に転用された結果、発音の上でも「みず」を表す言葉として使われ、「川」とは字形だけではなく発音も異なることになったのである。

月

月が夕（夜間）の象徴

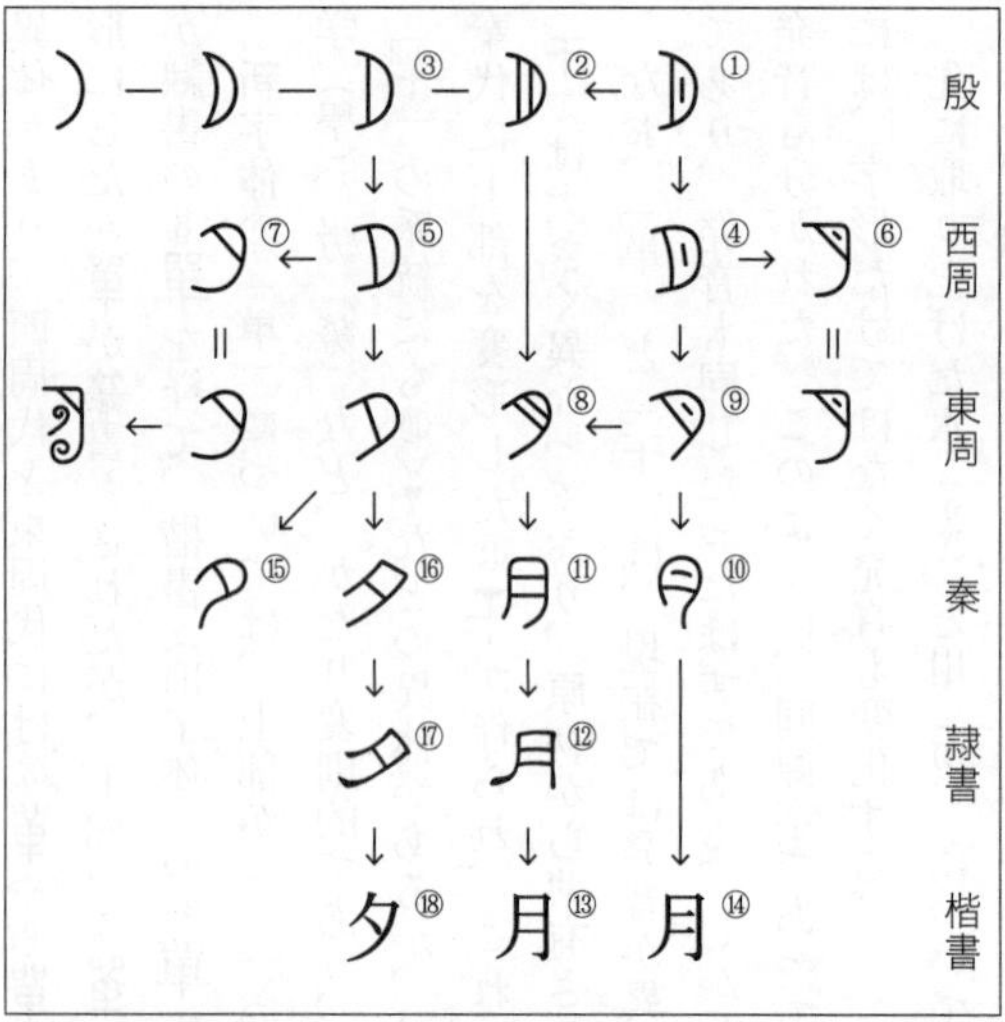

「月」は月の形であり、欠けた半月を表現している。

殷代の①には、日（）（↓58頁）と同様に小点が加えられているが、月の模様の表現か、あるいは中身があることを示す記号かは明らかではない。

殷代の異体には、小点を線にした②のほか、小点を省いた③などがある。

後に「」の系統が「月」となり、一画少ない「」の系統が「夕」になったが、殷代には明確な使い分けが見られず、むしろ比率としては、「」が「夕」の意味で多く使われる時期もあった。

なお、「夕」は後に日暮れの時間帯を指して用いられたが、古くは夜間を指す文字であった。

その後、西周代になると、若干の例外はあるものの、④などが月の意味、⑤などが夕の意味として使い分けられるようになった。異体字として、西周代には月の輪郭を変形した⑥や⑦がある。また東周代の⑧は、⑨の形を元にしつつ、殷代の②の表現方法を採用している。

「月」の系統について、秦代に篆書とされたのは⑨に近い⑩であるが、簡牘文字では⑧に近い⑪月が主に使われており、これが隷書の⑫月を経て、楷書の⑬月になった。楷書の「月」のうち、三画目が加えられた小点にあたる。なお、楷書では篆書の⑩を模倣した⑭月が正字とされており、横画の右端を少し離して書いたものである。

「夕」の系統についても、篆書とされたのは⑮であるが、簡牘文字では直線的な⑯夕が主に使われており、これが隷書の⑰夕を経て、楷書の⑱夕となった。

本項で取り上げた「月」と「夕」も、「水」と「川」などと同様に音読みが異なっており、字形としては同源であるが、言葉としては起源が異なるものであった。本来は「つき」を意味していた「」や「」の形を、夜間を象徴するものとして別の言葉（「夕」の意味）に転用したのである。そして、後に「」の系統が「夕（夜間）」の意味に限定して用いられるようになり、さらに「夕方」の意味に転じたという経緯である。

女

母の形に女が含まれている

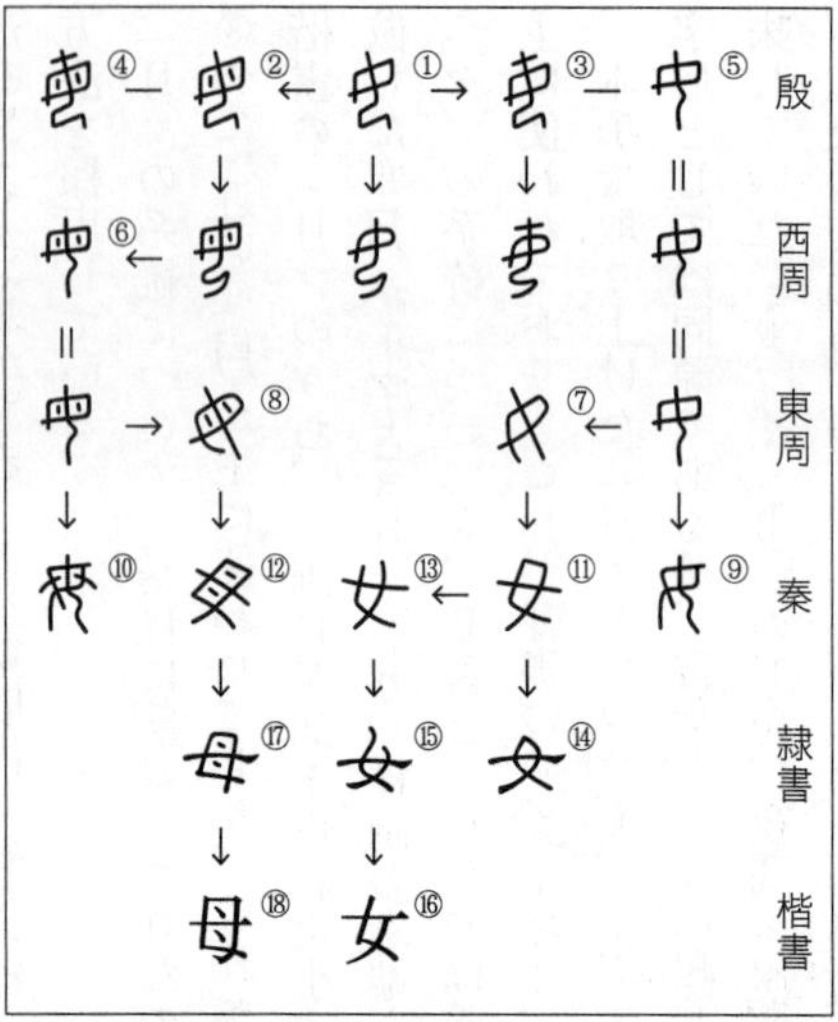

「女」と「母」も、字形の起源を同じくする文字であり、いずれも女性の姿を表している。

殷代の①が基本形であり、正座した女性が両手を前でそろえている様子である。左下に膝、右下に足首がある。殷代には異体として二つの点を加えた②があり、これは女性の乳房を表現したものと考えられている。

後に点がないものが「女」、あるものが「母」として分かれたが、殷代や西周代の資料では明確には使い分けられておらず、「女」か「母」かは文脈から判断する必要がある。その後、東周代以降に意味上での使い分けが進んだ。

字形として見た場合、「女」の系統と「母」の系統は、秦代までは共通の変化をしている。

まず殷代には、女性が簪《かんざし》を挿した異体が両系統にあり、それぞれ③と④である（上部の横線が簪）。また、殷代の「女」の系統には、女性が立った姿を表した⑤があり、「母」の系統でも、やや遅れて西周代に⑥が出現する。これらが後代に継承された。

東周代には、いずれも向きを斜めにした異体があり、「女」の系統は⑦、「母」の系統は⑧である。秦代には、篆書として採用されたのは立った姿を継承した⑨と⑩であるが、簡牘文字などでは⑦と⑧をさらに傾けた⑪と⑫が主に使われた。

ここまでは同じような形が維持されたが、秦代には「女」の系統にのみ、もう一段階の変化があった。それが⑬であり、⑪の上部を切り離した形になっている。そして、両者が隷書に継承され、⑪は⑭に、⑬は⑮になったが、後者のみが楷書の⑯に残った。一方、「母」については、⑫が隷書の⑰を経て楷書の⑱になっている。

このように、「女」と「母」の違いは、二つの点の有無を除けば、秦代のたった一回の変化によるものなのである。楷書は字形の印象が大きく異なるため、一見しただけでは分かりにくいが、よく見ると「母」の形には「女」が含まれている（章扉にも表示した）。

なお、楷書の「母」は小点が乳房であり、横線が身体を表す線で、左側が頭部にあたる。この本の左を下にして⑥を見ると、すでに楷書の「母」に近いことが分かるだろう。

土

土地の神を祭るのが社

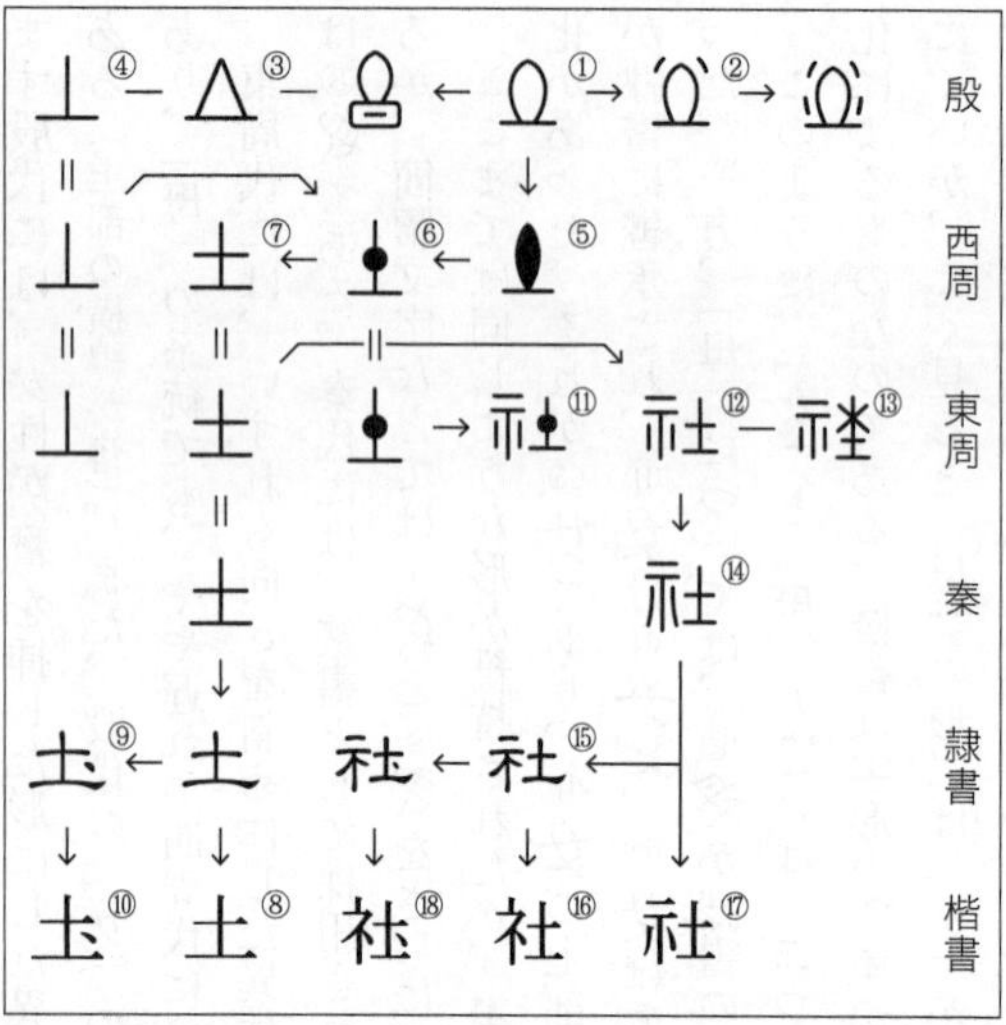

「土」は土盛りの形であり、その同源字に「社」がある。

殷代には①が基本的な形であるが、下部の横線が地面であり、そこに土を盛り上げた様子を表している。この文字は、「つち」や「土盛り」の意味以外にも、「土地」や「土地の神」としても用いられた。

殷代の異体には小点を加えた②などがあり、土砂の表現と思われるが、何らかの祭祀儀礼の様子かもしれない。また略体として③△や④⊥がある。

このうち、西周代には④⊥が継承され、また①の系統として⑤が見られる。この両者を折衷したと思われるのが⑥であり、「⊥」に小円が付されている。さらに小円を横線に変えたのが⑦土である。

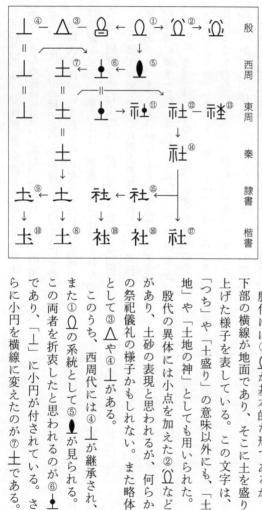

いずれの系統も東周代に継承されたが、秦代に残ったのは⑦土であり、ほぼ同じ形が楷書の⑧土になっている。

　そのほか隷書では、「士《し》」との区別のためであろうが、小点を付した⑨圡が作られており、楷書にも⑩圡として残っている。

　以上は「つち」や「土地」などの用法であるが、「土地の神」の意味については、西周代にさらに転じて「土地の神を祭る施設」としても使用された。この用法の場合には、東周代において、⑥土や⑦土に示（示）を加えた⑪社や⑫社が作られた。「示」（↓112頁）は神を祭る机の形であり、神や祭祀に関係することを表す部首として使われる。そのほか東周代には、さらに木（木）を加えた⑬社もあるが、後代には残っていない。

　秦代には⑫社を継承した⑭社が篆書とされた。また隷書では、示（示）をネ（ネ）（しめすへん）にした⑮社が用いられ、それが楷書の⑯社になっている。楷書では、篆書を模倣した⑰社が正字とされるが、歴史的に見れば隷書で作られた「社」も伝統のある形と言えるだろう。そのほか、異体の「圡」を使った⑱社も作られている。

　発音について、「土《ど》」と「社《しゃ》」は現在の音読みでは離れているが、「土」は東周代ごろには「社」に近い発音だったと推定されている。つまり、「つち」も「土地の神を祭る施設」も同じ言葉から派生した可能性が高いのであり、文化の発達に伴う語彙《ごい》の増加の一例である。

申

申は電光の形からの誤字だった

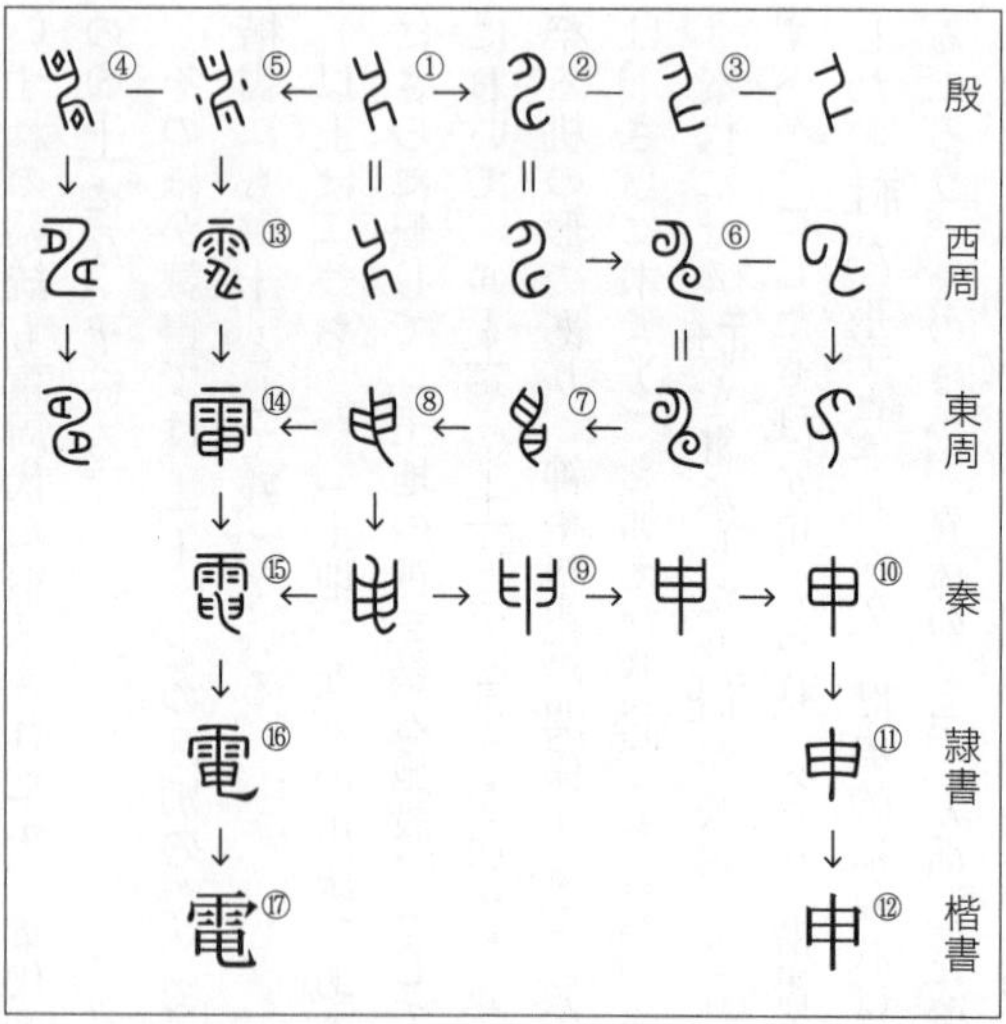

「申」と「電」も同源の文字であり、形としては「申」が原型であるが、元の意味を表しているのは「電」の方である。

殷代の基本形は①であり、これは「電光」すなわち稲妻の形を表している。稲妻は曲がったり枝分かれしながら落ちるので、その形を文字にしたのである。

殷代の異体字には、電光の形を変えた②や③などもあるが、これらは十二支の九番目の「申」として使用されており、電光の意味では使われていない。

殷代に電光の意味で使われたのは④や⑤である。④は①に電光の輝きを表す菱形の記号を加えている。⑤については、菱形ではなく小点を加えているが、これも輝きを表しているのか、それとも降雨を表す水滴かは不明である。この系統が後に「電」へと分かれた。

まず「申」の系統であるが、西周代には曲線の多い形が主に使われており、②のほかに⑥などがある。そして東周代になると、⑥から⑦が派生して作られた。これは、電光の枝分かれした部分を両手の形の臼《きょく》（　）に変えたものであるが、電光と両手の形には意味でも発音でも関連がないので、明らかに誤字である。しかし、この誤字が定着し、異体字の⑧などが作られた。

秦代にも臼を用いた形が継承されており、篆書の⑨も縦線と臼から成る形である。秦代にはさらに変化があり、縦線と臼が混じり合うことで、最終的に⑩申の形になった。これが隷書の⑪申を経て、楷書の⑫申になったのである。楷書の「申」は、現在では「田」の部首とされるが、「田（田）」は元々は耕作地の形であり、成り立ちは全く異なる。

一方、「電」の系統については、西周代に⑤の小点を天候に関係することを表す部首の「雨（　）」に変えることで⑬が作られた。さらに、前述した誤字の「申（　）」の影響を受けて東周代には⑭の形になっている。

ただし秦代の篆書では、申が⑨の形であるのに対して、電は⑮であり、下部が曲線を使った形になっている。これが隷書の⑯電を経て、楷書の⑰電に継承された。楷書の「電」は下部が「申」とは少し違う形であるが、これは篆書の形状の違いに由来する。

来

来と麦とは別の道

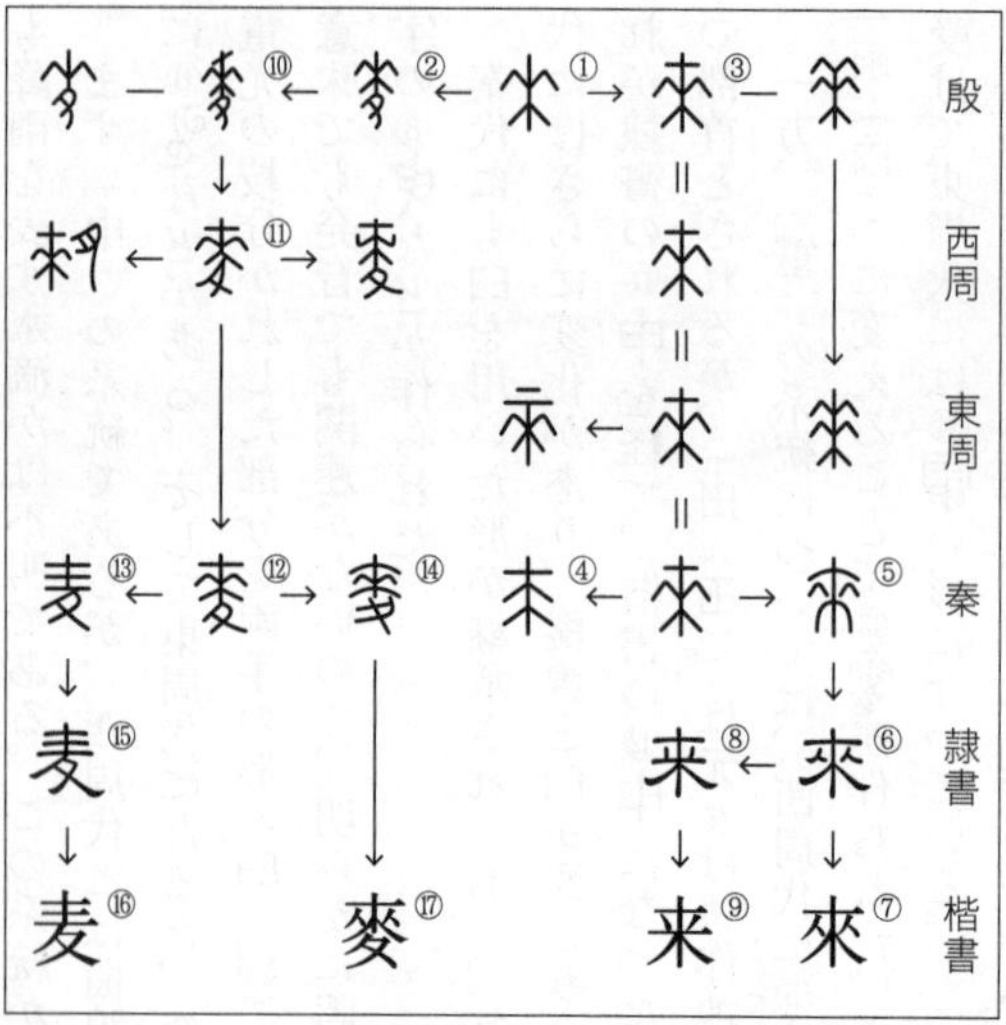

「来」は、元々は麦の形であった。

殷代の①が基本形であり、下部が麦の根を表している。上部の曲線については、麦の芒《のぎ》とする説もあるが、芒は一般に曲がっていないので、曲線が麦の葉であり、縦画の上部が麦の穂と考えられる。

しかし、「」は当て字で「くる」などの意味に用いられ、元の麦の意味では使われなくなった。そこで麦の意味としては、あらためて下部に夂《ち》（）を加えた②が作られたのである。

夂（）は、足の形の止（）（→88頁）の上下逆向きであるが、「むぎ」の意味にどのように作用しているのかは、諸説あって明らかではない。「麦踏みの様子」や「麦の根が深いことの表現」、あるいは「麦が天からの授かりものであることの表示」など、研究者の間でも見解が一致していないのである。いずれにせよ、結果として「來」と「夊」を組み合わせた形が「むぎ」を表す文字として定着した。

まず「来」の系統について、異体に穂を強調した③來があり、これが長く使われた。秦代には、簡牘文字では略体の④来が主に使われたが、篆書は装飾性を増した⑤來に定められた。そして篆書の⑤來が後代に継承され、隷書の⑥來を経て、旧字体の⑦來になった。隷書では、やや略した⑧来も作られており、こちらが新字体の⑨来になっている。

一方、「麦」の系統についても、「来」と同様に穂を強調した異体の⑩麥があり、これが西周代の⑪麥を経て、秦代の⑫麦となった。そして、秦代に簡牘文字として使われたのは略体の⑬麦であり、装飾性の強い⑭麥が篆書とされた。ここまでは「来」と同様の経緯であるが、「麦」の系統については簡牘文字の⑬麦が隷書に継承されて⑮麦となり、そして楷書の⑯麦になった。「来」とは別の道をたどったのである。

このように、「来」は篆書系、「麦」は簡牘文字系であるため、大きく字形が異なる結果になった。ただし、楷書では篆書の⑭麥を模倣した⑰麥も作られており、こちらが正字とされる。正字については、「來」と「麥」がいずれも篆書系であるため、同じ形を使った字形になっている。

自

自は鼻の形

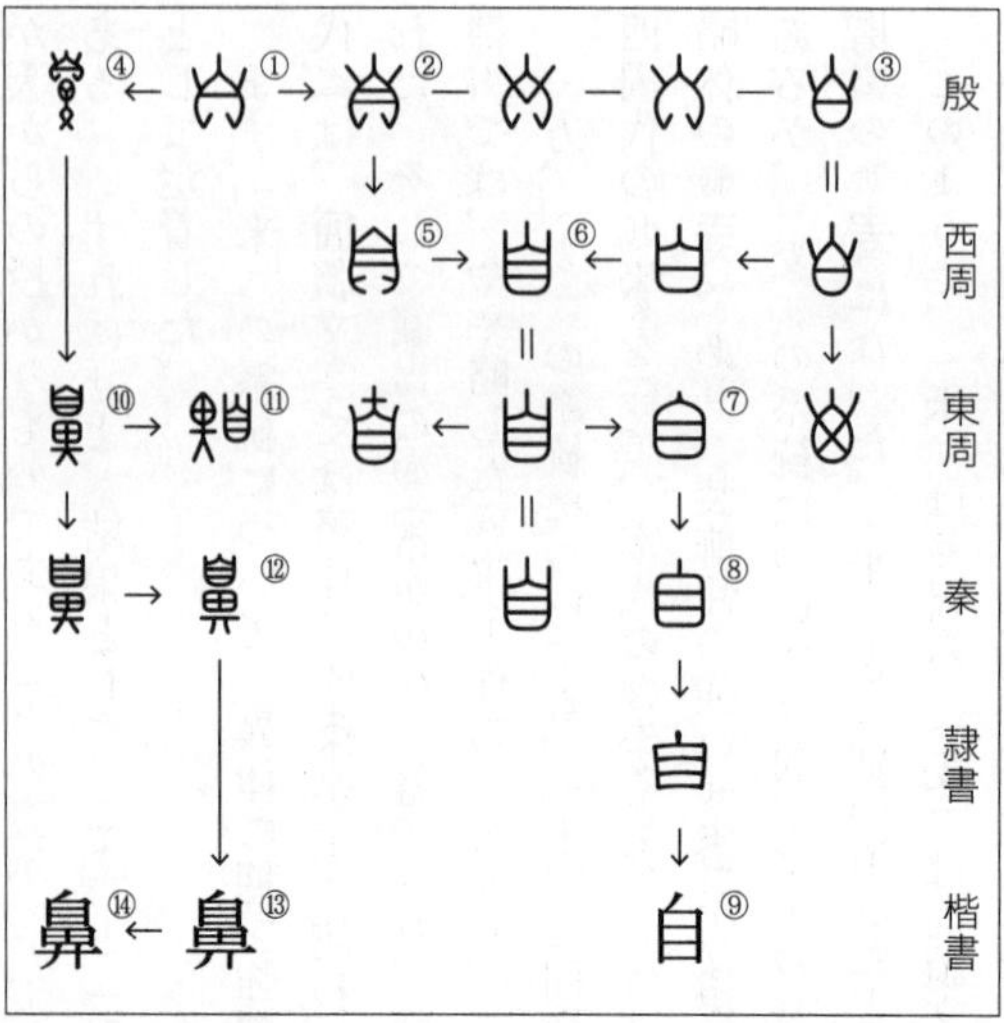

「自」は、元は鼻の形を表していた。

殷代には①が最も多く使われており、上部の三本の線のうち、中央が鼻筋を表し、残りの二本が鼻の両脇を表している。

殷代の異体字として、線の本数を変えた②や、下部をつないだ③などが見られる。

しかし、これらの字形は本来の「はな」の意味ではなく、当て字で起点を表す文字として使われた（「～より」の意味）。そのため、元の意味については、あらためて畀《ひ》（）という文字を加えた④が作られた。その「自」と「畀」を合わせた形が「鼻」（旧字体は「鼻」）である。

畀（）は矢（）の上部を太くしており、おそらく鏑矢《かぶらや》の象形である。そして、

「はな」の意味と鏑矢には意味上の接点が見られないので、発音符号として加えたものと考えられる。

先に取り上げた「社」や「電」などは部首が追加されたが、「鼻」は発音符号の追加であった。この理由については、確実には証明できないが、早くから発音の変化があったことが原因ではないかと思われる。現在の音読みでも、「自」と「鼻」は子音が異なっているが、この変化が早くに発生し、その違いを表記するため、「はな」の意味には発音符号として「畀」を追加したという経緯が想定される。

ちなみに、なぜ「自」の方に発音符号が付けられなかったのかというと、これも推測にすぎないが、「はな」よりも「～より」の方が使用頻度が高かったため、後者の画数を増やすことが効率的ではないと判断されたのかもしれない。

いずれにせよ、早い段階で「自」と「鼻」が使い分けられるようになった。「自」を「はな」の意味で部首に使った文字には、犬（）と組み合わせた臭（旧字体は「臭」）（）や、辺（旧字体は「邊」）の古い形の臱（）などがあるが、これらは殷代にすでに作られていたものである（字形も殷代のもの）。また、自分を指すときに鼻を指すことから、「自」には「みずから」の意味もあるが、これも殷代に出現していた用法である。

逆に、新しく作られた文字は、鼾《かん》（いびき）や齁《こう》（はないき）のように部首として「鼻」

を使っている。

字形について、「自」の系統は②と③が西周代に継承され、前者は⑤の形になった。さらに、異体として下部をつなげた⑥が作られたが、これは③の系統の影響を受けたものと思われる。その後、⑥は秦代まで使われ、篆書としても採用されたが、これとは別に東周代に略体の⑦が作られ、これが簡牘文字の⑧などを経て、楷書の⑨自に継承された。楷書の「自」のうち、一画目が鼻筋を表す線に由来しており、鼻の両脇の線は⑦の段階で省略されている。

一方、「鼻」の系統については、前述のように使用頻度が低く、現状の資料では西周代と八分隷書には見られない。東周代には、⑥を使った⑩の形になっており、異体字には配列を左右の並びに変えた⑪もある。ただし、古くからの構造である上下に並べた⑩が後代に継承され、秦代の篆書の⑫などを経て、楷書（旧字体）の⑬鼻になった。

また、新字体の⑭鼻は「畀」の部分を変形しているが、すでに唐代には使われていた形であり、歴史のある俗字と言えるだろう。

臭（臭）　　辺（邊・邉）

第六章　他人のそら似、「同化字」

肉

肉が偏で「月」になる理由は？

前章では、起源は同じであるが、字形が分かれた文字を紹介した。本章では逆に、起源が異なるにもかかわらず、楷書で同じ形になっている文字、すなわち「同化字《どうかじ》」を取り上げたい。

まず、「肉」について、偏として使われると「月（にくづき）」になり、「月（つき）」と同形になることが知られている。この理由を字形表に基づいて解説したい。また、左には前章で取り上げた「月」（↓126頁）の字形を抜粋したので、参照していただきたい。

「肉」は、殷代の①が最も古い形である。これは祭祀に使うために切った肉の表現であり、当初は祭祀儀礼を表す文字などに使用された。その後、人体の一部を表す文字などにも部首として使われるようになった。

西周代には②の形になっており、この段階では月（）ではなく、むしろ夕（）に近い。実際に、楷書では「肉」が「夕」の形になったものもあり、例えば「多」は、本来は多くの肉（〓）を並べた形の「〓」であった。もっとも、西周代には肉の異体として③〓が作られており、これにより、夕（〓）との混同は避けることができた。

ところが、東周代になると、「月」の異体として「〓」が作られたため、今度は肉（〓）と月（〓）の混同が発生することになった。この状況は秦代にも持ち越され、篆書の④〓と月（〓）、そして簡牘文字の⑤〓と月（〓）は、いずれもよく似た形になっている。

しかし隷書では、切った肉の見た目を表現したのか、内部を複雑化した⑥〓が作られ、「月」と区別ができるようになった。これを継承したのが楷書の⑦肉である。また、隷書では異体として⑧〓が作られ、楷書にも⑨宍として残っている。

一方で、偏については古くからの形を使い続けたため、隷書では⑩月の形、楷書でも⑪月の形であり、東周代以来の混同状況が解消されることがなかった。要するに、「肉」が偏になって「月」になったというよりは、意図的に月と分けて書いたのが「肉」であり、偏では「月」に近い形がそのまま残ったのである。

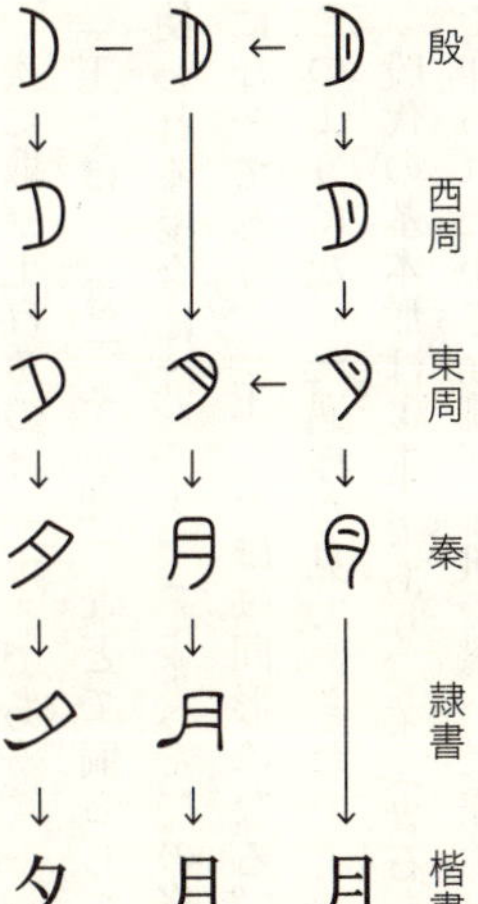

玉

王と𤣩（玉）も別の起源

次に取り上げるのは「玉」である。「玉」は、「球」や「理」などで偏として使われる場合には、「𤣩」（たまへん）の形になっており、「王」とほぼ同形になる。このようになった過程を見ていきたい。

殷代の基本形は①丰であり、玉（貴石）で作られた小さな飾りを紐で繋いだ様子を表している。長い縦画が紐であり、短い横画が玉飾りである。

殷代の異体には、紐の結び目を表現した②丵などのほか、略体の③王があり、後者が西周代以降に継承された。

一方、「王」の字形表を左に挙げたが、基本形のⒶ太は鉞《まさかり》の刃を表しており、下が刃先、上部の横線が鉞の柄の一部である。これにさらに横線を加えたのがⒷ王であり、その略体がⒸ王である。王についてもⒸ王が後代に継承され、西周代以降にも、上下の比率をやや変えただけの形が使われた。

こうして、玉（王）と王（王）が非常に近い形になった。なお、西周代には王の異体として鉞の刃先を強調したⒹ王もあるが、この系統は後に使われなくなった。

東周代になると、南方地域では、両者を区別するためか「玉」には短線を加えた④玉や⑤玉などが作られた。また、「王」についても、異体のⒺ王などが作られている。ただし、秦代にはこれらの異体が使われておらず、「玉」は単独でも部首としても「王」が使い続けられ、王（王）との区別が難しい状況が続いた。

その後、隷書では東周代の④玉の系統を復活させた⑥玉が使われており、これが楷書の⑦玉となった。一方、隷書には③王を継承した⑧王も残っており、これらが楷書で取捨選択された結果、偏として使われる場合のみ⑧王を継いだ⑨𤣩（たまへん）の形が残ったのである。

なお、「王」にも隷書にⒻ王とⒼ王の併用が見られるが、こちらは前者のみが楷書のⒽ王として残っている。

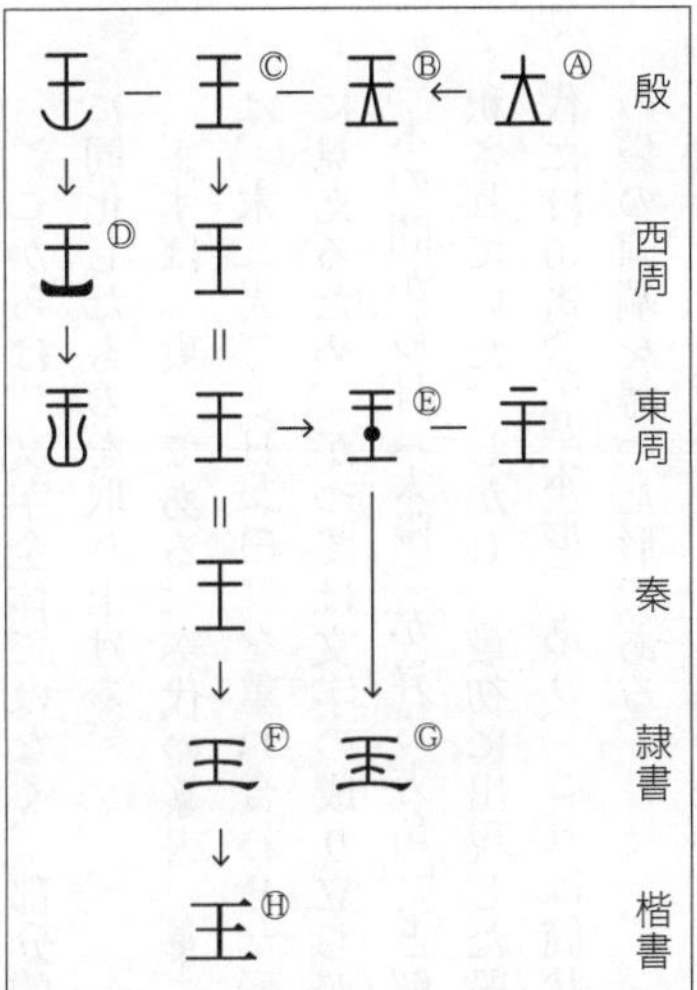

東

なぜ東に「木」が入っているのか

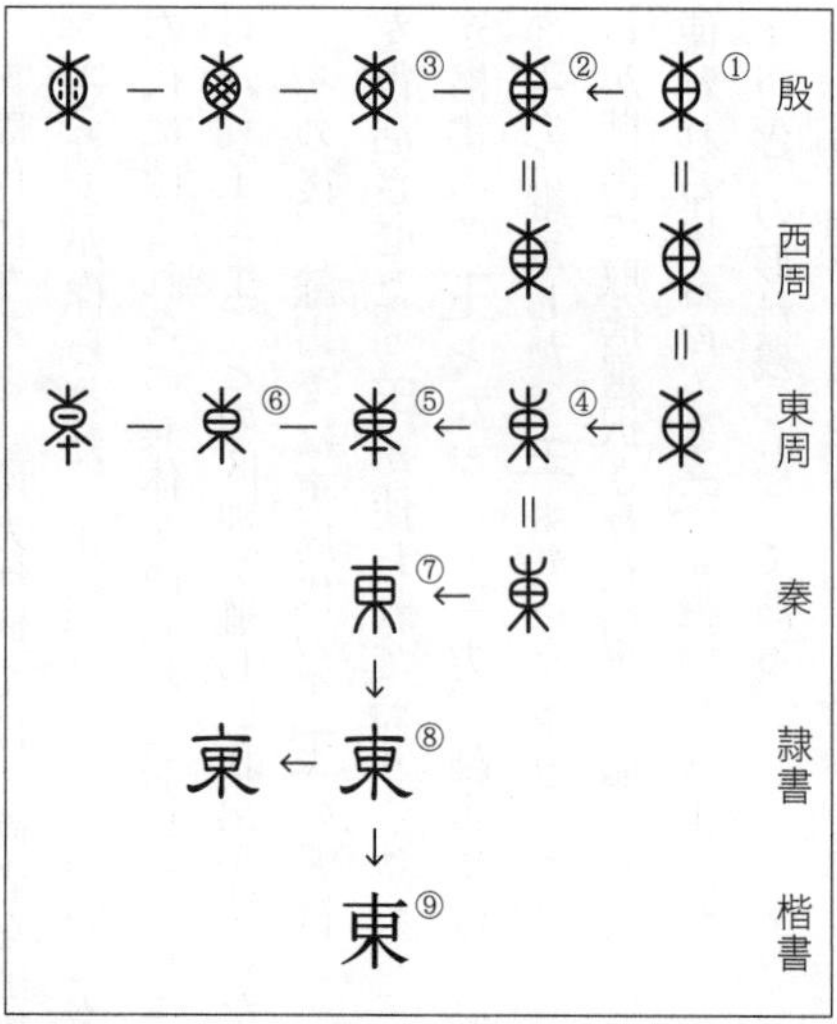

ここからは、文字全体ではなく、部分的に同化したものを取り上げる。

まずは「東」である。秦代の篆書（東）は、木（木）と日（日）を重ね合わせた形に見えるため、かつては文字の成り立ちが「木の間から日（太陽）が昇る方角」と解釈されていた。しかし、最初に出現した殷代には①東が基本形であり、これは筒状の袋の両端を縛った形である。

結論を言えば、「東」は「ひがし」の意味で作られた文字ではなく、当時は「ひがし」を表す言葉と「筒状の袋」を表す言葉が同じか近い発音だったため、単なる当て字で使われたのである。

殷代の異体字には、袋の編み目の表現を変えた②東や③東などがある。西周代には①東と②東が継承されたが、基本形の①東が東周代まで使われた。

そして東周代になると、形が似ていることから木（木）と日（日）を組み合わせた④東の形が作られた。この時代には、「木の間から日が昇る」という解釈が広まったようであり、そのほかにも木の根本《ねもと》を表示する本（本）を使った⑤東や、日（日）を明確に表示した⑥東などの異体が見られる。ただし、①東と④東はよく似た形なので、成り立ちの解釈が変わった結果として字形が変化したのか、それとも、字形が変化したために成り立ちの解釈が変わったのかは明らかではない。

秦代には、前述のように篆書として④東が採用された。さらに変形した異体の⑦東が後代に継承され、隷書の⑧東を経て、楷書の⑨東になった。現在の漢和辞典でも、「東」は「木」の部首に配列されることが多いが、部分的に近い形が結果的に同化したものであり、成り立ちには関連がないのである。

「東」のほかにも、文字の一部が「木」の形になった例は存在する。例えば、「米」は殷代には「米」の形であり、横線が穂、小点が穀物の実を表していた。この段階では木（木）は含まれていないが、異体として中央の小点をつなげた「米」があり、それが篆書の「米」などを経て楷書の「米」になり、結果として文字の中に「木」を含む形になったのである。

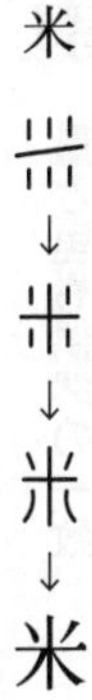

量

量と里も偶然の一致

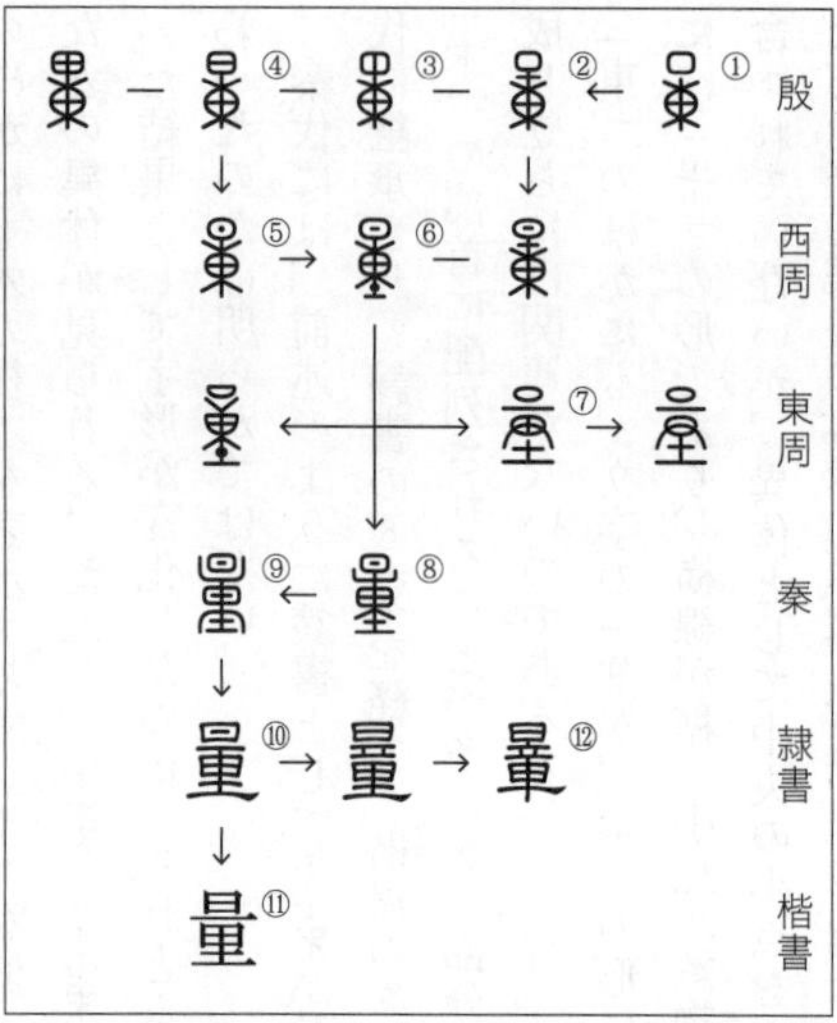

「量」は、下部に「里」があるが、成り立ちには全く関係がなく、実は前項で取り上げた東（）に関連している。

殷代の①は、東（）の上に四角形を加えている。成り立ちには諸説あるが、下部が袋の形の「東」であるから、注ぎ口のある袋とする説が妥当であり、「穀物を量る」という意味で作られたと考えられる。

殷代の異体には、注ぎ口と袋を区分する線を加えた②や、注ぎ口の形を変えた③・④などがある。

西周代には、④を継承し、さらに注ぎ口の形を日（）にした⑤となった。こうして、まず「量」のうち上部の「日」が出現したのである。

また、西周代には、下部に土（）（↓130頁）を加えた⑥がある。この意味については明らかではないが、袋を地上に置いた様子かもしれない。東周代には袋の形を崩した⑦量などの異体が作られたが、秦代には⑥量の形が継承されて⑧量や⑨量になった。さらに隷書では、袋と土の形の部分が簡略化されて⑩量となり、これが楷書の⑪量へと継承された。つまり、隷書ではじめて「量」の下部の「里」が作られたのであり、これは「東」の下部と「土」に由来する形である。そのほか隷書には下部を「章」に変えた⑫量などもあるが、楷書には残っていない。

一方、「里」は西周代にはじめて出現した文字であるが、「量」とは成り立ちに関連がない。左の字形表のうちⒶ里は、耕作地である田（田）と土盛りの形の土（土）を合わせたもので、庶人《しょじん》（農民）が住む「さと」を表している。「里」は後に行政区画や距離の単位などとしても用いられた。

その後、東周代には「土」の部分に異体の「土」の形を使ったⒷ里が作られ、これが隷書のⒸ里を経て楷書のⒹ里となった。「量」に比べて「里」は字形の変化が少ない文字である。

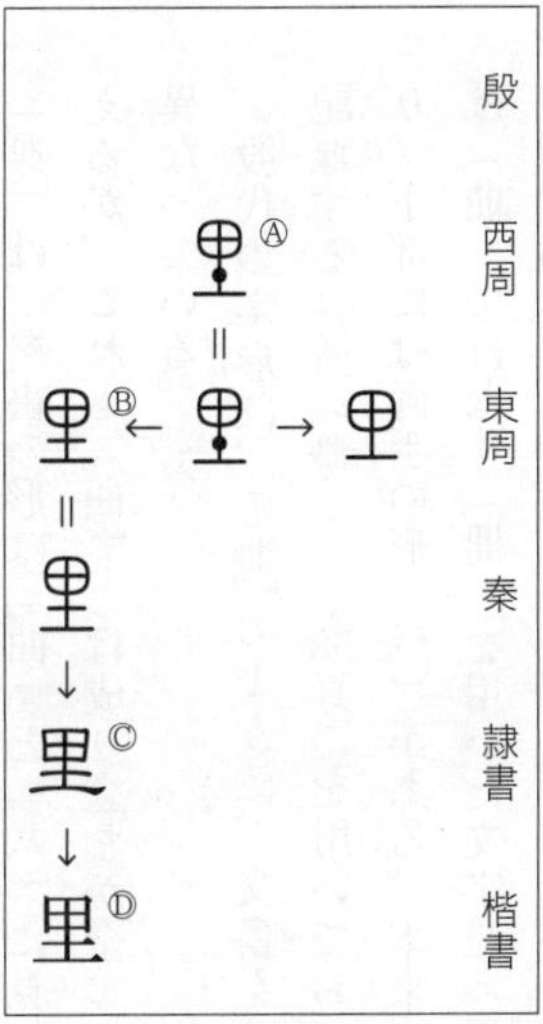

典

典は「曲と八」ではない

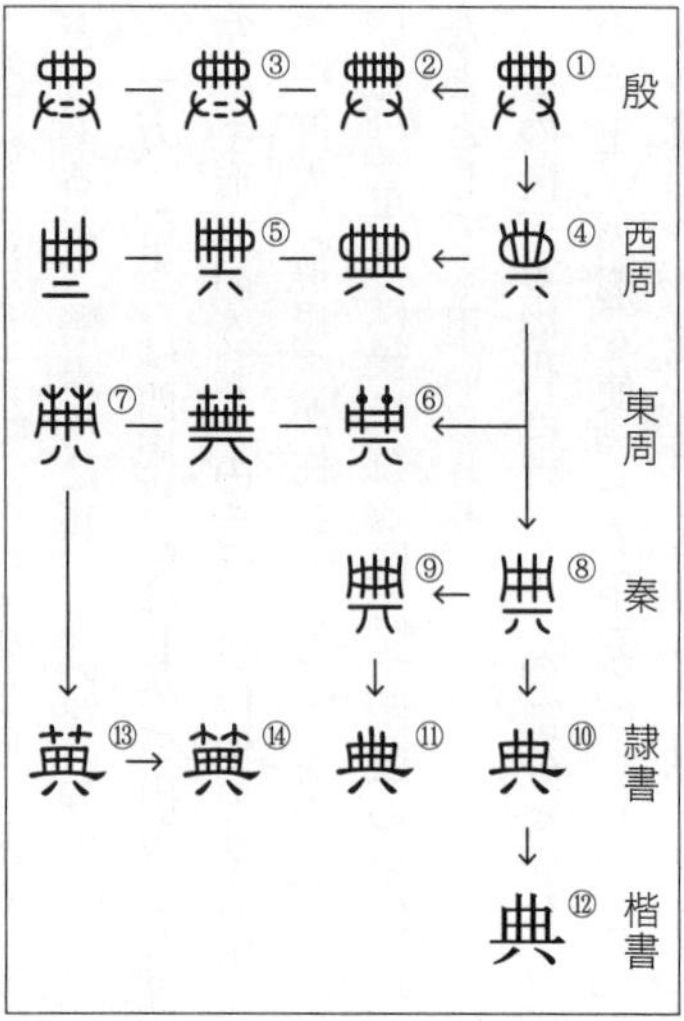

「典」は、楷書の形は「曲」と「八」に見えるが、これも「曲」とは成り立ちが全く異なっている。

殷代の字形は、①のように、文書を記録する「冊（）」（→53頁）を用いており、下部には両手の形（）がある。本来は「曲」ではなく「冊」を用いた文字だったのである。

「冊」については、左に字形表を再掲したので参照していただきたい。また、「曲」も非常に面白い経緯をたどった文字であり、これは第七章で取り上げる。

殷代には、「典」は「祭祀の予定を記した竹簡を用いた儀礼」として用いられた。両手の形（）が冊（）の下にあることで、竹簡を神に捧げる様子を表している。また異体には竹簡の本数を変えた②や、下部に「二」を加えた③などがある。ただし「二」を加えた意味は明らかではない。

西周代になると、手の形を机の形の几《き》（〓）に変えた④〓などの形になった。西周代には「典」が祭祀儀礼としては実施されなくなり、記録の意味で用いられるようになったので、それが字形に反映されたと思われる。そのほか、異体の⑤〓などは竹簡としての冊ではなく、牧場などの冊（柵）の形を用いている。

東周代には、「冊」の異体の「〓」を使った⑥〓や、「〓」を使った⑦〓などが見られるようになる。「〓」は簡牘が植物で作られることから「艹（艸）」を用いたものである。ただし、秦代には、これらが使われておらず、西周代の字形に近い⑧〓が使われ、また竹簡の本数が多い⑨〓が篆書とされている。

隷書には、⑧〓を継承した⑩典と、篆書の⑨〓を反映した⑪〓があり、前者が楷書の⑫典となった。結果として、冊と几の上部が融合して「曲」のような形になったのである。

また、隷書には東周代の⑦〓を継承した⑬〓や、さらに部首を「竹」に変えた⑭〓があるが、いずれも現在では使われていない。

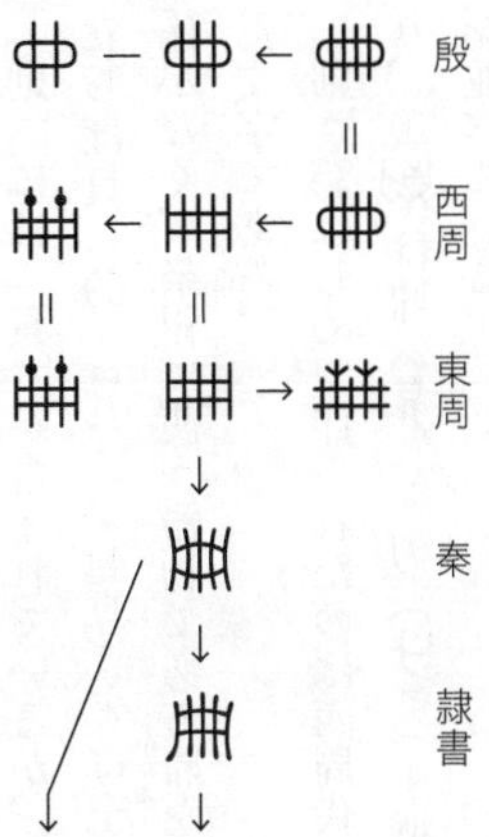

則

規則は貝ではなく鼎に記す

「則」には「貝」が含まれているが、成り立ちは貝（・）（→44頁）とは全く関係がなく、祭祀に使う器物である鼎《かなえ》を用いた文字である。

「則」がはじめて作られたのは西周代であり、①は鼎（）と刀（）（→106頁）を並べている。

鼎は煮炊きの器であり、左に実物の例を挙げた。上部に取っ手があり、「」の上部に突き出た部分に対応している。また、図は鼎の中でも「扁足鼎《へんそくてい》」と呼ばれるもので、平たい足に多くの装飾が施されている。「」の下部は、おそらくこの装飾を反映している。

ところで、鼎と刀で「のり（規則）」の意味になる理由について、これまでは「鼎に重要な規則などを刀で刻んだことが起源」と言われていた。しかし、鼎の銘文はほとんどが鋳造されており、後から刃物で刻む例はごく僅かである。したがって、より正確に言えば、「鼎の鋳型《いがた》に刀で銘文を刻んだことが起源」と考えるべきであろう。

西周代には「鼎」の部分に異体が多く、画数の多い②や少ない③など様々であった。その中で東周代に継承されたのは、取っ手を省いた④である。

東周代にも異体字が多く、「鼎」を「貝（　）」に略した⑤が後の時代に残った。略体が正字として定着したのである。そのほか、⑥は鼎の下部を火（　）に変えており、さらに⑦は「刀」を省いている。⑧にいたっては、元の形が全く分からない状態である。

秦代には、⑤を継承した⑨などの形になっており、これが隷書の⑩などを経て、楷書の⑪則になった。なお、楷書では「則」だけではなく、「員」や「貞」なども、「鼎」の略体に由来する「貝」を使っている。

一方、「鼎」を用いた形も細々と使われており、秦代の⑫や隷書の⑬になっている。また楷書にも⑭があるが、現在ではほとんど使われていない。

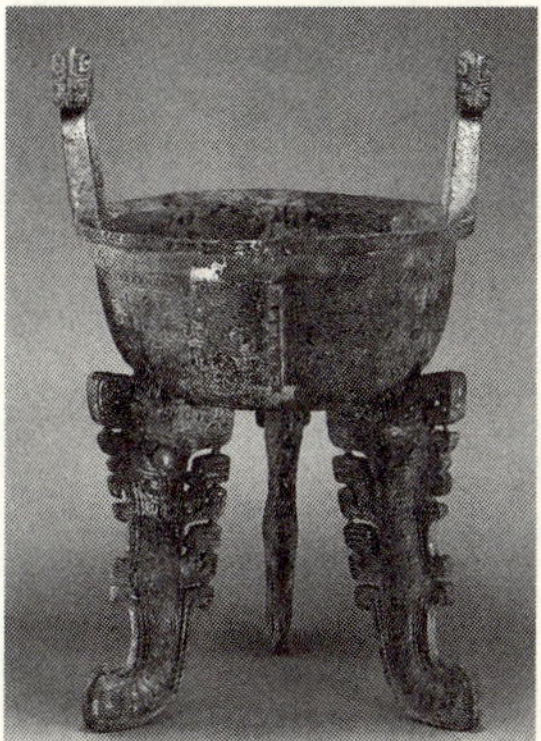

宿

宿の百は敷物の形

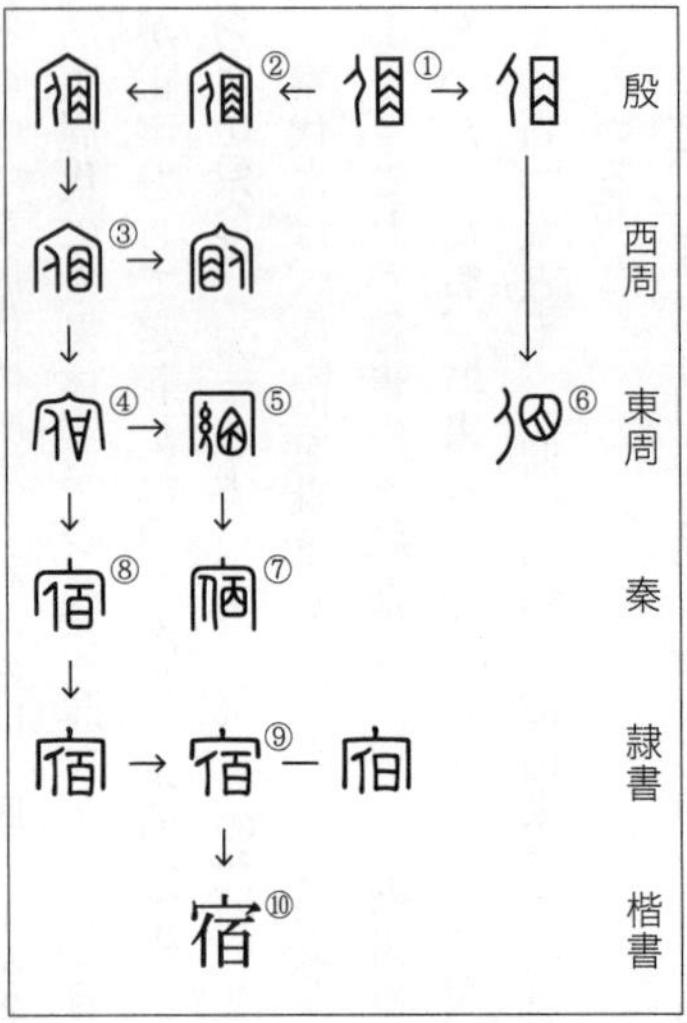

次に取り上げる文字は「宿」である。「宿」の中には「百」が含まれているが、これも起源の異なる同化字である。

殷代の①は、人（亻）と敷物の形（）を並べており、人が敷物で休んでいる様子を表している。さらに②などでは、家屋の形の宀（）を加えており、より分かりやすく人が屋内に「やどる」ことを表現している。

西周代には殷代に近い③などの形が使われたが、東周代になると敷物の表現が変化して④や⑤が作られた。この時代になると、敷物の形（）が文字として使われなくなり、ほかの形での表現が模索されたのである。そのほか、東周代には宀を使っていない⑥があるが、後代には残っていない。

そして、秦代の篆書として敷物の形に「㐁《てん》（）」を使った⑦が作られた。一方、簡牘文字では「百（）」を用いた⑧が普及しており、こちらが隷書に継承された。その後、

⑨宿などを経て、楷書の⑩宿になった。

このように、秦代の異体のうち⑧宿を継承したことで、楷書は「百」を用いた字形になった。もし篆書の⑦宿が残っていたら、我々は「宿」を「㝛」と書いていたはずである。

「宿」に関連して、「百」についても字形表を左に挙げたが、これは当て字が起源の特殊な文字である。殷代には、白（白）が数字の「100」を表す言葉と同じか近い発音だったため、当て字としてそれを使い、さらに「一（一）」を加えて「一百」を表示したのがⒶ百などである。現在でも、「百」の音読みには「ヒャク」だけではなく「ハク」がある。

ちなみに、殷代には「二百」は「二百」、「三百」は「三百」のように表示されていたが、後に「百」が桁を表す文字として確立した。

その後、西周代には「白」がやや複雑化して「白」の形になり、「百」もⒷ百などの形になった。また秦代には、今度は「白」が簡略化されたため、「百」もⒸ百の形になった。これが楷書のⒹ百になったのであり、「一」と「白」を合わせた形が現代まで継承されたのである。

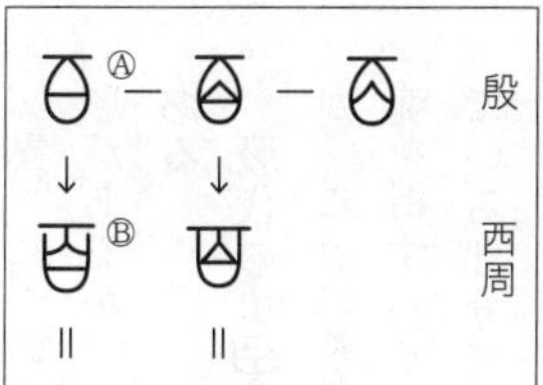

異

異と共は手の位置が逆

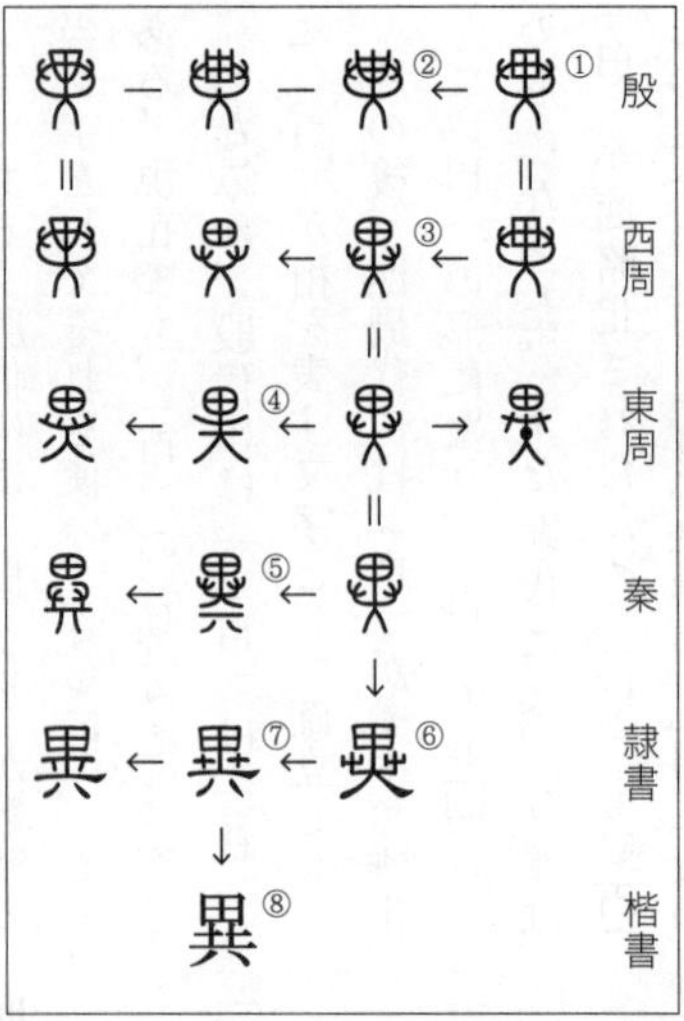

「異」については、下部に「共」のような形があるが、やはり起源を別にする文字である。

殷代の①は、上部に田（田）があるが、これは耕作地の形ではなく、死者の霊魂を指す「鬼」の古い形（）にも含まれている部分である。①の下部は人が手を挙げた形であり、合わせて死者に扮《ふん》する仮面を付けた儀礼を表している。

人が手を挙げた形が楷書で「共」のような形になったのであるが、「共」は全く別の成り立ちである。左に字形表を挙げたが、「共」は両手（）で供物を捧げる様子が起源である。

まず「異」について、殷代には②など仮面の形を変えた異体が多くある。また西周代には手の位置を変えた③が作られ、これが秦代まで継承された。そのほか、東周代には人の形を変えた④などが見られる。

秦代には、下部に机の形の几（六）を加えた⑤などがあるが、成り立ちから言えば明らかな誤字である。ただし、これは後代には残っておらず、隷書では伝統的な形を反映した⑥となり、さらに人の部分が変化したのが⑦異である。楷書（旧字体）の⑧異は、それをさらに簡略化しており、結果として手を挙げた人の部分が「共」のような形になった。

一方、「共」については、前述のように供物を捧げる様子を表しており、供物の表現は、Ⓐの器物（）やⒷの二本線など様々である。後代には主にⒷの系統が使用されたが、東周代においてⒶを継承したⒸと折衷する形でⒹが作られた。さらに隷書で「廿」と手の形が融合してⒺ共となり、楷書のⒻ共になった。

このように「異」は「共」と成り立ちが全く別であるにもかかわらず、同じような形を含むことになった。しかも、ともに両手の形（）を使っていたが、これが「異（異）」では「廾」に、「共」では「六」になっており、違う形に分化している。

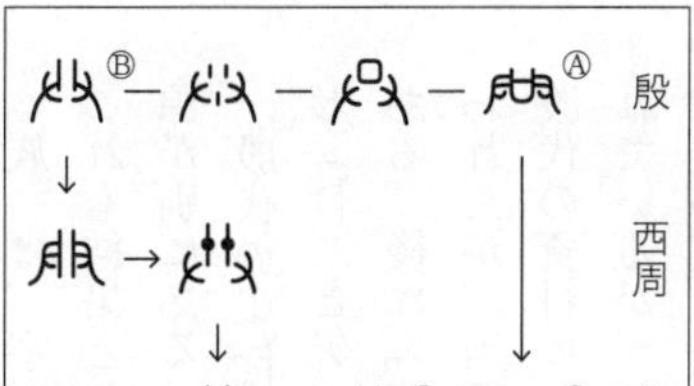

族

族と方は篆書で近似した

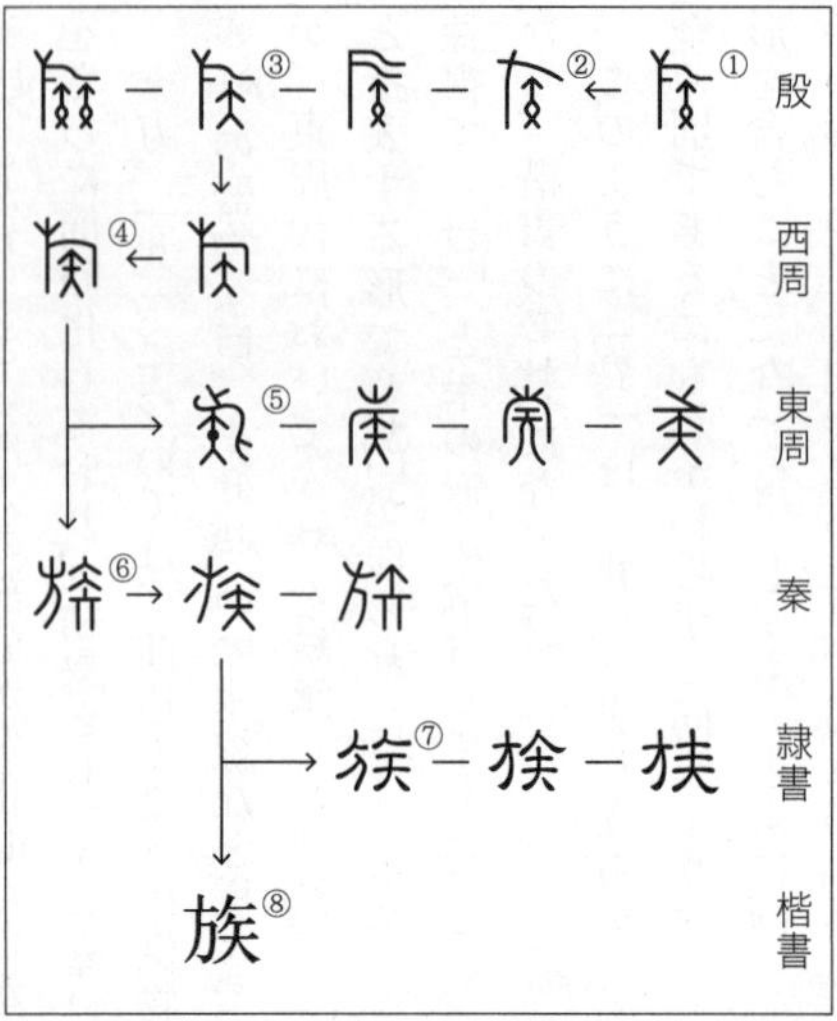

「族」は、字形に「方」を含んでいるが、これも結果として同化したものであり、起源が別にある。

殷代の①は、吹き流しのある軍旗の形（）と矢（）を組み合わせた文字である。後に「族」は親族や氏族の意味で使われたが、当初は「軍隊」を指していた。殷代の資料には「王族」という熟語が使われているが、これも「王の親族」ではなく「王の軍隊」の意味である。

殷代の異体には軍旗の形を変えた②や矢の形を変えた③などがある。このうち③が西周代に継承され、また異体の④が作られた。

東周代には、軍旗の形をさらに変えた⑤などの異体があるが、後代には残っていない。

秦代には西周代の④を継承しつつ、軍旗のうち旗竿と吹き流しを離しており、⑥では旗竿の部分が方（方）に近い形になった。隷書にも⑦族などの異体があるが、いずれも残っておらず、楷書の⑧族は秦代の⑥族などを継承している。

楷書の「族」は、構造としては軍旗と矢から成る殷代のものを残しているが、形の変化が大きい。楷書のうち「㫃」が軍旗の部分であり、そのうちの「方」が前述のように旗竿の形を反映し、そして「𠂉」が吹き流しである。なお、楷書で「方」を部首とする文字には軍旗を起源とするものが多く、「旗」や「旅」などもこれに該当する。

「方」についても字形表を挙げたが、実は成り立ちが明らかになっていない文字である。殷代の基本形のⒶ方は、「亅」の形を含んでいるが、これは異体として刀（刀）にも耒《すき》（耒）にも、また人（人）にも使われるので、どれが起源かを判断するのが難しいのである。

いずれにせよ、略体のⒷ才があまり形を変えず後代に継承され、篆書のⒸ方などを経て、楷書のⒹ方になっている。

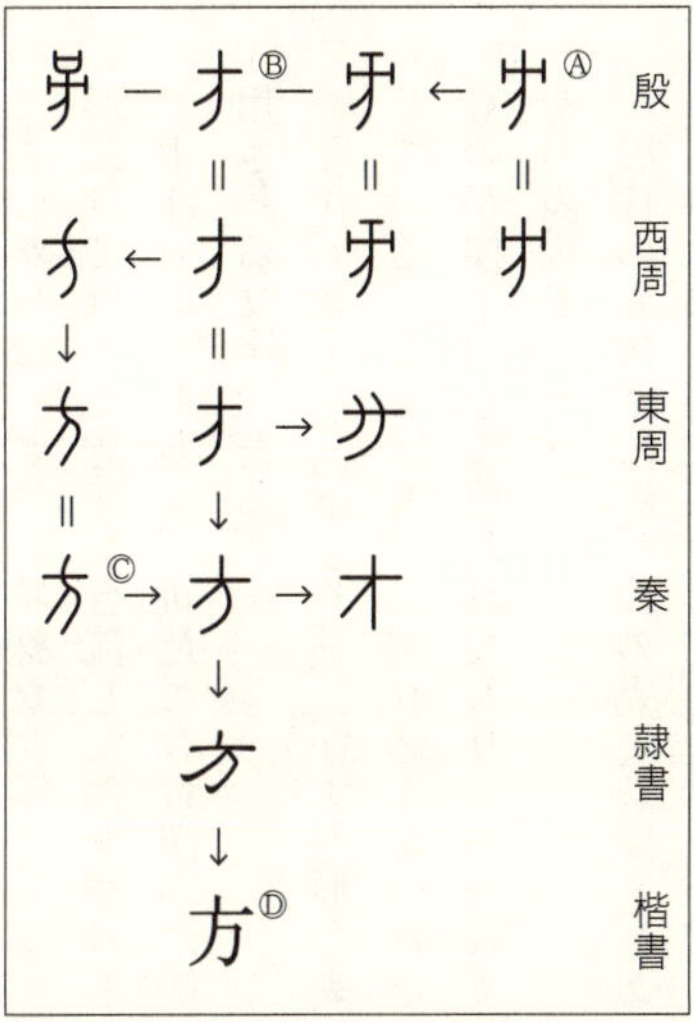

阜

阜は梯子と丘陵が同化

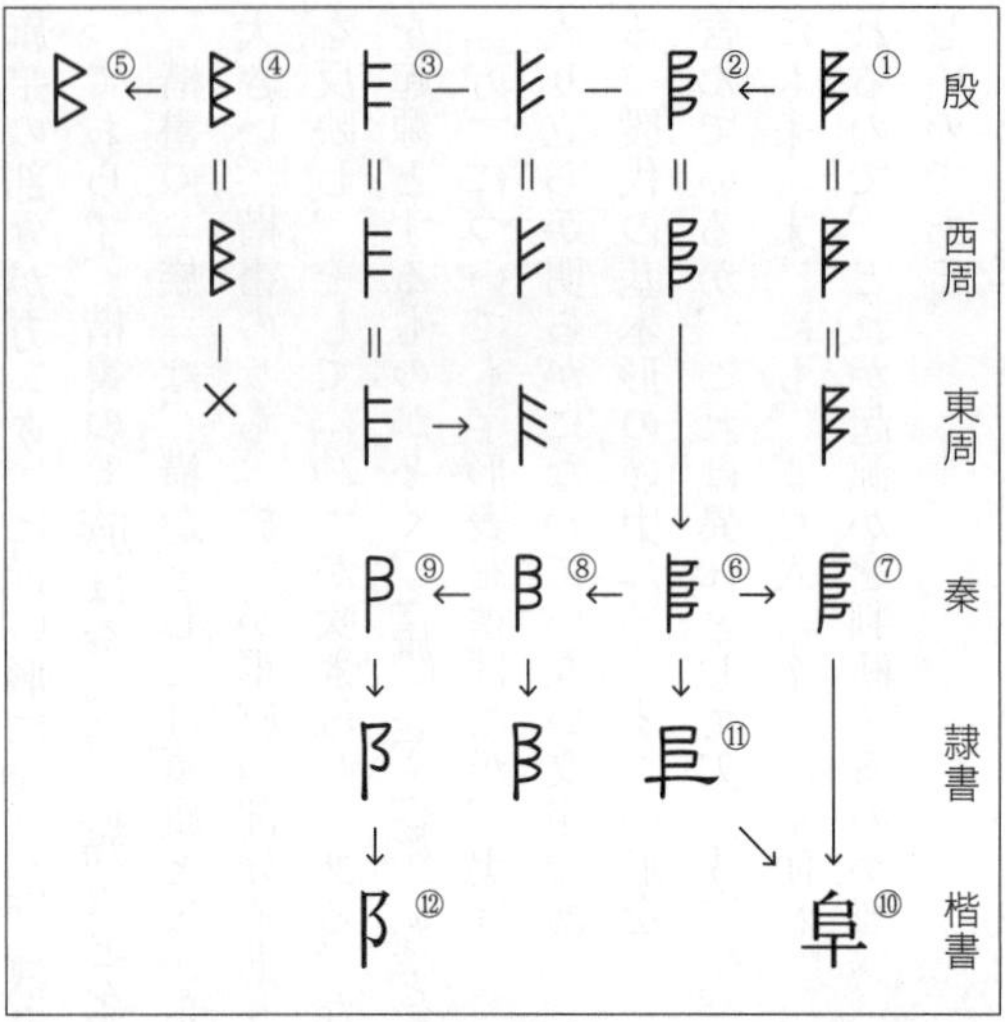

ここからは、さらに特殊な文字として、形だけではなく意味も合流した例を挙げる。まずは「阜」であり、新たに教育漢字に採用される文字である。

殷代の基本形の①は、梯子《はしご》の形を表している。古くは丸太に切れ込みをいれたものが梯子として使われており、おそらくその表現であろう。

殷代の異体字には、段の表現を変えた②や、線で表示した③などがあり、いずれも西周代に継承された。これらは文字としては「阜」、部首としては「阝（こざとへん）」にあたる。

一方、④や⑤は、山（）や丘（）を横に向けた形であり、丘陵を意味している。殷代には、部首として両者が使い分けられており、例えば、「〓」（陟）は足（〓）で梯子（〓）を登る様子を表しており、「〓」（〓）は心（〓）という土地の丘陵（〓）を表している。

　しかし、東周代以降には「〓」の系統は使われなくなり、字形としては「〓」の系統だけが残った。しかも、文字の意味としては、「〓」の系統が「梯子」だけではなく「丘陵」の意味でも使われるようになり、字形だけではなく意味も含めて同化した。例えば、「降」や「階」は「梯子」の意味で、「阪」や「険」は「丘陵」として「阝」が使われている。

「〓」の系統について、秦代には②〓を継承した⑥〓の形が見られる。さらに、複雑化と簡略化の二方向があり、複雑化したのは篆書とされた⑦〓であり、簡略化したのは⑧〓や⑨〓である。複雑化した系統は楷書で⑩阜になったが、上部は⑦〓に近く、下部は⑥〓を継承した隷書の⑪〓に近い。一方、簡略化した系統については部首として使われており、楷書の⑫阝になった。

　このように、漢字には形だけではなく意味まで一つの文字にまとめられてしまう例があるのだが、これまではあまり知られていなかった。意味までも同化が起こったのは、殷代や西周代であり、古代の字形を注意深く分析しないと判別できなかったことが主な原因であろう。

口　口は「くち」と「器物」の両方を表す

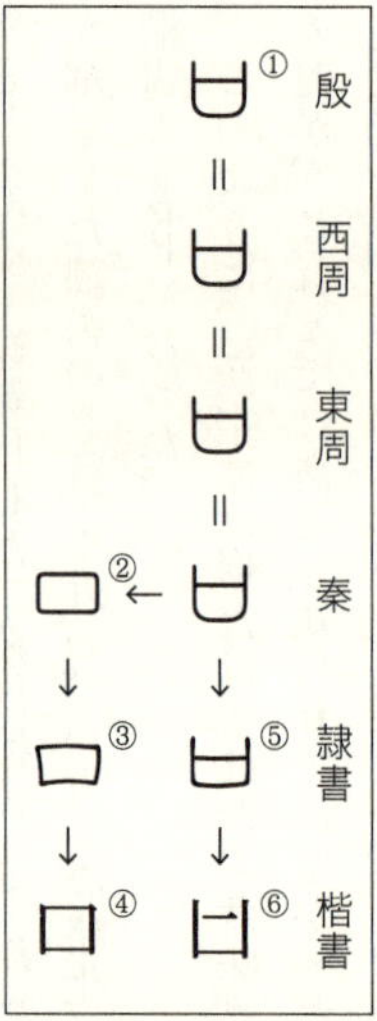

次は「口」であり、殷代の①〓の段階で、「くちの形」だけではなく、「器物の形」の用法が見られる。

この二種類の意味は、本来はやや違う形で表示されていたと思われるが、殷代にはすでに同化していた。そのため、前項で取り上げた「阜」のように同化の過程を追うことができない。

ただし、意味や組み合わせなどから、それぞれの文字がどちらを起源とするのかを推定することは可能である（以下、字形はいずれも殷代のもの）。

「くち」の意味で「〓」が用いられた文字として、例えば舌（〓）は蛇のように枝分かれした舌が口（〓）から出ている様子を表している。また、甘（〓）は口（〓）の中にものを含んだ様子を抽象的に表現している。

一方、「器物」として「〓」が使われた文字には、例えば合（〓）があり、これは器物（〓）に蓋（〓）をした形である。また、品（〓）は元は祭祀儀礼を表す文字であり、儀式において器物（〓）を並べた様子を表している。

「器物」の意味については、具体的にどの器かを特定したものではなく、「祭祀などに使う器物の一般像」として広く使われていた。そのため、漢字の比率で言えば、当初は「くち」の用法よりも多かったのである。「合」や「品」以外にも、古くに作られた「器」「古」「君」などに含まれる「口」も「器物」の意味である。

しかし、東周代以降には、漢字を作る際に「𠙵」が器物の意味としては使われなくなっていった。そのため、新しく作られた文字は「くち」の意味であることが多く、「呼」「吸」「味」などは「口」が「くち」として使われている。

「口」の字形について見ると、秦代に略体として②口が作られ、これが隷書の③口を経て楷書の④口になった。一方、本来の形に近いものとして、隷書に⑤𠙵があり、楷書では⑥𠙵として表示されるが、ほとんど使われることはない。

ただし、古代漢字の研究者にとっては、文章を書く際に「くち」か「器物」かを区別できた方がよい。そこで、「器物」の用法の場合には「𠙵」を使って説明することがある。なお、「器物」としての「𠙵」がどのような発音であったかは分かっていないのだが、「載」の古い形である「𢦏」に含まれることなどから、音読みに「サイ」を当てている。

公

公は宮殿と祭祀儀礼

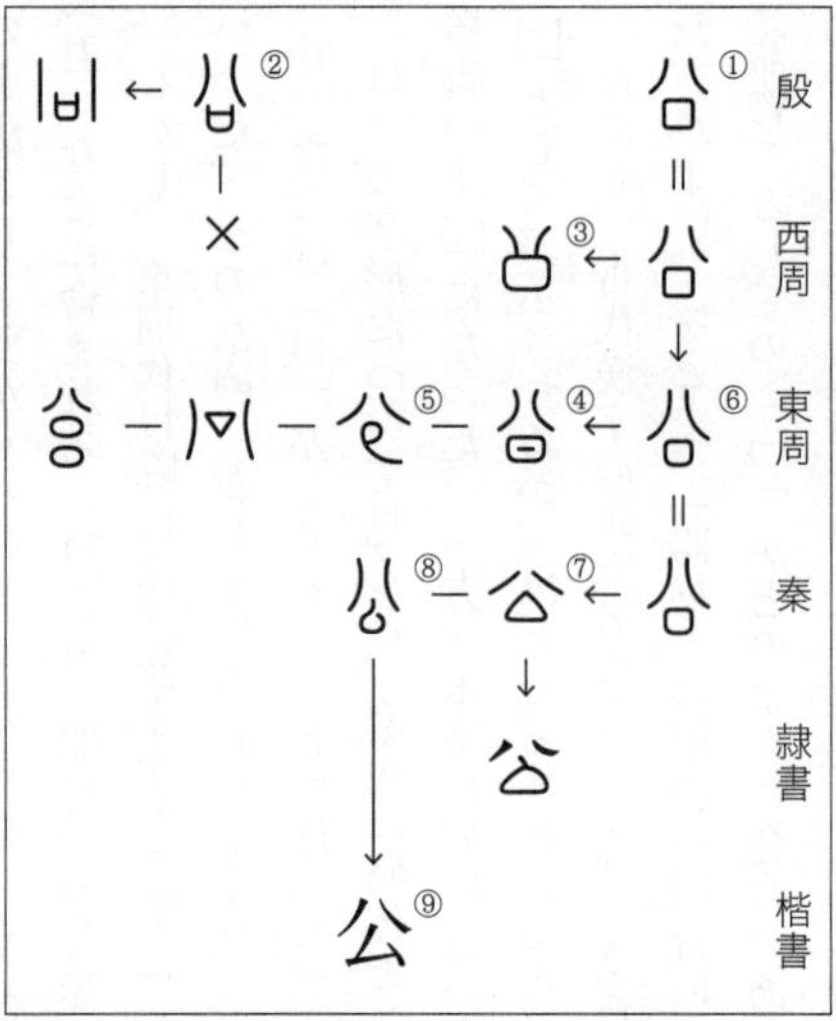

「公」も、二系統の文字が意味まで含めて同化したものである。

殷代の①八口は、建物を表す四角形と、その前庭の形状を表したものであり、王の宮殿である「公宮《こうきゅう》（八口宮）」という語句に使われた。これが後に「おおやけ」の意味に転じた。

一方、殷代には②八凵の系統もあり、こちらは切り分けた供物を表す八（八）と器物の形（凵）から成っており、祭祀儀礼の様子を表している。文字の意味としては、死去した父、およびその世代の男性祖先を指して使われた。熟語としては、父を指す「公父《こうふ》（八凵父）」があり、また父とオジを合わせて「多公《たこう》（多八凵）」と呼ぶこともあった。

この両系統のうち、字形が西周代に継承されたのは①八口であり、②八凵の系統は使われなくなった。しかし、父への呼称という用法は①八口に残っており、西周代初期の金文に多く見られる。先に取り上げた「阜」などと同様に、字形だけではなく意味も同化したのである。さらに、諸侯の称号や諡《おくりな》としての「公」もここから派生して出現した。

字形について、西周代には異体の③ㅂがあるが、後代には残っていない。東周代にも、④八口や⑤八○など異体は多いが、やはり後の時代に継承されていない。

秦代には殷代の①八口に近い⑥八口が残っており、ここから派生して⑦公と⑧八ムが作られた。前者は簡牘文字に見られる字形であり、四角形だった部分を三角形にしている。後者は篆書とされた字形であり、四角形を「ム《し》」の形にしたものである。そして、楷書の⑨公は篆書の系統にあたり、下部が「ム」になっている。

ちなみに、「公」の対義語である「私」も、元は「ム」ではなく四角形が用いられていた。「公私」のいずれも、四角形が「ム」の形に変わったのであるが、「私」においては禾《か》(穀物)を私的に囲い込む意味で使われており、建物の形であった「公」とは成り立ちが全く異なっている。

そのほか、殷代の②八ㅂを、沿や鉛などに使われている「㕣《えん》」の原形とする説がある。しかし、㕣は谷底の泥が原義とされるので、「八ㅂ」とは関係なく、谷(八谷)(→68頁)から派生した文字と考える方が自然であろう。

新字体で同化した文字

新字体は、旧字体に比べて簡略化した形が採用されていることが多い。その形が全く新しいものであれば、まだ問題はないのだが、すでに存在する文字と重なってしまう場合も見られる。以下は、新字体で他の文字に同化した例を挙げる。

「糸」は旧字体が「絲」であり、「糸」とは別字であった。「糸」は、本来は細い糸を表す文字であり、音読みは「ベキ」である。「綿」「織」「細」などの部首も「糸《べき》」である。

「欠」は旧字体が「缺」であり、欠けた陶器を指して作られた文字である。一方、「欠」は口を開けた人の姿であり、音読みは「ケン」である。現在でも使われている熟語のうち、「欠伸《けんしん》（あくび）」だけは口を開けた人の「欠《けん》」に由来し、ほかは「缺」の意味である。

「虫」は旧字体が「蟲」である。「虫」は、元は毒蛇を表す文字であり、音読みは「キ」であった。爬虫類や昆虫、貝類などを表す文字（「蛇」「蝶」「蛤」など）に使われている部首も「虫《き》」である。

「医」は旧字体が「醫」である。「医」は、本来は矢を入れる器具を指しており、音読みは「イ」または「エイ」である。

「余」は、「あまる」の意味の場合には、旧字体は「餘」である。いずれも音読みは「ヨ」であるが、「余」は本来は一人称として使用されており、その意味では現代にはほとんど使われていない。時代劇で耳にした程度ではないだろうか。

「予」は、予報や予測など、「あらかじめ」の意味では、旧字体は「豫」である。これも両方ともに音読みは「ヨ」であり、「予」も元は一人称であった。

「台」は旧字体が「臺」である。「台」は、元は高位の役職などを指しており、音読みには「イ」と「タイ」があった。後者の発音によって「臺」に当て字する用法があり、これが新字体で採用されたのである。

第七章　古代人も迷った、「字源説の変化」

丁

丁と釘は似ているか

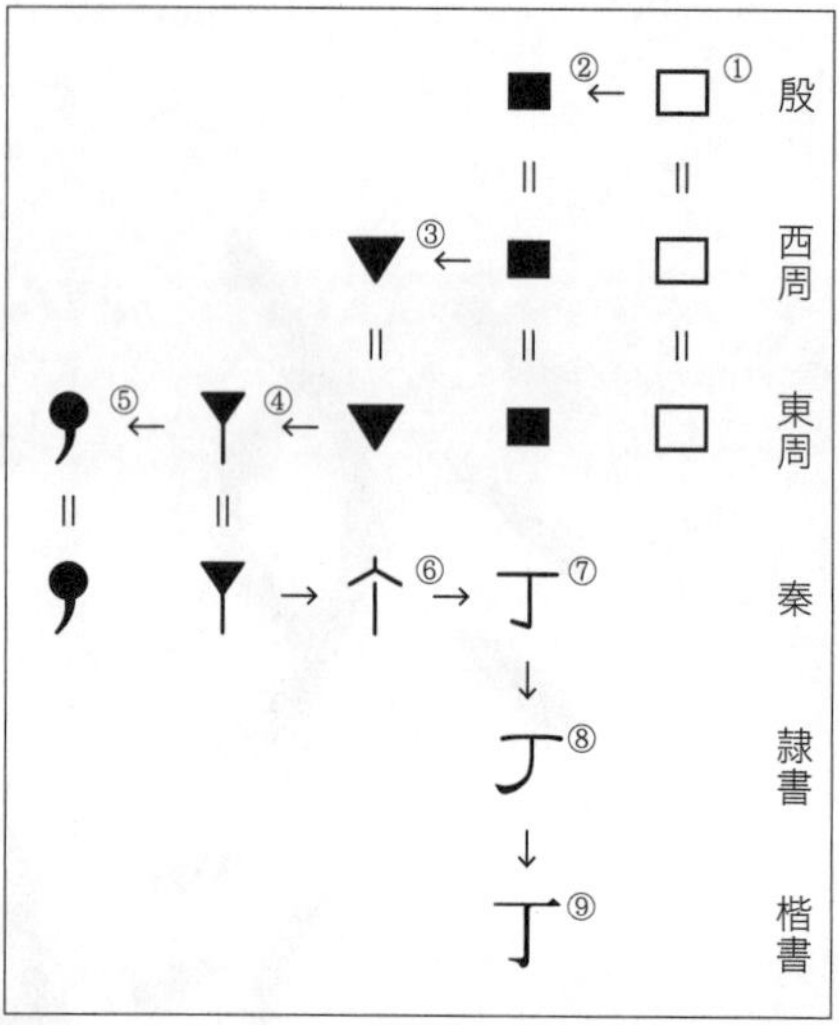

漢字は、成り立ちと字形が密接に関係していることが特徴である。アルファベットのような発音だけを表す文字とは異なり、漢字は意味も表すため、字形がその起源を反映していた方が使いやすいのである。

ところが、一部の漢字は文字として使われていくうちに、字形の簡略化や用法の変化などによって、本来の成り立ちが分かりにくくなることがあった。

その場合には、古代の人々も彼らなりに想像力を働かせ、文字の起源を解釈したのであるが、間違った解釈をして、しかも、それによって字形が変化するという現象が起きることもあった。本章では、こうした字源説の変化による字形の変化を紹介したい。

まずは「丁」を取り上げる。殷代には①□のような四角形が主に用いられており、他の文字と組み合わされる場合には、都市を囲む城壁や建築物などの意味で使われていた。

その異体として、塗りつぶした②■の形があり、金文ではこれが多く使われていたため、西周代にはこちらが主流になった。また逆三角形の③▼も作られた。

そして、東周代になると新しい解釈が出現した。②■や③▼を「釘《くぎ》の頭」と考えたのである。これは見た目だけではなく、「丁《ちょう》」と「釘《ちょう》」が同音だったことも原因のようである。そこで、東周代には④▼や⑤のような、「釘の側面形」が作られた。

殷代には①□や②■が「釘」の意味で使われていない。つまり、誤った起源の解釈によって新しい字形が作られたのである（そもそも「丁」を使った「釘」の字の出現も秦代である）。

さらに、秦代には④▼を元に篆書の⑥が作られ、しかも①□や②■は使われなくなった。また、異体として⑦丁があり、これが隷書の⑧丁を経て、楷書の⑨丁になった。楷書の「丁」は横画が釘の頭、縦画が釘の胴部であるが、すでに述べたように、誤解によって作られた字形が定着したものであり、本来の成り立ちとは異なっている。

なお、本来の丁（□）の用法としては、例えば第四章で取り上げた宮（）（→94頁）では部屋として、また邑《ゆう》（）という文字では都市として使われ、今でも四角形が残っている（字形はいずれも殷代のもの）。漢字の成り立ちは個別に解釈されるので、古くに作られた文字については、起源の形が残っていることも多いのである。

休

休の表現にも多様な解釈が

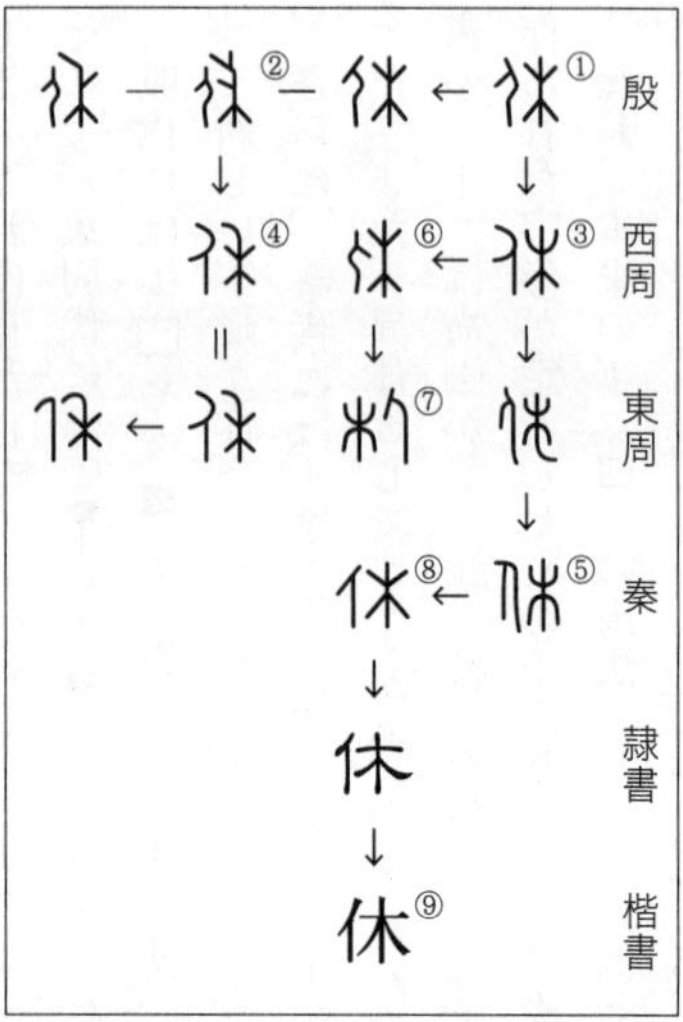

「休」も、字源説に歴史的な変化があった文字である。

殷代の①休は、人（亻）が木（木）にもたれて休んでいる様子を表している。また、異体には木の枝を強調した②休などもある。

ここから西周代に複数の系統が出現した。③休は①休を受けたものであり、人（亻）と木（木）から成っている。一方、④休は②休を継承したものであろうが、枝だった部分が曲線になっている。これは木（木）よりも穀物が実った形である禾《か》（禾）に近い形であり、「人が穀物を背負った姿」という解釈になっている。

実は、西周代には「やすむ」から転じて「賜物《たまもの》」という意味で「休」の文字が使われることが多くなっていた。左の図は西周代の金文であり、王が臣下に宝貝《ほうばい》を与えたことを記しているが、文中では王からの賜物を「休（休）」と呼称している（左図のうち最も左上の文字）。

つまり、「賜物」の意味を表現するため、文字に使う形を「木」から「禾」に変えたと考えられるのである。この場合には、字形や発音から連想した前項の「丁」とは違い、文字の使い方から連想するという方法にあたる。

こうして西周代には、字形としても④が多く使われたが、東周代以降には再び「やすむ」の用法が中心になったため、秦代になると④の系統が使われなくなり、篆書も③を継承した⑤の形とされた。

そのほか、西周代〜東周代には人が木に向かう姿の⑥や⑦も見られる。これは「人が木にもたれて休んでいる姿」ではなく、「人が穀物を背負った姿」でもないので、第三の解釈があったと思われるのだが、用例が少なく、どのような解釈だったかは明らかでない。

秦代には略体として⑧が作られ、これが楷書の⑨休になった。結果として、楷書にも「人が木にもたれて休んでいる姿」という構造が残っている。

このように、殷代の①から楷書の⑨休までは、直線的に見れば構造に変化はないが、その間にも古代の人々は多様な解釈をしていた。字形表からその苦労の一端が見えてくるのではないだろうか。

折

折は変化を重ねて部首が扌に

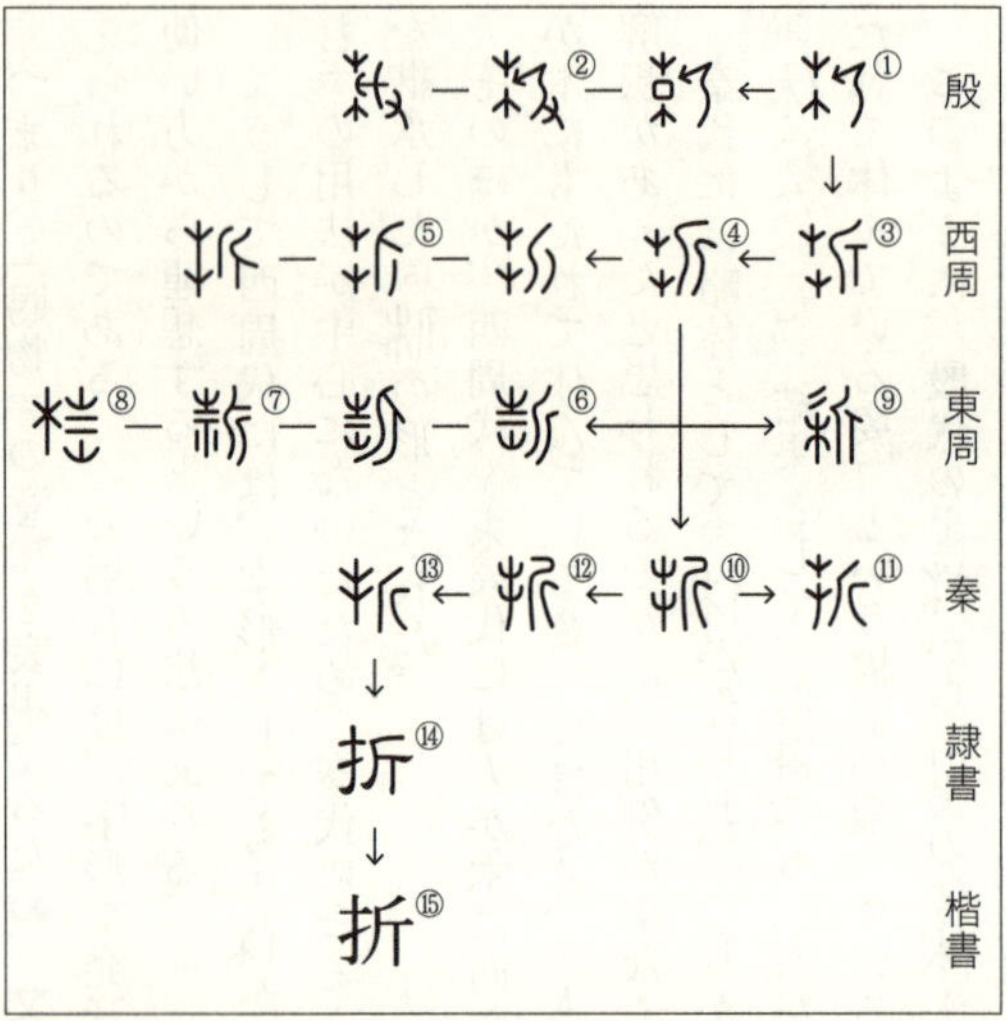

「折」は、楷書までに二段階にわたって字源説が変化した文字である。

殷代の基本形である①は、右側が斧の形の斤《きん》（）であり、左側は木（）が折れた形の「」になっている。両者をあわせて、斧で木を折る様子を表した文字である。

殷代の異体には、斧を持つ手の形（）を加えた②などがあるが、後代には残っていない。

西周代には①が継承されたが、③では、斧の形が変わっただけではなく、木が折れた形（）のうち下部の向きも変えられている。この場合、二つの屮《てつ》（）の形になるが、屮は草を表しているので、字形の構造としては「草を刈る形」になった。

これが一段階目の変化である。

西周代には、ほかの異体も草を刈る形であり、斧の形をさらに変えた④や、斧の形が人（）のようになった⑤などがある。このうち④が後代に継承された。

東周代にも異体は多く、草の形の間に二本の線を加えた⑥や、下部の草を示（）に誤った⑦などがある。⑧については「斤」を「木（）」に変えたため、もはや何を意味しているのか分からない形になっている。また⑨は、草の形の部分に木（）を用いており、あるいは原初の「木を折る形」が伝承されたものかもしれない。ただし、いずれの字形も後代に残っていない。

秦代には、④を継承した⑩になっており、また簡牘文字では斧の形をやや簡略化した⑪も使われている。ところが、秦代には異体として⑫も作られた。これは、二つの「屮」をつないで「手（）」にしたものであり、この場合には「手で斧を持つ形」という解釈になる。これが二段階目の変化であった。

秦代の簡牘文字には、⑫を簡略化した⑬があり、これが隷書の⑭折を経て、楷書の⑮折になった。このように、楷書の「折」は二段階にわたる解釈の変化によって作られた形だったのである。ちなみに、殷代の字形に含まれる「」は、ほかの文字では使われていない。漢字の歴史では、このような特殊な形は、他の形に変化しやすいという傾向がある。

衆

衆は上から目線の変化？

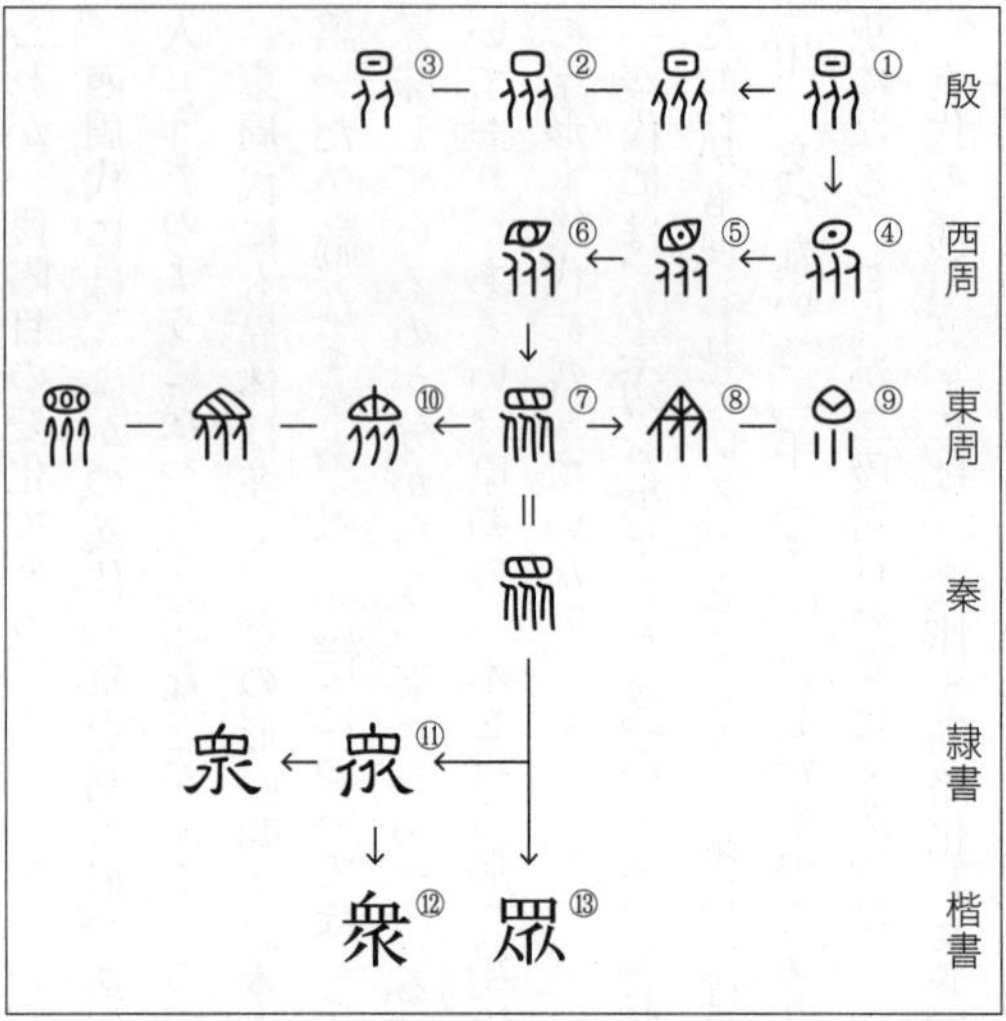

次に取り上げるのは「衆」である。これも楷書までに二段階の変化が見られる文字である。

殷代の①は、上部に日（）、下部に三つの人（）があり、屋外に多くの人々がいる様子を表している。殷代の異体には、「日」を略体にした②や、「人」の数を減らした③などがある。

西周代には、①が継承されて④になったが、さらに「日」を「目（・）」に変えた⑤や⑥が作られた。その理由を記した資料は発見されていないが、文字を扱っていた王や貴族の解釈では、人々は「見張る対象」だったのかもしれない。

そうだとすれば、字形通りの「上から目線」による字源説の変化ということになる。

東周代には、⑥を継承した⑦のほか、異体として字形を崩した⑧や⑨がある。また「目」に異体の「」を使った⑩などもある。次の秦代には、⑦が継承された。

そして、隷書の⑪は、上部が「血」のような形になっており、楷書の⑫では完全に「血」になっている。こうして「衆」についても二段階の変化が起こったのである。また、楷書では下部の「人」も変形しており、それぞれ形が異なった二画になっている。

「血」を用いた理由についても正確には分からないが、隷書の段階では、「目」は縦向きの「目」の形として定着しており（→78頁）、横向きの目の形（楷書の「罒」）は、網を意味する网《もう》の略体として使われるようになっていた。そのため、元が目の形であったことが忘れられたのかもしれない。ちなみに「買」「置」「署」などの「罒」も、元は网である。

楷書では、篆書の⑦を模倣した⑬も作られており、こちらが正字とされる。この場合には「罒」の形と下部の三人（中央はイ）の形が残っているので、変化は一段階となる。

ところで、殷代の「衆」について、かつては奴隷であると見なされていた。戦後に流行した歴史観であり、古代には奴隷を労働させることで食料生産をしていたという考え方である。しかし殷代にも奴隷はいたが、王や貴族の家内奴隷であり、食料生産を担うほどの人口ではなかったことがすでに判明している。「衆」についても、王が主宰する祭祀への参列などが記されており、より一般的に王の配下の人々を指す文字と考えるのが妥当である。

力

力の解釈が男を変えた

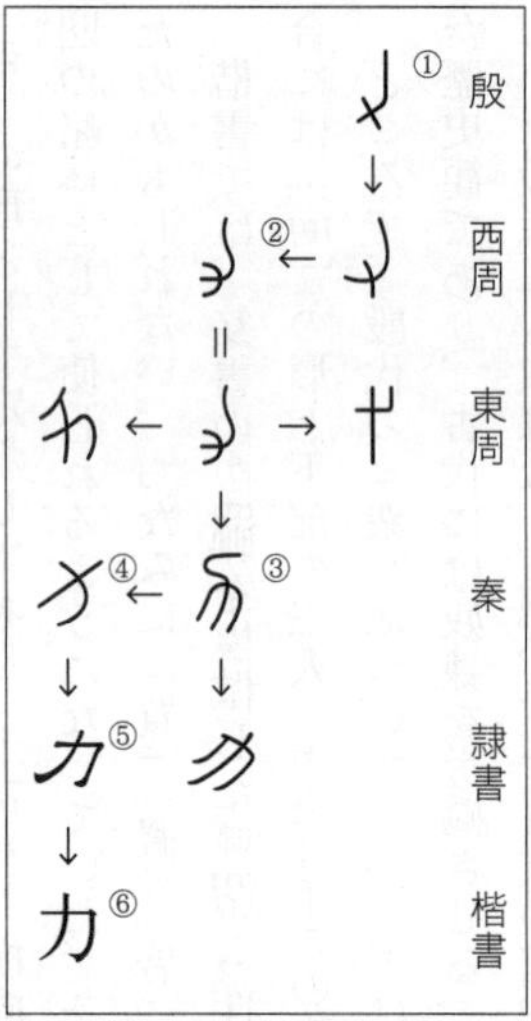

「力」は、字源説の変化が他の文字の構造にも変化を及ぼした例である。

殷代の①は、農具の耒《すき》の形であり、後述する男（　）のほか、「樹」の古い形（　）などに使われている。当時は、まだ牛に犂《すき》（牛耕用の耒）を牽《ひ》かせる農法が発明されておらず、耒を使って人力で耕作していたため、「人が力を入れるもの」として「ちから」の意味にも転用された。

その後、西周代以降には②の形になったが、手の形（　）に似ているため、「腕の筋肉の形」であると誤解された。後漢代の『説文解字《せつもんかいじ》』は「人筋の形」と述べており、また篆書の③では、上部に「力こぶ」が表現されている。

ただし、秦代の簡牘文字では略体の④が主に使われたため、結果として「力こぶ」の形は消えることになった。これが隷書の⑤を経て、楷書の⑥力になっている。

さらに、「力」が「腕の筋肉の形」と誤解されたことは、別の文字にも影響を与えた。それが左に字形表を挙げた「男」である。

殷代のⒶは、農具の耒である力（）と耕作地の形の田（田）から成っており、本来は農具で耕作する様子を表していた。後に農業生産の責任者を意味するようになり、さらに称号の「男爵」や性別の「おとこ」の意味などに転用された。元が耕作の様子を表す文字であるため、殷代には「力」が「田」の上や横に配置されていた。

しかし、西周代のⒷ以降になると、前述のように「力」が「腕の筋肉の形」と誤解されたため、「男」も「耕作地と筋肉を並べた形」という解釈になった。その結果、位置関係についても「力」が「田」の上や横に置かれる必然性がなくなり、東周代のⒸや秦代のⒹのように、「力」を「田」の下に置いた字形が作られるようになった。

そして、秦代には「力」に略体の「」を用いたⒺが作られ、これが楷書に継承されてⒻ男になったのである。

なお、「力」を「田」の横に置いた形の系統も、秦代のⒼや隷書のⒽなどに見られるが、楷書には残っていない。

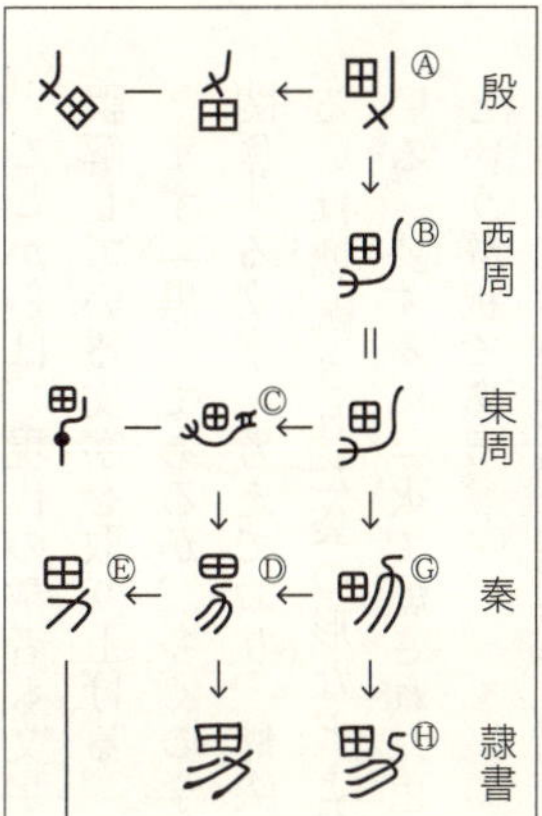

黒

新字体の黒にも長い歴史があった

ここからは、現代の学者も文字の起源を誤解している文字を取り上げる。

まず「黒」であるが、多くの学者は火に関係する文字と考えており、煙突の形、あるいは燻蒸《くんじょう》された袋の形などと見なしている。要するに「火で燻《いぶ》された色の表現」という解釈である。

しかし、殷代の基本形である①には火（・）は含まれていない。「黒」に火の部分（楷書の「灬」）が加えられたのは西周代の②が最初である。

つまり、「火に関係する文字」という解釈になるのは西周代であり、文字の起源は別に存在することになる。

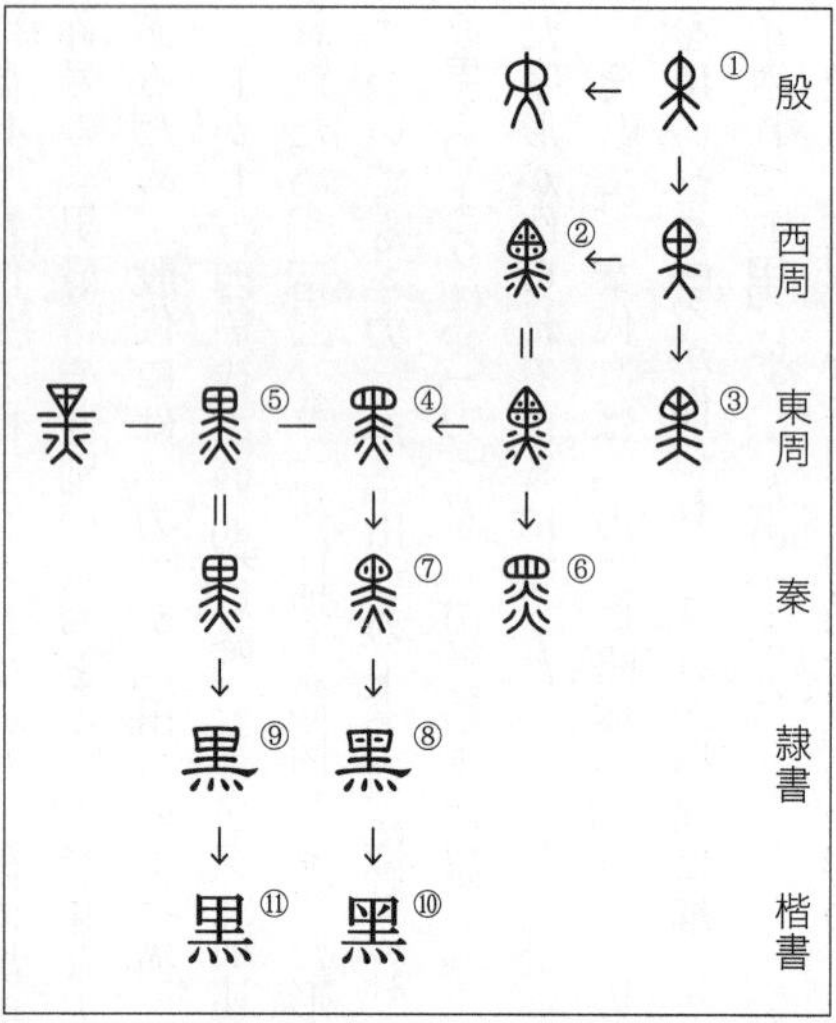

殷代の基本形は①であるが、当時すでに出現していた字形でこれに最も近いものは、𦰩《かん》（）という文字である。実のところ𦰩の成り立ちも明らかになっていないのだが、動物

の皮革を表した革（　）（↓42頁）に近いので、莫についても皮革に関係する文字と思われる。いずれにせよ「黒」の起源は「莫」の略体であり、下部に火（灬）がついているのは、後代に「火で燻された色」と解釈された字源説の変化によるものなのである。

西周代以降について、①の系統は東周代の③まで使われたが、秦代以降には残っていない。一方、東周代には②の系統の異体が多く作られており、④や⑤などがある。また、下部の形も火（火）により近くなっている。

秦代については、東周代の異体字がそれぞれ継承されており、②から⑥が、④から⑦が作られ、また⑤は、ほぼそのままの形が使われている。このうち、⑥が篆書とされた。ちなみに、現代の学者が成り立ちを誤解したのは、後漢代の『説文解字』が篆書を元に「火の燻す所の色」としたところにも原因があるのだが、篆書（　）は下部を「炎」にしたものであり、誤解がより強められた形なのである。

その後の時代には⑦と⑤が継承され、それぞれ隷書で⑧黒と⑨黒になり、さらに楷書で⑩黑と⑪黒になっている。楷書では、篆書（　）に近い「黑」が正字とされるが、字形表をたどると「黒」も東周代の⑤を継承したものであり、非常に長い歴史があることが分かる。「新字体」と「旧字体」は、必ずしも字形の歴史の新旧ではないのである。

曲

曲は何が曲がっているのか

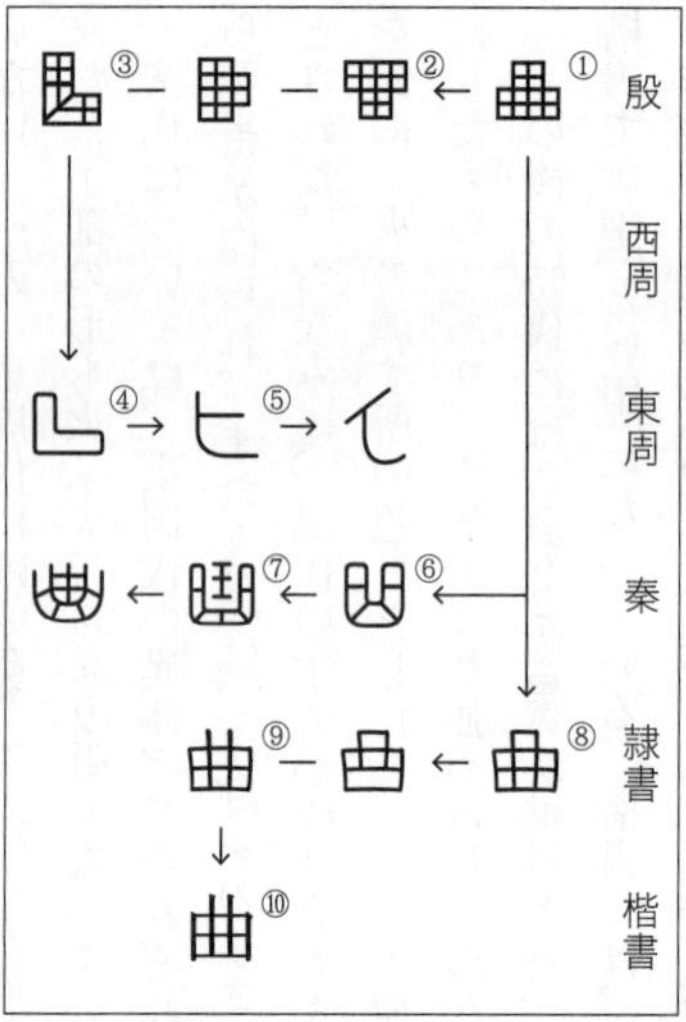

「曲」は、時代ごとに字源説が変わった文字である。また現代の学者の間でも見解が一致しておらず、「曲尺《かねじゃく》(曲がったものさし)の形」や「木や竹を曲げて作った器物の形」などの説がある。

しかし、殷代の①などは何を表しているのかは分からないが、少なくとも「曲尺」や「器物」の形でないことは明らかである。強《し》いて近い形を挙げるならば、耕作地の田(田)であり、「曲がった耕作地」が起源ではないかと思われる。

そのほか、殷代の異体には、上下を逆にした②や、L字形にした③などがある。

「曲」は、現状では西周代の出土資料には見られず、東周代には④などが使われている。これは、おそらく③を継承しているが、これだけを見ると「曲尺の形」のようである。

東周代の人々も、①や③などが何を表しているのか分からなかったため、彼らなりに解釈したのであろう。ほかに東周代には略体の⑤などもある。

その後、秦代には④の系統が使われなくなり、全く異なる⑥が作られた。今度は「器物の形」のように見える。これがどのように作られたのか分からないが、あるいは①などから継承関係があったわけではなく、独自に作られたものかもしれない。秦代の異体には玉（王）を加えた⑦などもあり、貴重品を器物に収めた様子であろう。

さらに後の時代には、この系統も使われなくなった。面白いことに、隷書では原初の①に近い⑧の形になっている。どのようにして原初の情報が発見されたのか、あるいは全く別に作られた字形が偶然に似ただけなのかは分からないが、いずれにせよ、これが略体の⑨となり、楷書の⑩になった。

ちなみに、「曲」は「まがる」ことから転じて、変化がある楽曲や戯曲の意味でも用いられた。古代中国にも楽曲は存在しており、それに合わせて歌った歌詞も残っている。ただし、肝心の楽譜が残っていないので、どのような音楽だったのかは再現できていない。僅かに残った文献資料の記述によれば、東周代には、一オクターブにつき十二の音階構造が出現しており、そのうち五つまたは七つを使っていたようである。これは西洋音楽とよく似たものであり、西洋と東洋の間で古代から情報の流通があったとする説もある。

画

画（畫）にある「田」の由来は

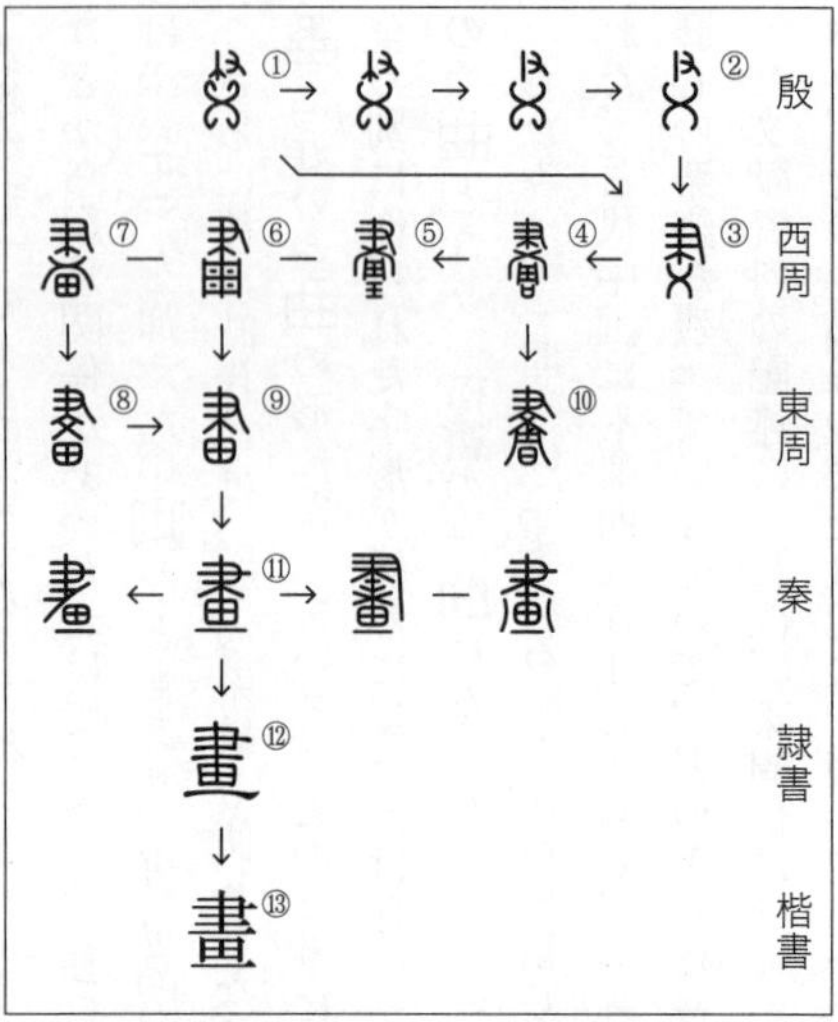

「画」については、旧字体の「畫」が分析の対象である。「筆で絵を描く様子」とする説と「田畑を区切る様子」とする説があり、現代の学者でも半々に分かれている。

従来は、字形の歴史をまとめることが難しかったため、どちらが正しいかが明確にされなかったのであるが、字形表を見れば一目瞭然である。

殷代の①は、上部には手に筆を持った形の聿《いつ》（）があり、下部には描かれた絵画を抽象的に表した乂《がい》（）がある。したがって、文字の起源としては「筆で絵を描く様子」とする説が正しいことが判明する。

それでは、なぜ「田畑を区切る様子」とする説が生まれたのかというと、それは後に出現した字形に原因がある。それを順を追って見ていきたい。

殷代の異体には略体が多く、最も略されたのが②である。西周代には、③の形になっており、下部の攴は略体であるものの、上部の聿は略体ではない。

西周代には、異体として④があり、下部に周（）が加えられている。周といえば、当時の王朝の名である。おそらく「旗印《はたじるし》として王朝の名を描くこと」と解釈されたのであろう。そのほか、⑤では下部に「周王（田王）」が加えられており、⑥では攴を省き、さらに周の異体（囯）が使われている。そして後代に残ったのが略体の⑦であり、周（）が田（田）に略されている。これが前述の誤解をもたらした字形である。

東周代には、下部を田にした⑧のほか、攴を省いた⑨もある。下部を「周」にした⑩も残っているが、それ以降には使われていない。

以下は推測であるが、東周代には周王朝が権力を失い、諸侯（地方領主）が自立したため、描くものとして「周」に必然性がなくなったのではないだろうか。そして、この時代には官僚制が発達し、耕作地や税収などを官僚が管理するようになった。彼らにとっては「田畑を区切る」という解釈の方が分かりやすく、その字形が普及したと思われる。

その後、秦代には、⑨の下部に区切る記号として「一」を加えた⑪となり、これが隷書の⑫畫を経て、楷書（旧字体）の⑬畫になった。なお、新字体の「画」は大幅な略体であり、また近世に作られた新しい形である。

易

易は「蜴」か「賜」か「晹」か

「易」も、成り立ちに複数の説がある文字であり、「蜥蜴《とかげ》の形」とする説と、「皿に液体を注ぐ様子」とする説がある。しかし、前項の「画」と違って、どちらも不正解なのである。

殷代の①は半円形のような形（）と輝きなどを表す彡《さん》（）から成っている。殷代には穏やかな天候を意味する文字であり、後の時代に作られた文字では曇り空を表す「晹《えき》」に意味が近い。したがって、文字の成り立ちとしては、半分が雲に隠れた太陽（）とそこから漏れる日差し（）を表したものと考えられる。

しかし、西周代になると、天候の意味で使われることが少なくなった。そのため、文字の成り立ちに複数の解釈が出現したのである。ひとつは蜥蜴の形、すなわち「蜴《えき》」と解釈し、「」を蜥蜴の頭部、「彡」を手足と見て作られた②であり、上部には目を表す点が加えられ、下部には尾が表現されている。もうひとつは賜物《たまもの》の意味の「賜《し》」が起源と解釈し、「」を皿（）（↓108頁）の縁、「彡」を皿に注がれる液体と見て作られた③であり、皿（）の全体像が用いられている。そのほか、殷代の異体のうち④なども残っている。

　こうして複数の字源説に基づいて新たな字形が作られたのであるが、東周代に残ったのは「蜥蜴の形」と解釈する②の系統であった。東周代には、②を継いだ⑤のほか、手足の形を変えた⑥などがあり、さらに頭部の形も変えた⑦などもある。また⑧は、蜥蜴の形を二つ並べている。

　秦代には、⑦に近い⑨の形が用いられた。この形は隷書の⑩などに残っているが、楷書では使われていない。秦代には異体として⑪があり、これが篆書とされた。そして、この系統が隷書の⑫、さらに楷書の⑬へと受け継がれたのである。

　楷書の「易」のうち、上部の「日」が蜥蜴の頭部であり、下部の「勿」が蜥蜴の手足や尾を表しているが、すでに述べたように誤解による字形変化を反映している。ちなみに「易」は「やすい」や「やすらか」の意味でも用いられるが、これは原初の意味である「穏やかな天候」から派生したものであり、殷代の資料にも少数であるがその用法が見られる。

主

主は何を灯したか

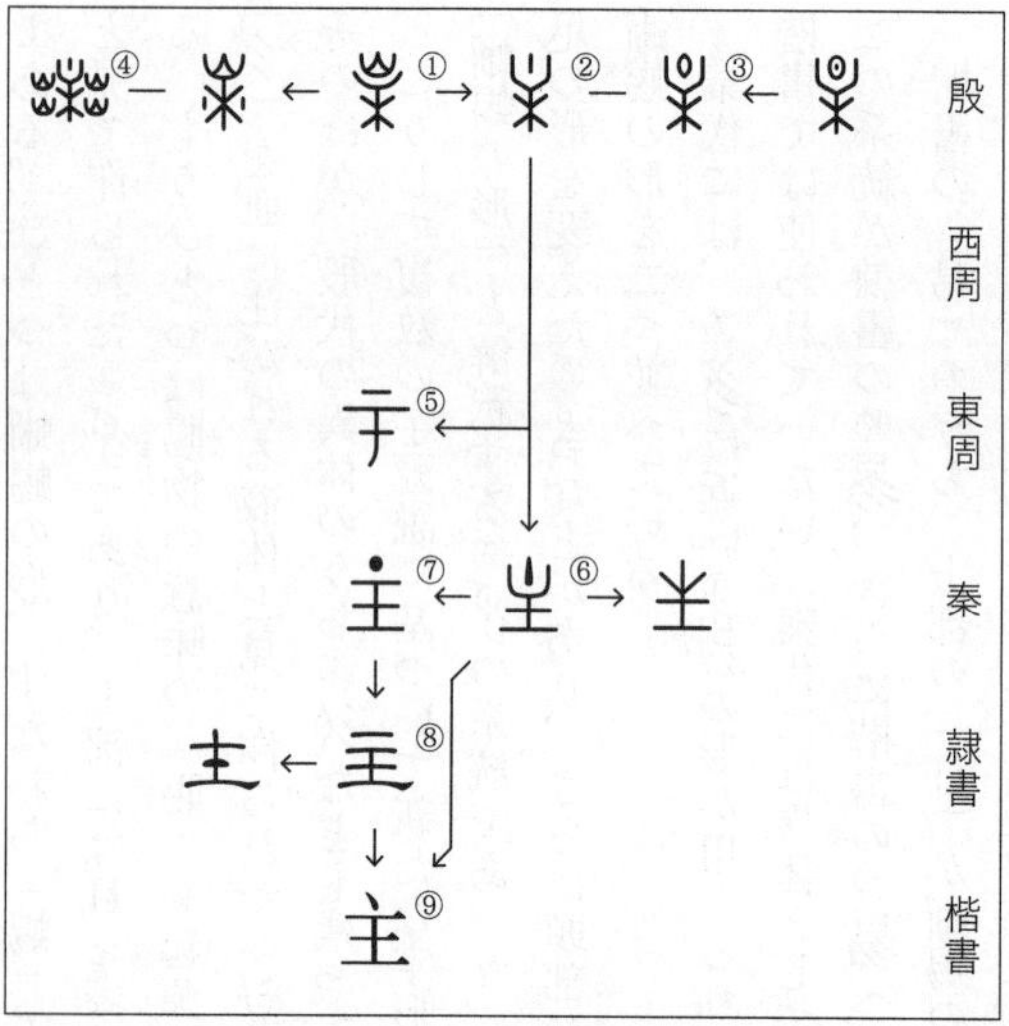

「主」は、従来の研究では、字形の起源が燭台《しょくだい》とされていたが、これも厳密には誤りである。

殷代の字形のうち、成り立ちを最も分かりやすく表しているのが①であり、上部に火（）、下部に木（）がある。したがって、燭台と同じく灯火《ともしび》ではあるものの、木材を使った松明《たいまつ》のようなものが起源と考えられる。

殷代には、略体の②や③が多く使われた。そのほか火の数を増やした④などの異体がある。これらのうち、後代には②が継承された。

その後、西周代の資料には見られないが、東周代には⑤があり、また秦代の篆書では⑥の形であり、いずれも木（）

が使われていない。この時代になると、油を使う燭台が普及しており、それに合わせて字形も燭台を表現したものに変えられたのであろう。左に挙げた図は、前漢初期に作られた像であるが、燭台を持った女性を表現しており、これ自体も燭台として使用できる実用品である。

秦代には、燭台の形を変えた⑦主が作られており、これが隷書の⑧主を経て楷書の⑨主になった。ただし、火を表す点については、隷書の⑧主が横画であるのとは異なっており、篆書の⑥主を模倣したものであろう。

ところで、灯火を表していた「主」が、なぜ「主人」の意味で使われたのかについては多くの説がある。しかも、「火を支配する一家の権力者の意味」「じっと燃える火のようにひと所に留まる者」「主人が聖火を執る儀礼」など、憶測としか言えないような説ばかりである。おそらく「灯火→主人」を一段階の変化でとらえようとすることが無理なのであり、二段階あるいはそれ以上の意味変化があったと考えなければならないだろう。

ただし、現状では西周代〜東周代の資料がきわめて限定されているため、「主人」の意味が出現した経緯を正確に再現することは、残念ながら困難である。

漢字の成り立ちの研究法

本章の後半でも紹介したが、現代の学者でも成り立ちを誤解している文字は少なくない。その主な理由として、2点を挙げることができる。

そのひとつは、1980年代までは便利な字典や索引が少なく、また出版されたものも有効に活用されていなかったことである。そのため、学者が自分自身の知識や経験に頼って分析をしており、結果として誤解も多くなったのである。

しかし、1990年代以降、数多くの資料集が出版されるようになり、さらに21世紀になると中国でも古代漢字の研究が盛んになってきた。本書はそれらを活用して字形表をつくることで、成り立ちを分かりやすく提示することができたのである。

もうひとつは、研究史が原因である。秦代の篆書の研究は、少なくとも後漢代の『説文解字』には始まっており、約2000年におよぶ研究史がある。また、西周代に多く作られた金文も、清代初期に研究が開始されており、こちらも300年以上の研究史がある。

一方、殷代の中心資料である甲骨文字は、19世紀末にはじめて発見され、研究が始まったのは20世紀になってからである。そのため戦前には読解方法すら共有されておらず、戦後も使いこなせる学者が少ない状況が続いた。結果として、かつての研究には、知識が蓄積されている篆書や金文から成り立ちを分析する傾向があり、これは本章の後半で述べた通りである。

しかし、歴史の研究では、研究対象に近いものが信頼できるという一般原則がある。起源の研究であれば、より古いものを用いるべきであり、漢字の成り立ちの研究では、現存最古の漢字資料である甲骨文字を重視しなければならない。新しい資料である篆書や金文を重視するのは、科学的な方法とは言えないのである。

もっとも、現在では、資料の充実により甲骨文字の読解も容易になってきている。今後は、かつての研究のような使用する資料の逆転現象も解消されていくことであろう。

終章　タイムカプセルとしての漢字

漢字の体系

本書では、各時代の字形を元にして、漢字の成り立ちや継承関係を解説した。それを簡単に振り返ってみたい。なお、本書の末尾に字形表の索引を設けたので、もう一度見たい文字があれば、この索引を活用していただきたい。

第一章では、「馬」や「象」など、動物に関係する文字を取り上げた。元は動物やその一部の形を表現していたものが、長い歴史の中で徐々に形を変えて、今も使われている楷書になった。同様に、第二章では植物や自然に関係する文字、第三章では人体やその一部に関係する文字、第四章では建築物や器物など人工の物に関係する文字を取り上げた。

こうした漢字の歴史では、それぞれの時代に多くの異体字があり、様々な方法で作られていた。その理由には、時代ごとの媒体の変化だけではなく、文化や思想などが影響することもあった。また、文字を書きやすくするため、部分的に簡略化したり、文字全体を単純化したりする場合もあった。そして、どの字形が最終的に選択されたのかには、必ずしも明確な法則があるわけではなく、一定の偶然性がはたらいていた。

第五章以降では、分化した同源字や結果的に同化した文字などについて、その複雑な過程を紹介した。特に、第七章で取り上げた、歴史的に字源説が変化した文字については、かつては専門の学者でも誤解していたものが少なくないが、各時代の字形を一覧表にまとめることで、変化の過程を追えるようにできたと思う。

さて、このように、本書はどちらかといえば変化が大きな文字を取り上げた。一方で、個々の漢字は独立して存在するのではなく、全体としてある程度の体系がある。例えば、同じ部首は斉一《せいいつ》的に形が変化することが多く、「人」が偏になると楷書では一律に「イ（にんべん）」になっており、同じく「衣」は「ネ（ころもへん）」になっている。

こうした漢字の体系は厳密ではなく、例外もあるが、緩やかな形で古代から現代まで維持された。つまり、昔の人々も漢字に体系があることを理解していたのであり、その意識の下で文字を作ったり使ったりしていた。そして、緩やかな体系と個別の変化のあいだで、漢字の形は移り変わってきたのである。

漢字は古代からのタイムカプセル

漢字は、古代文明から継承され、かつ現代まで体系が維持された文字として、世界で唯一の存在である。例えば、古代エジプトのヒエログリフ（神聖文字）は、一部がフェニキア人などを介してアルファベットとして残ったが、現在では発音表記の機能だけであり、字形や意味の体系は残っていない。また、メソポタミア文明の楔形《くさびがた》文字やインダス文明の印章文字も、現在では使われていない。

漢字以外の古代文字は、担い手の文明が衰退することで使われなくなっていった。一方、漢字は、担い手の王朝こそ殷・周・秦……と変わったものの、中国の文明そのものは継続した。そのため長く使われ続け、現代まで残ったのである。

このように、漢字は古代文明から現代まで保存されたのであり、そのため一部には、現在の形から古代文明の様子が分かるものも存在する。漢字は文字としての体系が残っているので、元々同じ形だったものは楷書でも共通形になっていることが多く、楷書だけでも古代の文化が理解できるのである。

簡単に言えば、漢字は一種のタイムカプセルである。本書の最後に、古代文明の生活や文化が楷書からでも分かる文字をいくつか取り上げたい。

人々の生活を反映した漢字

漢字は、紀元前二千年ごろに原型ができたと推定されており、古くに作られた文字には、原始的な生活を反映したものが多い。そのうち構造があまり変化していないものを紹介する。丸カッコ内は、その文字や関連する文字で解説したページ数を表示している。

【牧】「牛」(↓24頁)を、手に棒などを持った形である「攴」(↓41・43頁)で追う形であり、古代の牧畜の様子を残している。

【養】もと「牧」から分化した文字である。「牧」には牧畜から転じて「やしなう」の意味があり、その意味を表すため、家畜の「羊」(↓26頁)の下部に食事の様子を表す「食」(↓111頁)を加えて作られた文字である。

【利】穀物が実った形である「禾《か》」(↓168頁)に、収穫に使う刃物である「刀」(↓106頁)を加えており、古代の農耕を表した文字である。収穫から転じて物事がうまくいくことを表すようになった。

【安】家屋を表す「宀」(↓94頁)と「女」(↓128頁)から成り、家の中で女性が安静にしている様子を表している。

【字】こちらは「宀」と「子」(↓76頁)であり、家内の子孫繁栄を表した文字である。漢字は既存のものを組み合わせて新しい文字が作られるので、それを子孫繁栄になぞらえて、文字の意味で「字」が使われるようになった。

【好】「女」と「子」から成る文字であり、「母」(↓128頁)が子供を慈しんでいる様子を表している。

【見】「儿」は「人」が変わったもの（↓70頁）であり、人が「目」（↓78頁）で見ることを表している。転じて「あう」や「あらわれる」の意味などでも使われた。このほか、見ることを表す文字としては、目で「木」（↓48頁）を見る様子を表した「相」や、目に「手」（↓84頁）をかざした「看」などがある。現在もそうであるが、人間は聴覚や嗅覚よりも視覚から多くの情報を得ており、漢字でも耳の形の「耳」（↓92頁）や鼻の形の自（↓136頁）よりも「目」を用いた文字が多い。

古代の文化や祭祀を表した漢字

文明が発達すると、様々な文化や制度、あるいは祭祀儀礼などが整えられた。ここでは、古代の文化や祭祀などを表した文字を紹介する。

【夫】古代中国には、男女ともに成人すると簪《かんざし》を用いる文化があった。人の正面形である「大」（↓71頁）に簪を表す横線を加えたものが「夫」であり、元は成人男性を表していた。ちなみに、「女」が簪を挿した形が異体（↓128頁）にあるが、さらに簪を持つ手を加えたものが「妻」であり、「ヨ」の部分は簪を持つ手の形の「又」（↓86頁）が変わったものである。

【兵】上部は「丘」ではなく斧の形の斤《きん》(→170頁)であり、下部は両手の形が「廾」になっている（典〔→148頁〕とよく似た経緯である）。最も原始的な武器である斧を両手で持った形である。原初の意味は兵器であり、そこから兵士の意味にも転用された。

【有】手に供物の肉を持っている形であり、祭祀儀礼の様子を表している。手の形は「ナ」(→86頁)に、肉の形は「月」(→140頁)になっている。ただし、祭祀儀礼よりも、当て字で「ある」の意味で主に用いられた。

【祭】これも供物の肉に関係している。手で肉を持って祭祀用の机に置く様子であり、手の形は「又」に、肉の形は「月」になり、祭祀用の机は「示」(→112頁)で表されている。元は祭祀の汎称ではなく、肉を用いた特定の祭祀儀礼を指していた。

【宗】祖先を祀る施設である宗廟《そうびょう》を表した文字である。建築物を表す「宀」の中に、祖先祭祀を象徴する「示」が置かれている。ちなみに「祖」は、祖先祭祀に用いる俎《まないた》の形の「且《しゃ》」に「示(ネ)」を加えたものである。

【血】古代には犠牲《ぎせい》(いけにえ)の血を使った祭祀もおこなわれていた。「血」は「皿」(→108頁)に血液を表す点を加えた文字であり、儀礼の様子を表現している。

【酒】「酉《ゆう》」は十二支のひとつであるが、元は祭祀に用いる酒樽《さかだる》を表していた（章扉は青銅製の酒樽）。酒樽を表す「酉」と酒滴を表す「氵」で「酒」になる。

【尊】「寸」はもと肘を指す文字であるが、手の形から変わる場合もあり（→105頁）、尊は酒樽である「酉」を手に持った祭祀の様子を表現している。

漢字の歴史と日本語

漢字は、一面では現代における社会的な道具であり、産業や通信などを成り立たせるものである。したがって、我々にとって漢字を知ることは、直接的には現代社会への参加・適応の手段ということになる。

一方で、ここまでに挙げたように、漢字は古代の生活や文化などが保存されたものであり、東アジアの数千年にわたる歴史の原点であった。しかも、我々はその歴史を理解するために必要な知識をすでに持っているのである。

漢字は、歴代の中国王朝だけではなく、東アジアに広く伝わり、日本でも古代から漢字を受容してきた。さらに、日本では漢字や漢文を学ぶだけではなく、自在に独自の熟語（和製漢語）を作るなど、漢字に合わせた言語体系を整えてきた。和製漢語には、現代の中国に「逆輸入」されたものも少なくない。また、日本語の発音のうち、長音（伸ばす音）や拗音（ャ・ュ・ョ）などは中国の漢字の発音に由来しており、発音体系も取り入れていた。

こうして、日本では歴史的に漢字を深く理解してきたのである。現代では英語が重視され、英単語にもそれぞれ成り立ちがあるのだが、いまだ受容の歴史が浅く、「外来語」という認識が強いため、その成り立ちが話題になることは少ない（興味のある方は「英語　語源」で検索を）。一方、漢字も元は「外来語」だったのであるが、千年以上にわたって使い続けられた結果、自らの言語と一体化して扱うことができるようになり、生活や文化の一部として根づいた。

そうであるから、現代でも日本における漢字への興味は非常に強く、これまでも漢字の成り立ちや字形の歴史に関する書籍は多く出版されてきた。しかし、研究や資料の制約などもあり、一般向けに分かりやすく紹介することが難しかったのである。これに対し、本書は、近年に作られた字典や索引などを活用することで、各時代の字形を一覧表にして分かりやすく提示しており、漢字に対する興味の一端に応えられたのではないかと思う。

漢字には、古代に生きた人々の生活や文化、そして喜怒哀楽が込められているのであり、字形を通してそれらを知ることは、人間という存在や社会の成り立ちを考えることにもなるだろう。

あとがき

本書は、見開きの二ページで一文字または二文字の字形を解説するという形をとっている。字形の研究は、本格的に調査すると一文字だけで一章、あるいはそれ以上になることも珍しくはないのだが、本書は、資料上の用例や言語学的な分析などはできるだけ省き、字形の歴史だけを簡単に解説した。

字形表を作った意義は、なんといっても見た目で分かりやすいことである。漢字の成り立ちについて、かつての研究では、一部の字形だけを使うことが一般的であり、推測あるいは憶測という程度のものだった。しかし、各時代の字形を集めて一覧表にすることで、そうした曖昧な考えを払拭し、誰の目にも明らかな形で成り立ちや継承関係を示すことができる。

ただ、字形表の作成は膨大な資料から多数の異体を抽出する作業であったため、すべてを網羅できたとは限らず、若干の見落としがあるかもしれない（紙面の都合であえて省いた字形もある）。今後もできるだけ綿密な調査を続けていきたいと思っている。

さて、本書が提示した字形表の数は百以上になっている。ここまで多くの文字について、異体字の継承関係まで含めて一覧表にしたのは、おそらく本邦初の試みであり、漢字の本家である中国や台湾でも、管見の限り一般書には見あたらない。

その理由には、序章などでも述べたが、原典資料が膨大であるだけではなく、専門家でなければ原典が読みにくいことが挙げられる。そこで、本書は各時代の字形をフォント化することで字形表を作成したが、非常に時間がかかる作業であった。

文字のサイズが小さければ若干はごまかせるのだが、字形表で大きく表示した際の見栄えを考慮すると、一文字ずつ丁寧に作る必要がある。実際のところ、本書は文章を書くよりも、フォントを作る方に時間がかかっている。今後は、こうした技術的な点を克服し、より多くの文字を紹介したいと考えている。

また本書では、見た目によって作られた文字（象形文字《しょうけいもじ》）や、記号を用いた文字（指事文字《しじもじ》）など、比較的分かりやすいものを中心に取り上げた。しかし、漢字には多様な成り立ちがあり、終章で紹介したような複数の字形を組み合わせた文字（会意文字《かいいもじ》）のほか、発音符号を用いた文字（形声文字《けいせいもじ》）なども数多く存在する。本書は、会意文字や形声文字などは、あまり取り上げられなかったが、機会があれば、それらについても字形の歴史を紹介してみたい。

なお、本書の執筆・編集にあたっては、中公新書編集部の藤吉亮平氏に多くのアドバイスをいただきました。また、本書はJSPS科研費16K02649の助成を受けており、字形表の作成にあたって分担者の佐藤信弥氏にご助言をいただきました。この場を借りてお礼申し上げます。

二〇一九年一月　落合淳思

参考文献一覧（著者五十音順、新字体で表記）

赤塚忠『中国古代の宗教と文化』角川書店、一九七七年
阿辻哲次『漢字文化の源流』丸善、二〇〇九年
阿辻哲次監修『漢字三千年』黄山美術社、二〇一六年
王輝主編『秦文字編』中華書局、二〇一五年
王巍総主編『中国考古学大辞典』上海辞書出版社、二〇一四年
王文耀『簡明金文詞典』上海辞書出版社、一九九八年
王平主編『中国異体字大系・楷書編』上海書画出版社、二〇〇八年
王立新『早商文化研究』高等教育出版社、一九九八年
大島正二『中国言語学史 増訂版』汲古書院、一九九八年
岡崎敬『古代中国の考古学』第一書房、二〇〇二年
岡村秀典『中国文明 農業と礼制の考古学』京都大学学術出版会、二〇〇八年
小川環樹・西田太一郎・赤塚忠『角川 新字源』角川書店、一九六八年（改訂版一九九四年、阿辻哲次ほか改訂新版二〇一七年）
落合淳思『甲骨文字小字典』筑摩書房、二〇一一年
落合淳思『殷代史研究』朋友書店、二〇一二年
落合淳思『漢字の成り立ち』筑摩書房、二〇一四年

落合淳思『殷』中央公論新社、二〇一五年
落合淳思『甲骨文字辞典』朋友書店、二〇一六年（第二版、二〇一八年）
何景成『商周青銅器族氏銘文研究』斉魯書社、二〇〇九年
何琳儀『戦国古文字典』中華書局、一九九八年
郭錫良『漢字古音手冊』北京大学出版社、一九八六年（増訂本、商務印書館、二〇一〇年）
郭沫若主編『甲骨文合集』中華書局、一九八二年
加藤常賢『漢字の起原』角川書店、一九七〇年
河南省文物考古研究所・鄭州市文物考古研究所『鄭州商代銅器窖蔵』科学出版社、一九九九年
鎌田正・米山寅太郎『新漢語林』大修館書店、二〇〇四年（第二版、二〇一一年）
許慎（後漢）『説文解字』同治十二年刊本（附索引、中華書局、一九六三年）
高明・涂白奎『古文字類編（縮印増訂本）』上海古籍出版社、二〇一四年
故宮博物院『古璽彙編』文物出版社、一九八一年
谷衍奎『漢字源流字典』語文出版社、二〇〇八年
湖北省荊沙鉄路考古隊『包山楚簡』文物出版社、一九九一年
湖北省博物館『晋国宝蔵』文物出版社、二〇一二年
佐藤信弥『西周期における祭祀儀礼の研究』朋友書店、二〇一四年
佐藤信弥『周』中央公論新社、二〇一六年
山西省文物工作委員会『侯馬盟書』文物出版社、一九七六年
徐無聞主編『甲金篆隷大字典』四川辞書出版社、一九九一年（新版、二〇一〇年）

参考文献一覧

鍾柏生・陳昭容・黄銘崇・袁国華『新収殷周青銅器銘文曁器影彙編』芸文印書館、二〇〇六年
白川静『金文通釈』白鶴美術館、一九六四～一九八四年（『白川静著作集』別巻収録、平凡社、二〇〇四～二〇〇六年）
白川静『中国古代の文化』講談社、一九七九年
白川静『字統』平凡社、一九八四年（新訂版、二〇〇四年）
沈道栄『隷書辨異字典』文物出版社、二〇〇八年
睡虎地秦墓竹簡整理小組『睡虎地秦墓竹簡』文物出版社、一九九〇年
曹瑋『周原甲骨文』世界図書出版公司、二〇〇二年
臧克和・典郭瑞主編『中国異体字大系・隷書編』上海書画出版社、二〇一〇年
宋鎮豪・趙鵬・馬季凡『中国社会科学院歴史研究所蔵甲骨集』上海古籍出版社、二〇一一年
戴家祥主編『金文大字典』学林出版社、一九九五年
譚其驤主編『中国歴史地図集』一、地図出版社、一九八二年
段玉裁（清）『説文解字注』嘉慶十三年（附標点・索引等、芸文印書館、二〇〇七年）
中国社会科学院考古研究所『小屯南地甲骨』中華書局、一九八〇年
中国社会科学院考古研究所『殷周金文集成』中華書局、一九八四～一九九〇年
中国社会科学院考古研究所『安陽殷墟郭家荘商代墓葬』中国大百科全書出版社、一九九八年
中国社会科学院考古研究所『殷墟花園荘東地甲骨』雲南人民出版社、二〇〇三年
中国社会科学院考古研究所『安陽小屯』世界図書出版公司、二〇〇四年
中国社会科学院考古研究所『安陽殷墟花園荘東地商代墓葬』科学出版社、二〇〇七年

中国社会科学院考古研究所『安陽殷墟小屯建築遺存』文物出版社、二〇一〇年
中国社会科学院考古研究所『殷墟小屯村中村南甲骨』雲南人民出版社、二〇一二年
中国文物精華編輯委員会『中国文物精華』文物出版社、一九九〇年
張亜初『殷周金文集成引得』中華書局、二〇〇一年
張学海『竜山文化』文物出版社、二〇〇六年
張桂光主編『商周金文辞類纂』中華書局、二〇一四年
陳振中『青銅生産工具与中国奴隷制社会経済』中国社会科学出版社、一九九二年
滕壬生『楚系簡帛文字編』湖北教育出版社、二〇〇八年
董蓮池『新金文編』作家出版社、二〇一一年
湯餘恵主編『戦国文字編(修訂本)』福建人民出版社、二〇一五年
東京国立博物館・朝日新聞社『中国国宝展』朝日新聞社、二〇〇〇年
藤堂明保『漢字語源辞典』学燈社、一九六五年
藤堂明保『学研　漢和大字典』学習研究社、一九七八年
西林昭一・小谷喜一郎・村上幸造『中国法書選6』二玄社、一九八九年
馬承源主編『商周青銅器銘文選』三、文物出版社、一九八八年
馬承源主編『商周青銅器銘文選』四、文物出版社、一九九〇年
林巳奈夫『殷周時代青銅器の研究　図版編』殷周青銅器綜覧一、吉川弘文館、一九八四年
林巳奈夫『中国古代の生活史』吉川弘文館、一九九二年(二〇〇九年新版)
彭邦炯『甲骨文合集補編』語文出版社、一九九九年

参考文献一覧

前田富祺・阿辻哲次『漢字キーワード事典』朝倉書店、二〇〇九年
馬王堆漢墓帛書整理小組『馬王堆漢墓帛書〔肆〕』文物出版社、一九八五年
松丸道雄・高嶋謙一『甲骨文字字釈総覧』東京大学出版会、一九九四年
姚孝遂主編『殷墟甲骨刻辞類纂』中華書局、一九八九年
吉本道雅『中国先秦史の研究』京都大学学術出版会、二〇〇五年
李学勤主編『清華大学蔵戦国竹簡（壱）』中西書局、二〇一〇年
李学勤主編『字源』天津古籍出版社、二〇一二年
李学勤・斉文心・艾蘭『英国所蔵甲骨集』中華書局、一九八五年
李鍾淑・葛英会『北京大学珍蔵甲骨文字』上海古籍出版社、二〇〇八年
李珍華・周長楫『漢字古今音表』中華書局、一九九三年（修訂本一九九九年）
劉雨・盧岩『近出殷周金文集録』中華書局、二〇〇二年
劉雨・厳志斌『近出殷周金文集録　二編』中華書局、二〇一〇年
林連通・鄭張尚芳総編『漢字字音演変大字典』江西教育出版社、二〇一二年

挿図出典一覧

序　章

3頁　『北京大学珍蔵甲骨文字』九六三、『殷周金文集成』四二二二
6頁　『竜山文化』巻頭図
7頁　『殷墟小屯村中村南甲骨』四九四、『殷代史研究』三七五頁
9頁　『漢字三千年』三六頁
11頁　『清華大学蔵戦国竹簡（壱）』一〇頁
14頁　『中国法書選6』五八頁
15頁　文化十四年官版書籍刊『干禄字書』
18頁　殷代右から『甲骨文合集』六〇五七、『中国社会科学院歴史研究所蔵甲骨集』三〇、『甲骨文合集』二〇五三三、同六七一、西周代『殷周金文集成』二四六、東周代右から『殷周金文集成』二八一〇、『侯馬盟書』二〇〇：二〇、『古璽彙編』二四九五、『包山楚簡』二一一八、秦代右から『説文解字』巻四下、『睡虎地秦墓竹簡』九三頁、『馬王堆漢墓帛書（肆）』二六頁、隷書右から『漢字三千年』六八頁、『中国異体字大系・隷書編』五七八頁

第一章

31頁　『中国文物精華』図版四〇
45頁　『安陽小屯』二四八頁

挿図出典一覧

第二章
61頁『甲骨文合集』三三三五一
65頁『中国歴史地図集』一を元に作成
第四章
95頁『安陽殷墟小屯建築遺存』彩版四
101頁『安陽殷墟郭家荘商代墓葬』彩版一六
107頁『安陽殷墟花園荘東地商代墓葬』彩版二四、同二九
111頁『晋国宝蔵』五三頁
117頁『安陽殷墟花園荘東地商代墓葬』彩版三〇
第六章
151頁『中国国宝展』七九頁
第七章
169頁『殷周金文集成』四一二一
185頁『中国国宝展』一五二頁
終章
187頁『鄭州商代銅器窖蔵』彩版一五

※ここに挙げた以外の古代漢字フォントやそれを用いた図はすべて筆者の自作である。

字形表索引

代表的な音読みの順で配列した。同じ読みの文字は画数順とし、音読みが一般的でないものは訓読みで掲載した。読みと画数がともに同じ場合には本書の頁数順とした。

DTP・市川真樹子

落合淳思（おちあい・あつし）

1974年愛知県生まれ．立命館大学大学院文学研究科史学専攻修了．博士（文学）．現在，立命館白川静記念東洋文字文化研究所客員研究員．

著書『小学校一年生の漢字』～『小学校六年生の漢字』
『部首から知る漢字のなりたち』（監修，いずれも理論社）
『甲骨文字辞典』『殷代史研究』（ともに朋友書店）
『殷――中国史最古の王朝』（中公新書）
『漢字の成り立ち』（筑摩選書）
『甲骨文字に歴史をよむ』（ちくま新書）
『古代中国の虚像と実像』『甲骨文字の読み方』（ともに講談社現代新書）
ほか

漢字《かんじ》の字形《じけい》
中公新書 *2534*

2019年3月25日発行

著　者　落合淳思
発行者　松田陽三

本文印刷　三晃印刷
カバー印刷　大熊整美堂
製　　本　小泉製本

発行所　中央公論新社
〒100-8152
東京都千代田区大手町1-7-1
電話　販売 03-5299-1730
　　　編集 03-5299-1830
URL http://www.chuko.co.jp/

Published by CHUOKORON-SHINSHA, INC.
Printed in Japan　ISBN978-4-12-102534-0 C1280

中公新書刊行のことば

いまからちょうど五世紀まえ、グーテンベルクが近代印刷術を発明したとき、書物の大量生産は潜在的可能性を獲得し、いまからちょうど一世紀まえ、世界のおもな文明国で義務教育制度が採用されたとき、書物の大量需要の潜在性が形成された。この二つの潜在性がはげしく現実化したのが現代である。

いまや、書物によって視野を拡大し、変りゆく世界に豊かに対応しようとする強い要求を私たちは抑えることができない。この要求にこたえる義務を、今日の書物は背負っている。だが、その義務は、たんに専門的知識の通俗化をはかることによって果たされるものでもなく、通俗的好奇心にうったえて、いたずらに発行部数の巨大さを誇ることによって果たされるものでもない。現代を真摯に生きようとする読者に、真に知るに価いする知識だけを選びだして提供すること、これが中公新書の最大の目標である。

私たちは、知識として錯覚しているものによってしばしば動かされ、裏切られる。私たちは、作為によってあたえられた知識のうえに生きることがあまりに多く、ゆるぎない事実を通して思索することがあまりにすくない。中公新書が、その一貫した特色として自らに課すものは、この事実のみの持つ無条件の説得力を発揮させることである。現代にあらたな意味を投げかけるべく待機している過去の歴史的事実もまた、中公新書によって数多く発掘されるであろう。

中公新書は、現代を自らの眼で見つめようとする、逞しい知的な読者の活力となることを欲している。

一九六二年一一月

中公新書

世界史

e1

- 1353 物語 中国の歴史　寺田隆信
- 2392 中国の論理　岡本隆司
- 2303 殷―中国史最古の王朝　落合淳思
- 2396 周―理想化された古代王朝　佐藤信弥
- 2001 孟嘗君と戦国時代　宮城谷昌光
- 12 史記　貝塚茂樹
- 2099 三国志　渡邉義浩
- 7 宦《かん》官《がん》(改版)　三田村泰助
- 15 科《か》挙《きょ》　宮崎市定
- 1812 西《せい》太《たい》后《こう》　加藤　徹
- 166 中国列女伝　村松　暎
- 2030 上海　榎本泰子
- 1144 台湾　伊藤　潔
- 925 物語 韓国史　金　両基
- 1367 物語 フィリピンの歴史　鈴木静夫
- 1372 物語 ヴェトナムの歴史　小倉貞男
- 2208 物語 シンガポールの歴史　岩崎育夫
- 1913 物語 タイの歴史　柿崎一郎
- 2249 物語 ビルマの歴史　根本　敬
- 1551 海の帝国　白石　隆
- 2518 オスマン帝国　小笠原弘幸
- 1866 シーア派　桜井啓子
- 1858 中東イスラーム民族史　宮田　律
- 2323 文明の誕生　小林登志子
- 2523 古代オリエントの神々　小林登志子
- 1818 シュメル―人類最古の文明　小林登志子
- 1977 シュメル神話の世界　岡田明子・小林登志子
- 1594 物語 中東の歴史　牟田口義郎
- 2496 物語 アラビアの歴史　蔀　勇造
- 1931 物語 イスラエルの歴史　高橋正男
- 2067 物語 エルサレムの歴史　笈川博一
- 2205 聖書考古学　長谷川修一

中公新書

言語・文学・エッセイ

中公新書

芸術

k1

1741 美学への招待 佐々木健一
2072 日本的感性 佐々木健一
1296 美の構成学 三井秀樹
1220 書とはどういう芸術か 石川九楊
2020 書くー言葉・文字・書 石川九楊
2014 ヨーロッパの中世美術 浅野和生
1938 カラー版 フランス・ロマネスクへの旅 池田健二
1994 カラー版 イタリア・ロマネスクへの旅 池田健二
2102 カラー版 スペイン・ロマネスクへの旅 池田健二
118 フィレンツェ 高階秀爾
385 386 カラー版 近代絵画史(上下)(増補版) 高階秀爾
2052 印象派の誕生 吉川節子
1781 マグダラのマリア 岡田温司
1998 キリストの身体 岡田温司
2188 アダムとイヴ 岡田温司
2369 天使とは何か 岡田温司
2425 カラー版 ダ・ヴィンチ 絵画の謎 斎藤泰弘
2232 ミケランジェロ 木下長宏
2292 カラー版 ゴッホ〈自画像〉紀行 木下長宏
1988 日本の仏像 長岡龍作
2513 カラー版 日本画の歴史 近代篇 草薙奈津子
2514 カラー版 日本画の歴史 現代篇 草薙奈津子
2478 カラー版 横山大観 古田 亮
1827 カラー版 絵の教室 安野光雅
1103 モーツァルト H・C・ロビンズ・ランドン 石井 宏訳
1585 オペラの運命 岡田暁生
1816 西洋音楽史 岡田暁生
2009 音楽の聴き方 岡田暁生
2395 ショパン・コンクール 青柳いづみこ
1477 銀幕の東京 川本三郎
2325 テロルと映画 四方田犬彦
1854 映画館と観客の文化史 加藤幹郎
1946 フォト・リテラシー 今橋映子
2247 2248 日本写真史(上下) 鳥原 学